U0617560

BLUE BOOK

智 库 成 果 出 版 与 传 播 平 台

广州蓝皮书
BLUE BOOK OF GUANGZHOU

广州社会发展报告
（2024）

ANNUAL REPORT ON SOCIAL DEVELOPMENT OF
GUANGZHOU (2024)

组织编写／广州市社会科学院
主　　编／张跃国
执行主编／黄　玉　陈　杰

社会科学文献出版社
SOCIAL SCIENCES ACADEMIC PRESS (CHINA)

图书在版编目（CIP）数据

广州社会发展报告 . 2024 / 张跃国主编；黄玉，陈
杰执行主编 . --北京：社会科学文献出版社，2024.6.
（广州蓝皮书）. --ISBN 978-7-5228-3766-6
　Ⅰ. D676.51
中国国家版本馆 CIP 数据核字第 2024L8A363 号

广州蓝皮书

广州社会发展报告（2024）

主　　编／张跃国
执行主编／黄　玉　陈　杰

出 版 人／冀祥德
责任编辑／丁　凡
文稿编辑／白　银
责任印制／王京美

出　　版／社会科学文献出版社·生态文明分社 （010）59367143
　　　　　地址：北京市北三环中路甲 29 号院华龙大厦　邮编：100029
　　　　　网址：www.ssap.com.cn
发　　行／社会科学文献出版社 （010）59367028
印　　装／天津千鹤文化传播有限公司

规　　格／开　本：787mm×1092mm　1/16
　　　　　印　张：23.75　字　数：356 千字
版　　次／2024 年 6 月第 1 版　2024 年 6 月第 1 次印刷
书　　号／ISBN 978-7-5228-3766-6
定　　价／138.00 元

读者服务电话：4008918866

主要编撰者简介

张跃国 广州市社会科学院党组书记、院长，研究员，市委宣讲团成员。在权威期刊发表学术论文和理论文章多篇，主编专著或集刊多部。多次主持或参与市委全会和党代会报告起草、广州市发展规划研究编制、广州经济形势分析与预测研究、广州城市发展战略研究、广州南沙新区发展战略研究和规划编制、广州老城市新活力理论内涵和战略策略研究，以及市委、市政府多项重大政策文件起草。

黄　玉 广州市社会科学院社会学与社会政策研究所所长，社会学副研究员。研究领域为经济社会学、组织社会学、社会政策。曾在《开放时代》《中国社会科学报》《中国工人》等报刊发表多篇论文。专著和研究报告曾获广州市哲学社会科学优秀成果奖一等奖、二等奖、三等奖等。担任《广州社会发展报告》执行主编，此书连续四年获全国优秀皮书奖一等奖。

陈　杰 广州市社会科学院社会学与社会政策研究所副所长，社会学副研究员。研究领域为社会政策、社会治理、社会人类学、华侨华人。曾在《开放时代》、《广西民族大学学报》（哲学社会科学版）、《华侨华人历史研究》、《广州社会保障发展报告》上发表多篇论文。主持及主要参与过国家、广东省、广州市社会科学规划课题及相关领域科研课题多项。

摘　要

《广州社会发展报告（2024）》是由广州市社会科学院主持编写的"广州蓝皮书"系列之一。《广州社会发展报告（2024）》聚焦社会民生、社会治理两大领域，并特别策划港澳青年创新创业篇。全书主要通过问卷调查、深度访谈等社会科学实证研究方法，分析广州社会发展的现状及面临的问题、挑战与风险，并提出相应的对策建议。

全书共包括五个部分内容。

第一部分为总报告。总报告指出，2023 年，广州面对经济恢复波浪式发展、曲折式前进，重点领域风险隐患较多的新形势新挑战，全市上下提振二次创业、勇立潮头的精气神，务实奋进推进高质量发展，在促进就业市场优化、坚持教育优先发展战略、高标准提升医疗卫生事业水平、护航社保制度稳健发展、完善社会治理现代化体系、用心用情提高人民生活品质、切实做好基本民生保障等方面，取得不凡成绩。展望 2024 年，在复杂严峻、不确定性上升、战略机遇和风险挑战并存的外部环境下，广州的社会发展仍将面临诸多挑战，诸如就业结构性矛盾持续存在、医疗卫生服务资源有待优化、社会保障面临数字鸿沟等。为此，总报告提出了强化就业优先战略、推进教育改革创新、推动医疗资源提质扩容强基、构建更可持续的社会保障体系、拓展全域服务治理路径等对策建议。

第二部分为社会民生篇。本篇围绕共同富裕、职业教育、流动人口变迁、公共卫生体系、养老产业五个方面对广州民生事业发展中的重点议题进行研究。通过系统梳理广州推进共同富裕的基本情况，广州职业教育的历史方位，广州流动人口年龄结构、受教育程度、空间分布以及就业结构等方面变化，广州基本公共卫生体系建设情况以及养老服务供给情况等，分别提出精准聚焦"三差距一服务"策略，优化人口布局、户籍制度改革以及公共服务配给，"预防为主，医防融合"，以壮大养老产业助推养老服务业高质量发展的思路和对策建议。

第三部分为社会治理篇。本篇聚焦广州基层工作体系创新实践、新型城镇化、人口治理、志愿服务等领域。在深入分析广州"1+6+N"基层社会治理工作体系的建设、社保费争议联合处置机制实践探索的基础之上，提出提升基层解纷工作法治化、协同化、数字化水平的对策建议。并通过对狮岭镇城镇化、南沙人口引入机制、越秀区志愿服务等的案例分析，提出广州在推动专业镇新型城镇化、提高城市发展动能、优化城市志愿服务供给等方面的创新思路。

第四部分为社会调查篇。本篇分别基于2023年广州居民社会心态线上调查、2023年广州产业工人专题调查、2023年广州市万户居民调查、2023年广州城中村居民调查等社会调查数据，研究分析广州居民社会心态特点、居民就业情况、城中村居民公共服务需求等议题，深入挖掘不同议题中广州的特色与发展难点，进而提出了动态调整居民社会心态、稳定产业工人队伍、提升居民就业满意度、完善城中村公共服务供给等对策建议。

第五部分为港澳青年创新创业篇。随着大湾区协同发展的进一步推进，港澳青年在大湾区内地城市的创业呈现向好趋势。本篇针对港澳青年在以广州为代表的大湾区内地城市创新创业过程中凸显的群体特征、主要问题、诉求期盼和影响规律展开专题分析，就港澳青年人才的社会文化融入、打破身份壁垒、深度融入产业链发展、认同机制与影响、享受创新创业服务和优惠政策落地等方面的现状、困难和需求进行了研究，从完善体制机制、优化服务平台、增开建言渠道、加强宣传推介等方面提出对策建议。

关键词： 社会发展 社会民生 社会治理 社会调查 港澳青年创新创业

目 录 ⊐

Ⅰ 总报告

Ⅱ 社会民生篇

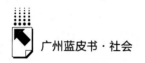
Ⅲ 社会治理篇

Ⅳ 社会调查篇

Ⅴ 港澳青年创新创业篇

皮书数据库阅读**使用指南**

总 报 告

B.1

锚定标高追求，增进民生福祉，
提高广州居民生活品质
——2023~2024 年广州社会发展分析与展望

广州市社会科学院课题组*

摘 要： 2023 年是全面贯彻党的二十大精神的开局之年，是实施"十四五"规划承前启后的关键一年，也是全面建设社会主义现代化国家开局起步的重要一年。广州面对经济恢复波浪式发展、曲折式前进，重点

---

* 课题组成员（执笔人）：黄玉，博士，广州市社会科学院社会学与社会政策研究所所长、副研究员，研究方向为社会政策、经济社会学；陈杰，博士，广州市社会科学院社会学与社会政策研究所副所长、副研究员，研究方向为社会治理、社会政策；朱泯静，博士，广州市社会科学院社会学与社会政策研究所副所长、副研究员，研究方向为社会政策、企业创新、复杂网络等；付舒，博士，广州市社会科学院社会学与社会政策研究所副研究员，研究方向为社会政策、社会保障；简荣，广州市社会科学院社会学与社会政策研究所助理研究员，研究方向为青年群体研究、公共服务；麦劲恒，博士，广州市社会科学院社会学与社会政策研究所助理研究员，研究方向为文化与认知、社会治理；黄柯劼，博士，广州市社会科学院社会学与社会政策研究所助理研究员，研究方向为移民社会学；郭沐蓉，博士，广州市社会科学院社会学与社会政策研究所助理研究员，研究方向为就业、劳动力迁移。

领域风险隐患较多的新形势新挑战，促进就业市场优化，坚持教育优先发展战略，高标准提升医疗卫生事业水平，保障社保制度稳健发展，完善社会治理现代化体系，用心用情提高人民生活品质，切实做好基本民生保障，取得优异成绩。展望2024年，在复杂严峻、不确定性上升、战略机遇和风险挑战并存的外部环境下，广州的社会发展仍将面临诸多挑战，诸如就业结构性矛盾持续存在、医疗卫生服务资源有待优化、社会保障面临数字鸿沟等。报告建议，强化就业优先战略，全力促进高质量就业、充分就业；推进教育改革创新，增强教育服务效能；推动医疗资源提质扩容强基，推进全龄友好型城市建设；构建更可持续的社会保障体系，提高社保政务服务精度；拓展全域服务治理路径，加强队伍建设，激发基层治理活力。

关键词： 社会发展　社会民生　社会治理

　　2023年是全面贯彻党的二十大精神的开局之年。党的二十大报告对全面建设社会主义现代化国家做出分两步走的战略安排，到2035年基本实现社会主义现代化，从2035年到本世纪中叶把我国建成富强民主文明和谐美丽的社会主义现代化强国。广州深入学习宣传贯彻习近平总书记视察广东重要讲话、重要指示精神，锚定"排头兵、领头羊、火车头"标高追求，对照党的二十大报告战略要求，在中国式现代化新征程上，提出"二次创业"再出发，大干十二年、再造新广州，率先实现社会主义现代化的奋斗蓝图。广州完整、准确、全面贯彻新发展理念，服务和融入新发展格局，聚焦高质量发展首要任务，全力推动经济社会各项事业取得新进步，2023年地区生产总值（GDP）突破3万亿元，城乡居民人均可支配收入分别增长4.8%和6.4%，均高于经济增长水平，持续增进民生福祉，人民生活品质不断提高，城市发展实现老城市新活力、"四个出新出彩"展现新局面。

一 2023年广州社会发展状况分析

广州坚持以人民为中心的发展思想，在发展中稳步提升民生保障水平，始终把为民造福作为最重要的政绩，十件民生实事全面兑现，民生领域支出占一般公共预算支出的近七成，深入推进公共服务设施、重点公共服务建设，卫生和社会工作、水利环境和公共设施管理业投资同比分别增长14.9%和15.2%。[①] 广州注重社会各领域发展的整体性和协同性，综合施策，精准发力，促进就业市场的优化和人才战略的实施，坚持优先发展教育事业，大力推进健康广州建设，切实兜住兜准兜牢民生底线，全面提升基层社会治理现代化水平，有力维护社会大局持续稳定发展。

（一）就业服务提质增效，就业形势总体平稳

1. 城镇新增就业人数稳定增长，人力市场供需保持基本平衡

2023年广州持续深入实施高质量就业促进行动，扛起"稳就业、保居民就业"重大政治责任，强化就业优先政策，全市城镇新增就业人数超过33.01万人，超额完成年度计划，比2022年增长7.45%，就业形势总体平稳向好。从人力资源市场的供需情况来看，根据广州人力资源市场供求分析简报数据，2023年第一季度至第四季度全市登记的岗位空缺与求职人数比值分别为1.16、0.98、1.02、0.99，[②] 广州人力市场供需整体保持基本平衡的态势。

2. 聚焦就业服务水平提升，畅通劳动力供需对接渠道

为全力推动稳就业更加量质齐升，广州着力提升就业服务水平，主动服务保用工，搭建平台促就业。在需求端，2023年1~6月，广州市人社局通

[①] 《2023年广州经济运行情况》，广州市统计局网站，2024年1月25日，http://tjj.gz.gov.cn/stats_newtjyw/sjjd/content/post_9458471.html。

[②] 参见广州市人民政府《2023年第一季度广州市人力资源市场供求分析简报》《2023年第二季度广州市人力资源市场供求分析简报》《2023年第三季度广州市人力资源市场供求分析简报》《2023年第四季度广州市人力资源市场供求分析简报》。

过就业服务专员与重点企业"结对子"方式，为21条产业链上下游企业以及专精特新等4586家重点企业，调度用工1.45万人次。① 在供给端，聚焦异地务工人员积极开展"春风行动"专项就业服务活动，截至2023年2月底，累计为异地务工人员开行免费返乡返岗专列专车53趟，服务异地务工人员超6800人。② 同时，2023年1~6月，通过建设村居、社区、校园就业服务驿站154家，搭建平台载体提供就地就近就业服务；建成港澳青年创新创业基地52个，累计带动就业人数7.77万人。③

3. 以"赢在广州"品牌为支撑，优化高校毕业生就业环境

2022年，广州在校大学生数量突破165万人，排名全国第一，广州历来把高校毕业生就业作为就业工作重中之重。2023年，广州出台了《2023年"赢在广州"广州市高校毕业生就业创业十大行动方案》与《2023年高校毕业生促就业保权益工作方案》等，在政策层面推动加大高校毕业生就业岗位供给，拓展高校毕业生就业渠道，保障高校毕业生就业权益，确保全市高校毕业生就业水平的总体稳定。在实践中，聚焦高校毕业生就业，2023年上半年，广州联合50所院校就业创业e站，举办各类"阳光就业"招聘活动468场，累计提供就业岗位65.13万个。④

4. 推动零工市场信息机制建立，提高灵活就业市场匹配效率

灵活就业已经成为传统就业的重要补充，如何规范与维护新业态企业健康发展，释放灵活就业市场潜力，保障灵活就业群体权益，是数字经济时代的一个重要命题。近年来，广州始终把支持灵活就业作为稳就业的重要举

---

① 《广州上半年新增就业15.81万人，月人均养老金提高至3929元》，"羊城派"百家号，2023年7月12日，https：//baijiahao. baidu. com/s? id＝1771187074112637121&wfr＝spider&for＝pc。

② 《春风送真情，关爱暖民心》，广州市人民政府网站，2023年2月28日，https：//www. gz. gov. cn/zwgk/zdly/jycy/jzyfl/content/post_ 8825320. html。

③ 《广州上半年新增就业15.81万人，月人均养老金提高至3929元》，"羊城派"百家号，2023年7月12日，https：//baijiahao. baidu. com/s? id＝1771187074112637121&wfr＝spider&for＝pc。

④ 《广州上半年新增就业15.81万人，月人均养老金提高至3929元》，"羊城派"百家号，2023年7月12日，https：//baijiahao. baidu. com/s? id＝1771187074112637121&wfr＝spider&for＝pc。

措，强化就业服务，全面加强零工市场建设。继 2022 年成立全国首家新业态就业法律援助工作站，建成 62 家村居（社区）"就业驿站"后，2023 年广州推动建立 26 个零工市场（零工对接服务专区、专窗），向社会提供零工求职招聘信息登记和发布服务，为灵活就业人员与求工者搭建高效便捷对接平台，推动实现更加充分就业。

（二）厚植科技人才培育沃土，增强人民群众教育获得感

1. 深入推进产教融合，增强教育服务经济发展动能

广州始终根据经济发展所需，通过学校与企业联合培养、不同层次学校贯通培养的办学模式促进产教深度融合，为广州实施"产业第一、制造业立市"提供人才动力。一是出台《广州市建设国家产教融合城市试点方案》，依托广深港、广珠澳科技创新走廊，打造北部、中部、南部三个集聚区，培育"一轴三区多支点"产教融合发展空间布局，并制定产教融合试点建设目标、改革任务、政策清单、重点项目清单。截至 2023 年 12 月，广州入选国家产教融合型企业的数量居全国同类城市首位，有 526 家企业纳入广东省产教融合型企业储备库，数量占全省的 43%。① 二是完善广州职业教育"1+1+N"政策体系，2023 年，出台《关于推动我市职业教育教科研发展的若干措施（试行）》等系列文件，从财政税收、金融投资、土地要素、产业和教育等方面对产教融合型企业、试点企业以及重大项目实施组合式激励。三是推动产教融合重大项目落地，目前广州共立项建设 2 个市级市域产教联合体，落地建设 15 个由中职、高职院校申报的广州市产教融合实训示范基地项目，同时鼓励学校合作企业积极做好广州市产教融合型企业入库培育工作。四是以《广州南沙深化面向世界的粤港澳全面合作总体方案》为契机，实施产教城一体、融合促发展，推进港澳职业教育培训机构与内地院校、企业、机构合作建立职业教育培训学校和实训基地。

---

① 《产教双向奔赴共同发展　全力支撑"产业第一、制造业立市"》，广州市人民政府网站，2024 年 1 月 5 日，https://www.gz.gov.cn/zwfw/zxfw/jyfw7/content/post_ 9425038.html。

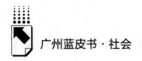

2.教育服务进一步扩容提质，满足居民对优质教育资源的需求

广州坚持优化教育资源布局，加强优质教育资源供给，提升教育服务质量，全面推进教育高质量发展。在规模扩增方面，针对入学高峰年，学位保障压力大的实际，广州把增加基础教育公办学位供给纳入 2023 年"十件民生实事"，实行一区一策、一校一案，通过建设新校、旧校区扩建、场室改造、地段调整、购买民办学校学位等方式，保障学位供给。2023 年，广州新增基础教育公办学位 8.72 万个，增加普通高中招生计划 7485 个，保障了适龄青年的升学需求。实施广州市基础教育强基提质"2+2+1"帮扶行动，实现市属基础教育集团、省优质基础教育集团培育对象 11 个区全覆盖。在质量提升方面，新增 13 所办学条件完全达标的中等职业学校，市属高校新增 3 个基本科学指标数据库（ESI）全球排名前 1%学科、2 名院士、2 个全国高校黄大年式教师团队。[①] 在来穗人员子女教育方面，出台《关于做好来穗人员随迁子女接受义务教育工作的通知》，放宽来穗人员随迁子女入读公办学校的条件限制和比例要求，适龄随迁子女的入学权利得到进一步保障。通过教育资源的扩容提质，居民的入学权利得到保障，各级各类教育的办学条件得以提升。

3.持续扩大教育对外开放，提高广州教育国际化水平

广州不断深化教育领域国际交流合作内涵，着力构建更全方位、更宽领域、更多层次、更加主动的教育对外开放新局面，为加快建设粤港澳大湾区国际教育示范区提供更加有力的支持。一是合作发展先行先试，推进教育领域的互融互通。香港科技大学（广州）于 2022 年 6 月经教育部批准正式设立，2023 年 9 月招收第一批本科生，是《粤港澳大湾区发展规划纲要》颁布实施以来，第一所内地城市与香港合作设立的大学。截至 2023 年 9 月，广州的中外合作办学项目比"十三五"时期增长 150%。[②] 二是改革教学与

---

① 《2024 年广州教育新年贺词》，广州市教育局网站，2024 年 1 月 1 日，http://jyj.gz.gov.cn/yw/jyyw/content/post_ 9416418.html。

② 《厚植人才沃土　支撑广州高质量发展》，广州市教育局网站，2023 年 9 月 15 日，http://jyj.gz.gov.cn/gk/zdlyxxgk/gzdt/content/post_ 9211927.html。

科研，加快建设与国际化大都市相匹配的高水平教育服务体系。广州率先提升高等院校教学和科研国际合作水平，借鉴国际课程经验推动本土课程与教学改革，加强国际化人才培养。如香港科技大学（广州）打破传统学科设置，建立以"枢纽"和"学域"为基础的融合学术架构，发展交叉学科、新兴学科和前沿学科，重点培养学生的创新能力。华南理工大学国际校区建立"通识+专业+双创"深度融合的课程体系，培养学生复合型知识结构和解决复杂工程问题的能力，拓宽学生国际视野和文化交流创新渠道。三是推动加强对外交流，深化缔结友好学校机制。截至 2023 年底，广州共有白云区等 7 个行政区、培英中学等 13 个学校开设 77 个港澳子弟班，缔结国际姊妹学校 115 对，评定广州海珠外国语实验中学等 54 个教育国际化窗口学校培育创建单位，进一步加强青少年的国际素养教育。

（三）高标准提升医疗卫生事业水平，有效保障市民全周期生命健康

1. 大力强化医疗卫生高地功能建设，持续护航居民生命健康

广州有效强化对国家医学中心、区域医疗中心、国际医学中心等高水平医疗机构的功能建设，大力发展高质量中医药服务，持续护航全体居民生命健康。广州持续稳固华南地区医疗中心地位，深入推进国家公立医院改革与高质量发展示范项目建设，2023 年全市共有医疗卫生机构 6159 家，总数比上年增长 5.93%，专业卫生技术人员近 20 万名，三级医疗机构 77 家，其中三甲机构 44 家,[①] 中山大学附属第一（南沙）医院、广州妇儿中心增城院区、广州医科大学附属中医医院天河院区建成启用。广州大力推动优质中医药资源铺开下沉，开展省建设国家中医药综合改革示范区试点工作，市及 10 个区先后获得全国基层中医药工作先进单位，截至 2023 年共推动应用 10 项中医药临床核心技术和 30 项特色诊疗技术，建设 4 个中

---

① 《2022 年广州市卫生事业发展情况》，广州市卫健委网站，2023 年 6 月 5 日，https://wjw. gz. gov. cn/xxgk/sjtj/content/post_ 9016458. html。

医治未病服务指导中心、6 个中医治未病服务示范区和 140 个名中医工作室，有效覆盖全市各级医疗机构。① 广州居民健康素养水平多年连续提升，2023 年再创新高达 40.69%，较 2022 年提高了 4.28 个百分点。② 广州居民各项健康指标持续处于全国前列，2022 年全市孕产妇死亡率达 3.82 人/10 万人口，5 岁以下儿童死亡率达 2.77‰；③ 2021 年，全市人均预期寿命达 83.18 岁，④ 在国内大城市中处于领先地位，亦已超出同年 OECD 国家平均水平（80.3 岁）。⑤

2. 有效提升基层医疗卫生服务水平，持续强化全方位保障能力

广州大力带动基层医疗服务水平提升，积极优化防病治病能力，有效完善公共卫生治理体系，持续强化医疗卫生全方位保障能力。2023 年广州获批紧密型城市医疗集团建设试点城市，积极推动全市各大医院探索深化多种模式的医联体建设，全市现有达到"优质服务基层行"推荐标准的基层医疗卫生机构 101 个、社区医院 34 家，数量均居全省首位，全市实施"一元钱看病"的村卫生站覆盖率达 98.93%，建成家庭医生团队 1779 个。2023 年广州成立市疾病预防控制局，推动从"以治病为中心"向"以人民健康为中心"转变，统筹和整合应急资源，加强重大疫情和突发公共卫生事件的应对处置。2021 年广州在全国率先建立四级公共卫生委员会管理体系，2023 年更进一步在全市 11 个区 176 个镇（街）全面推进"党建引领好、体系建设好、制度创新好、公卫服务好、群众反映

---

① 《广州进一步完善和发展医疗服务体系　织牢公共卫生防护网》，广州市人民政府网站，2023 年 11 月 21 日，https：//www.gz.gov.cn/zwfw/zxfw/ylfw/content/post_ 9332571.html。
② 《广州居民健康素养水平公布：安全与急救素养最高》，"南方都市报"百家号，2024 年 1 月 10 日，https：//baijiahao.baidu.com/s？id=1787670368000328481&wfr=spider&for=pc。
③ 《广州统计年鉴（2023）》，广州市统计局网站，https：//lwzb.gzstats.gov.cn：20001/datav/admin/home/www_nj。
④ 《广州市卫生健康委：广州居民健康指标持续居全国前列》，南方网，2022 年 5 月 23 日，https：//news.southcn.com/node_d9f3d1280b/7d18699247.shtml。
⑤ 《OECD 国家 2023 年健康状况一览》，OECD iLibrary，2024 年 1 月 27 日，https：//www.oecd-ilibrary.org/sites/d90b402d-en/index.html？itemId=/content/component/d90b402d-en#：~：text=In%20202 1%20life%20expectancy%20at，at%20birth%20exceeded%2080%20years。

好"（以下简称"五好"）镇（街）公卫委建设工作，进一步为公共卫生治理体系提质增效。[①]

3. 着力破解跨境制度障碍，持续促进粤港澳大湾区医疗融合

广州全面贯彻《粤港澳大湾区发展规划纲要》和《广州南沙深化面向世界的粤港澳全面合作总体方案》，全面探索跨境医疗融合新模式，持续促进粤港澳大湾区医疗融合。广州大力便利港澳台医务人员来穗行医办医，现已实现港澳台医生执业注册1日办结、医疗机构执业许可证6日核发。广州有力探索港澳药品与医疗器械融合，"港澳药械通"实施两年，已建立9家"港澳药械通"指定医疗机构，4种在港澳上市药品取得大湾区内地临床急需进口药品批件。广州积极加快公立医院与港澳接轨，在南沙、海珠等区探索创建高水平医院和港澳资医疗机构整合接轨新模式，实现综合三甲医院内"先全科后专科"的港式服务模式，启动了共建穗港医疗融合体等多个项目，为就诊患者提供直通香港的远程会诊、跨境转诊、互联网诊疗、国际医疗保险理赔直付等一站式医疗服务。

（四）多层次社会保障制度稳健发展，社保政务服务能力不断提升

1. 社会保险参保人数稳定增长，社会保险制度总体运行平稳

2023年上半年，广州参加企业职工基本养老保险851.18万人，同比增长1.6%；参加城乡居民养老保险134.06万人，同比下降3.2%；参加失业保险710.72万人，同比增长0.1%；参加工伤保险741.49万人，同比增长3.7%。基本医疗保险参保人数接近1400万人，其中职工医疗保险参保人数超过900万人，城乡居民医疗保险参保人数将近500万人，职工医疗保险在职与退休人员的比例为5.5∶1，城乡居民医疗保险在校学生占比69.3%，商业补充健康保险投保人数在367万~383万人。总体来看，社保各险种参保人群结构稳定，参保情况稳中有升，整体呈现稳定发展的良好态势。

[①]《2024年广州市政府工作报告》，广州市人民政府网站，2024年1月26日，https://www.gz.gov.cn/zwgk/zjgb/zfgzbg/content/post_9462719.html。

2.稳妥推进多层次养老保险体系建设，个人养老金开户数位居全国前列

自 2022 年 11 月国家正式实施个人养老金制度以来，广州成为全国个人养老金制度启动实施的先行城市。为强化工作协调，广州成立个人养老金工作领导小组，由市领导任组长，人社、宣传、金融、税务、国资等多部门参与，逐级压实工作责任。为提高公众对个人养老金的认知度和参与度，广州市人社局组队赴大型企业宣讲政策，组建 120 人讲师团队赴机关事业单位、大型龙头企业单位宣传，多家银行开展形式多样的宣传，通过举办宣传推广活动、问卷调查、短信推送、政策解读等方式，形成全方位宣传格局。为优化个人养老金办理工作流程，广州在全市社保经办机构设立"宣传咨询专窗"、开通"宣传服务专线"。截至 2023 年 11 月，广州个人养老金开户数已达 323 万户，居全国前列。①

3.优化社会保障"一卡通"便民服务，"小卡片"托起民生"大保障"

近年来，广州为探索推动以社会保障卡为载体建立居民服务"一卡通"，修订《广州市社会保障卡管理办法》，制定《广州市社会保障卡银行合作服务管理细则》，更好地为"一卡通"业务朝向便民化、数字化、集成化发展提供规则指导。广州坚持多场景应用，推动数据互联互通，业务协同联办，扎实推进惠民资金"一卡通领"、政务服务"一卡通办"、移动支付"一卡通用"、公共服务"一卡通行"，截至 2023 年 9 月，广州持卡人数累计超 1830 万人，签发电子社保卡 1315.8 万张，开通应用 219 项，建立即时制卡网点 1149 个，超 145 万退休人员用社保卡领取养老金，30 余项惠民惠农财政补贴资金精准直达个人。②

4.社保业务线上集成创新，移动政务服务能力不断增强

广州持续提高社保经办移动政务服务效能。在养老金资格认证上，待遇领取人员可通过"粤省事"或"电子社保卡"微信小程序、"广东人社"

---

① 《广州市个人养老金扬帆启航一周年开户突破 323 万户》，广州市人社局网站，2023 年 11 月 22 日，http://rsj.gz.gov.cn/zwdt/gzdt/content/post_9334024.html。
② 《广州市参加全省推进社会保障卡居民服务"一卡通"工作现场会》，广州市人社局网站，2023 年 10 月 23 日，http://rsj.gz.gov.cn/zwdt/gzdt/content/post_9280260.html。

或"掌上 12333"App、国家社会保险公共服务平台门户网站进行远程人脸识别认证。[①] 141 个医保服务事项均上线广东政务服务网"一网通办"，97 个事项上线"穗好办"App 实现"掌上办"，10 个医保公共服务事项纳入"一件事"主题集成服务。[②] 灵活就业人员失业后申请失业保险金，可通过"粤省事"微信小程序、广东省人力资源和社会保障网上服务平台、"广东人社"App、国家社会保险公共服务平台等网办渠道线上"不见面"申领。[③] 新增"公办养老机构入住轮候申请、家庭养老床位入住申请、居家适老化改造申请"三项养老服务事项进驻"穗好办"App。社会救助依托"穗好办"App 上线"救助智诊"服务，一键即可初步判断自己或家庭是否符合救助条件。[④] 多项社会保障业务线上集成创新，真正让群众感受到"掌上办、指尖办、随时办"的便捷。

5. 长者饭堂服务提质增效，成为全国居家和社区养老服务工作典型

长者饭堂建设是为老助老的重要载体和支撑。近年来，广州以中央财政支持开展居家和社区养老服务改革试点为契机，陆续出台《广州市老年人助餐配餐服务管理办法》《居家社区养老助餐配餐服务规范》等多项政策文件，指导长者助餐配餐服务有序开展。广州按照"中心城区 10~15 分钟、外围城区 20~25 分钟"的距离半径，在全市设置 1154 个长者饭堂，确保长者饭堂方便可及。实行"4 个一点"（政府补一点、企业让一点、慈善捐一点、个人掏一点）的办法，探索建立政府、企业、社会组织、慈善力量、家庭和个人等共同推进"大配餐"的合作机制。[⑤] 广州各区充分利用各自特

---

① 《广州市社会保险基金管理中心关于开展企业养老保险待遇领取资格认证的通告》，广州市人社局网站，2023 年 5 月 15 日，http：//rsj. gz. gov. cn/zwdt/gzdt/content/post_ 8976357. html。

② 《广州市医疗保障局 2022 年度工作总结和 2023 年工作计划》，广州市人民政府网站，2023 年 5 月 6 日，https：//www. gz. gov. cn/zwgk/zjgb/bmgzzj/2022n/content/post_ 8965161. html。

③ 《灵活就业人员失业后可享受失业保险待遇》，广州市人社局网站，2023 年 2 月 27 日，http：//rsj. gz. gov. cn/zwdt/gzdt/content/post_ 8822598. html。

④ 《广州市推出"救助智诊"服务上线"穗好办"》，广州市民政局网站，2023 年 3 月 30 日，http：//mzj. gz. gov. cn/dt/mzdt/content/post_ 8897686. html。

⑤ 《广州：长者饭堂让老年人吃出幸福味道》，广州市民政局网站，2023 年 10 月 12 日，http：//mzj. gz. gov. cn/dt/mzdt/content/post_ 9253227. html。

色优势，发挥示范带动作用，比如越秀区利用村居颐康服务站盘活旧场地；天河区积极推动高校、企事业单位等餐厅向老年人开放；从化区因地制宜，考虑老年人居住分散的特点，鼓励采用亲友相助、邻里互助的模式重点满足特殊困难长者用餐需求。一系列实践探索完善了广州"大配餐"服务体系，老年人的获得感、幸福感不断提升。

（五）完善超大城市现代化治理体系，做精做细"市域善治"

1.党建引领筑牢基层治理根基，惠民服务赋能社会治理

一是持续完善基层党组织建设。通过五级基层组织架构，搭建"街（镇）党（工）委—社区（村）党组织—综合网格党支部—楼栋党小组—党员责任区"，将全市 70 多万名党员下沉到居住地，并编入所在的网格党支部、楼栋党小组，壮大城市治理"先锋队"。逐步完善居住地党员常态化建制化发挥作用的机制，打通基层党组织"最后一米"。加强街镇、村社干部队伍建设，优化城中村网格划分，把党的政治优势转化为治理效能，[1] 实现 20849 个综合网格党组织全覆盖，建立了 3.96 万个楼栋党小组，划分了 50.98 万个党员责任区，成立了 1.97 万支党群服务队。[2]

二是坚持党建引领与惠民服务相结合。荔湾区坚持党建惠民工程，促进党建与社会治理深度融合。[3] 实施"党旗红"惠民工程项目，以"党建+项目"形式，打造了一批可复制、可推广的基层党建项目。花都区创建"花都极先锋"党建品牌，目前全区各领域共建立基层党建品牌 93 个，其中城市社区"极先锋"秀全大妈党支部"党建引领志愿服务助力基层治理"案

① 《高质量党建引领高质量发展！广州基层党建一线报告（2023）》，广州党建网，2023 年 6 月 28 日，https://www.gzdj.gov.cn/ddgz1/106148.jhtml。
② 《网格党建"小切口"推动基层治理"大变化"》，"广州日报"百家号，2023 年 11 月 1 日，https://baijiahao.baidu.com/s?id=1781360221041645477&wfr=spider&for=pc。
③ 《"党建+项目"协同并进 基层治理有了"新密码"》，《广州日报》2023 年 9 月 21 日，https://gzdaily.dayoo.com/pc/html/2023-09/21/content_873_837265.htm。

例入选《2022 年广东省离退休干部党建工作创新案例汇编》。[①] 番禺区全力构建党建引领基层治理"一体两翼三贯通"新格局，深入实施两新组织"红链赋能"工程、"百名党员进百企"行动，动员全区当好社区管家、企业保姆、人才服务员，引导党员干部牢固树立"突出重围、异军突围、主动作为"三为意识，初步形成"七理"治理体系，全区 1820 个网格党支部有效承接和统筹管理 9.3 万名居住地党员，让党员参与基层治理更加常态长效。[②] 天河中央商务区南区联合党委联动花城广场党群服务站等周边站点，全面构建"双塔联片、党群连心"党建品牌，形成"双塔—广场—大道"立体化党群服务体系，不断聚合资源提升服务能力。截至 2023 年，天河中央商务区内建有楼宇党群服务阵地 165 个，两新组织党组织 293 个，管理两新组织党员 5304 人，楼宇、商圈党的组织和工作实现全覆盖。

2. 数字化治理体系基本形成，数字政府标杆建设提质增效

广州充分利用数字化治理赋能超大城市社会治理。一是加强制度保障，构建"2+2+N"的数据要素基础制度体系。广州着力加强顶层设计，制定"两条例两规划"：出台国内首部城市数字经济地方性法规《广州市数字经济促进条例》，促进城市治理数字化转型，提高现代化治理效能；制定《广州市数据条例》，保障经济、民生、治理等领域数据要素有序流通；出台《广州市"数字政府"建设总体规划（2020—2022 年）》和《广州市数字政府改革建设"十四五"规划》，推动综合性数字基础设施建设，规范数据治理。另外，从源头、共享、流通、统筹等环节制定多项保障制度，健全数据全生命周期治理体系。

二是推动智慧化人口数据治理。截至 2023 年 8 月底，广州流动人口近1300 万人，超过户籍人口。广州加快构建数据底座，不断完善人口数字化治理手段。加强数据模型建设，以海量数据资源池为依托，通过明确人口数

---

① 《以全域党建新实践　激发北部增长极新动能》，广州市人民政府网站，2023 年 9 月 25 日，https：//www. gz. gov. cn/zt/gzlfzgzld/gzgzlfz/content/post_ 9226737. html。

② 《番禺：党建引领聚活力　智造创新强引擎》，广州市人民政府网站，2023 年 9 月 26 日，https：//www. gz. gov. cn/zt/gzlfzgzld/gzgzlfz/content/post_ 9229449. html。

据来源和标准，实现全量人口数据高效统筹管理，有效解决人口数据来源管理和目录构建等根本问题。同时，横向连接经济运行、城市管理、生态环境、应急管理等领域数据，纵向贯通区、街镇等各级区域数据，实现全市公共数据互联互通、有序聚合、高效共享。构建时空动态人口模型，将各方数据拟合成一个逻辑整体，各部门能够高效地掌握和分析人口组成状况。①

三是数字政府建设效果良好。近年来，数字政府在社会基层治理领域广泛应用，持续推动广州市域治理走向系统集成和智能便捷。打造"一网通办、全市通办"的"穗好办"政务服务品牌，政务服务指标排名全国第一。截至 2023 年，"穗好办" App 已上线便民利企服务超 7000 项，注册用户累计超过 2000 万人，访问量高达 2.1 亿次。建成"穗智管"城市运行管理中枢，构建城市运行评价体系，获取数据 24 亿条，形成城市体征数据项 2666 个，打破传统社会治理行政弊端，发挥数字技术与社会治理融合作用。②

3. 强化多元立体社会治安防控体系，夯实平安广州城市根基

广州坚持以安全格局促发展格局，连续 5 年全市案件警情、刑事立案数同比下降，连续 10 年群众安全感始终保持高位，连续 6 年在平安广东建设考评中获得优秀称号。③

一是持续完善基层综治工作。基层综治工作是市域社会治理现代化工作的重要保障，广州积极打造"综治中心+综合网格+最小应急单元+智能化"模式，实现全市 176 个镇街和 2817 个村居综治中心升级改造。④ 基层社会治

① 《超大城市人口数据治理创新的广州实践》，广州市来穗人员服务管理局网站，2023 年 11 月 13 日，https：//lsj. gz. gov. cn/yw/mtgz/content/post_ 9319604. html。
② 《"五治"融合出新彩 竞标争先创新绩——广州全力打造市域社会治理现代化示范城市》，广东政法网，2023 年 5 月 5 日，https：//www. gdzf. org. cn/xbsy/syzl/content/post_ 132406. html；《赋能"穗好办"奋力打造数字政府建设新标杆》，澎湃网，2023 年 11 月 29 日，https：//www. thepaper. cn/newsDetail_ forward_ 25479073? commTag＝true。
③ 《夯实平安法治之基，护航高质量发展——2023 年广州市政法工作综述》，南方网，2024 年 2 月 1 日，https：//news. southcn. com/node_ d16fadb650/bee0cd40c0. shtml。
④ 《平安广东建设考评广州稳居前列，群众安全感 10 年来保持高位》，"南方都市报"百家号，2023 年 9 月 23 日，https：//baijiahao. baidu. com/s? id＝1777812948513081666&wfr＝spider&for＝pc。

理实体平台全面提质增效，实现矛盾纠纷一站式受理与一揽子解决。黄埔区萝岗街综治中心作为综治中心提档升级的样本之一在 2023 年 1 月揭牌，设置了接待大厅、入驻人员办公室、矛盾纠纷调解室、网格管理工作室、粤心安心理服务室、视频监控研判室等"一厅五室"，为群众提供了更便捷的一站式服务。深入探索"派出所+司法+综治+劳监+网格+社工"联合调解的矛盾纠纷处置模式。[①]

二是不断夯实群防群治治理根基。建立"专项打+常态查"相结合机制，加强对社会治安巡防管控"四个一"体系的建设和应用，[②] 切实维护群众利益。持续加强"广州街坊"群防群治队伍建设。通过凝聚全市群防群治力量，组建 400 多支"广州街坊"群防群治队伍，拥有 67 万名实名注册的"广州街坊"。[③] 群防群治项目"百万街坊护卫平安羊城"获广东省首届社会治理创新大赛"平安杯"二等奖。

4. "慈善之城"良性效应显著，慈善力量与基层服务融合度提升

2023 年是广州创建全国"慈善之城"的第 7 个年头，广州通过"广东扶贫济困日"暨"羊城慈善为民"行动已累计筹集款物超过 52 亿元，慈善捐赠和慈善活动的年增长率均超过 10%，慈善信息公开达标率 100%，城市"爱心 GDP"公益慈善指数位居全国第二，广州"善"暖社区项目获第十二届"中华慈善奖"表彰。广州在"慈善之城"方面的建设成果与两个方面的工作是分不开的。

一是持续在打造慈善品牌上发力，完善慈善机制建设，引导社会力量参与慈善活动。2023 年，广州市"羊城慈善月"活动现场发布了广东省慈善帮扶资源供需精准对接机制，据统计，慈善帮扶资源供给信息台账已收录超过 230 个社会组织提供的近 400 个慈善项目。以"百千万工程"领

---

① 《黄埔区萝岗街综治中心正式揭牌》，广州市黄埔区人民政府网站，2023 年 1 月 13 日，http://www.hp.gov.cn/gzhplgj/gkmlpt/content/8/8761/post_ 8761369.html#4254。

② 《这就是广州！平安可见可感可触》，广东政法网，2023 年 9 月 22 日，https://www.gdzf.org.cn/zwgd/content/post_ 142537.html。

③ 《广州凝聚群防群治力量夯实平安根基》，广东省法学会网站，2023 年 10 月 8 日，http://www.gdfxh.org.cn/zdzx/zfxw/content/mpost_ 143225.html。

航，举行 2023 年善美乡村资助项目启动仪式与穗救易·善行卡捐赠和发卡仪式，广州市慈善会出资 194.5 万元联合广州市派驻清远、梅州、湛江的驻镇帮镇扶村指挥部，面向广东省梅州、清远、湛江等地广泛征集遴选出 15 个乡村振兴类优质项目进行资助。推进慈善信托，首批低收入居民获赠善行卡。设立越秀城中村社区慈善基金、忆北慈善信托，扩大社区慈善基金的服务覆盖面，撬动更多慈善力量助力基层社会治理工作的开展。发布广州市 2023 年度"最美慈善社区（村）"榜单，加强选树典型的示范带动作用。①

二是加强各区基层志愿者队伍建设。如番禺区村（居）干部不断统筹和盘活社会资源参与社会治理，目前全区共有 275 个社区基金，募集到资金 3195 万元，402 个社区公益项目获得资助，共计动员 15.5 万人次志愿者参与社区志愿服务，并针对社区卫生环境、小区车辆乱停放、宠物管理等问题进行整治，有效处理 2500 多宗相关案例。荔湾区永庆坊地区为传承岭南特色文化、优化提升人居环境，目前已组织志愿者队伍 300 多人，3 年来累计开展各类互动活动近 200 次。② 天河区在各党群阵地、小哥驿站共设立党员报到点 116 个，快递外卖人员到属地报到参加志愿服务共计 2300 余人次，累计服务时长 1.1 万小时，在志愿活动过程中，累计上报各类安全隐患线索 270 多条。③ 广州打造"红棉老兵"志愿服务品牌，致力于红色教育、平安建设和双拥共建等七大主题志愿服务。2020~2023 年，红棉老兵志愿服务队达 1400 余支，吸纳了约 2 万名退役军人参与志愿服务队伍，全市退役军人志愿者们累计开展活动 28481 场次，服务时长逾 37.7 万小时，获评"最美

---

① 《"羊城慈善月"主题宣传启动：汇聚慈善力量，让爱心在善城蔓延》，"善城广州"微信公众号，2023 年 9 月 10 日，https://mp.weixin.qq.com/s?__biz=MzIyNjc4MjQyNQ==&mid=2247519658&idx=1&sn=f48f8769e9727f43bc2f282399ed6267&chksm=e869f01cdf1e790a77d181dcfd9ecb6811b8eb6c33f297aa65f14bfcce4821c433032aa70b84&scene=27。

② 《广州：以自治强基打造市域社会治理新格局》，广东政法网，2023 年 2 月 7 日，https://www.gdzf.org.cn/xbsy/syzl/content/post_128363.html。

③ 《天河：党组织"下沉"CBD 社区治理跑出"加速度"》，"广州日报"百家号，2023 年 9 月 21 日，https://baijiahao.baidu.com/s?id=1777603093081507819&wfr=spider&for=pc。

红棉老兵"等"最美"典型的人数有 154 名，志愿服务队伍建设获社会多方美誉。①

5. "文化服务共同体"创新文化治理思路，拓展公共文化服务领域

文化是基层治理重要软实力，广州不断探索发挥文化力量在社会治理中的重要作用。2023 年 7 月，广州首创"公共文化服务共同体"概念，通过在地化服务、常态化赋能、针对性培训，激发内生动力，提升造血功能，推动基层公共文化服务提质增效，先后孵化了 70 个优秀基层志愿服务项目。通过搭建平台不断扩展服务领域，培育和发展多元化的公共文化服务主体，有效弥补了政府功能的不足。2022 年启动的"繁星行动"文旅志愿服务项目，至今培育了近百名"文化新乡贤""街坊公益文化能人""都市文化志愿达人"。坚持以"文化+"思路实现相关政府部门对公共服务体系、场所、人员等优势资源的盘活共享，调动跨部门跨领域合作共建的积极性，将公共文化服务由文化主管部门的单一文化形态向城市文化品位全面构建转变，逐步放大广州城市文化品牌的辐射带动效应，不断增强城市公共文化的生命力并提高参与率。如加快推动全市中、小学校图书馆（室）全部纳入公共图书馆服务体系。推动公共图书馆与各级工会职工书屋一体化规划、联通式服务、融合式发展，不断拓展延伸"图书馆之城"的服务阵地。

二　广州社会发展面临的问题与挑战

（一）就业结构性矛盾持续存在，就业质量有待提升

1. 人才市场高技能工人短缺，结构性就业矛盾凸显

基于广州坚持"产业第一、制造业立市"的战略部署，广州技能人才的供给结构进一步优化，但人才市场技术工人供需矛盾依然存在，主要体现

---

① 《"红棉老兵"入选广州社会治理现代化十大创新案例》，搜狐网，2023 年 12 月 25 日，https：//www.sohu.com/a/746910908_ 161795。

在技术型岗位的人才缺口问题,尤其是高级专业技能人员存在较大缺口。广州技能人才求人倍率长期高于1.5,高技能人才求人倍率甚至高达2.0,技能人才在市场供需层面仍存在一定程度的低技能高用结构性矛盾。[①] 在高质量发展阶段,广州技术优化创新与产业转型升级的步伐会进一步加快,这对劳动者的技能素质和综合素养提出了更高的要求,高技能劳动力短缺的结构性就业矛盾依然突出。

2. 新业态劳动者权益保障不足,就业质量面临挑战

平台经济、共享经济等新就业形态不断涌现,在服务市民生活的同时,为人们提供就业创业的土壤。在广州及全国其他城市中,新业态从业人员能量足、潜力大,是助力城市发展的重要力量。然而,由于该群体具有雇佣关系灵活化、劳动关系模糊化、工作场所流动性大等特点,大规模的新业态劳动者难以通过现有的劳动法规制度获得保障,新业态从业人员的社会保障未能全面覆盖。以职业伤害保障为例,目前广东试点对新业态从业者的工伤保险采用"单工伤保险"模式,规定了平台企业的责任,工伤保险不需要与养老、医疗等保险捆绑,不与劳动关系挂钩,突破了传统工伤保险制度。但从其内容来看,试点同时强调"自愿"原则且规定了试点政策退出机制,在没有国家顶层设计和统一制度情况下,职业伤害保障难以实现安全规范和可持续健康发展。

3. 重点就业群体面临较大压力,就业难问题仍需关注

伴随经济的下行,重点就业群体就业问题仍存在较大压力。从大学生就业来看,35岁以内的青年大学生就业难问题需重点关注。2023年广州市社会科学院社会学与社会政策研究所课题组通过调查问卷[②],获得6798个有效样本,分析发现,18~35岁的青年大学生中未就业比例为30.20%,减

① 广州市人力资源市场供求信息调查评估小组:《2022年广州人力资源市场发展情况及2023年展望》,载张跃国主编《广州经济发展报告(2023)》,社会科学文献出版社,2023,第82页。
② 本次调查分为两部分:一是线下实地调查,由课题组组建调查员队伍采用PPS和等间距相结合的抽样方法进行,获取有效问卷1798份;二是线上调查,由课题组委托专业调查公司在固定样本库和联盟样本库中随机抽样,覆盖广州11个行政区域,最终获取有效问卷5000份。两次调查合计获取有效问卷6798份。

去"正在上学"（85.75%）、"不想工作"（1.66%）和"因个人原因离职"（3.33%）的样本后，仍有9.26%处于未就业状态，其中"找不到合适的工作"占比5.70%，而超四成的未就业人员认为"就业岗位较少"是目前就业难的主要原因。

（二）教育服务能力有待提升，投入保障需加强

1.产教融合改革创新推进的力度尚显不足

2022年12月，中共中央办公厅、国务院办公厅印发的《关于深化现代职业教育体系建设改革的意见》把"开展市域产教联合体建设"作为战略任务，对深化产教融合、服务城市经济发展具有重大意义。2023年10月，国家公布首批28个国家级市域产教联合体项目名单，广东入选项目为深圳市域产教联合体和佛山市"两高四新"产教联合体，广州没有项目入选，这与广州职业教育地位不相匹配，亟须加快推进市域产教联合体培育工作。2023年5月，广东省教育厅发布《广东省教育厅关于做好市域产教联合体申报的通知》，要求各院校主动与产业园区对接，积极参与市域产教联合体申报和建设。2023年11月，广州成立首个市域产教联合体项目，对比之下，北京、上海已经分别有11个、14个，广州数量还相对较少。广州的职业教育贯通培养机制也有待加强，目前江苏、浙江、山东等省已多模式开展"中本一体化"[①]贯通培养，而广州的职业教育贯通培养模式仍以"三二分段"[②]为主，且覆盖面有待扩大。同时，当前开展的"三二分段"试点工作还存在诸如中高职的课程体系未实质性贯通衔接、高职学校参与度较低、中高职院校教学资源投入不平衡等问题。[③]

---

① 即中职3年、应用型本科专业4年，实行一体化培养。学生无须参加高考，只要通过转段考试，就能从中职直升本科高校。

② "三二分段"指在中职学校和高职院校选取对应专业，制定中职学段（3年）和高职学段（2年）一体化的人才培养方案。

③ 《广州市中等职业教育质量报告（2023年度）》，广州市教育局网站，2024年1月19日，http://jyj.gz.gov.cn/gkmlpt/content/9/9452/mpost_9452571.html#244。

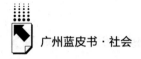

2. 教育资源供需失衡的现象依然存在

从区域看，各区的办学条件差异造成资源供给不平衡。以学前教育为例，按照《广东省促进学前教育普惠健康发展行动方案》"城镇幼儿园千人学位数不低于40座"标准，广州目前仅有增城、从化、南沙三个行政区达标，尤其是越秀、海珠、天河等人口较为密集、办学用地较为紧张的老城区差距较为明显。从化区（1∶7.13）、白云区（1∶7.12）、黄埔区（1∶7.21）的生师比没有达到教育部《幼儿园教职工配备标准（暂行）》（1∶5~1∶7）的要求。从化区生均占地面积（15.11平方米）是荔湾区（8.28平方米）的1.82倍，增城区生均室外游戏地面积（6.74平方米）是荔湾（3.81平方米）的1.77倍。① 总的来看，中心城区的幼儿园学位数紧缺，生师比较低，生均占地面积和生均室外游戏地面积较小，办学条件不及外围城区的幼儿园。

从人群看，外来人口流入不平衡造成学位供给不平衡。2022年广州人口数据显示，外来人口占广州常住人口的44.76%，② 可见广州进城务工人员随迁子女入学的需求也会较大。2023年，广州市义务教育阶段进城务工人员随迁子女总数为52.73万人，占在校生总数的32.23%。其中，在公办学校就读人数为24.67万人，占比46.79%。③ 这与广州提出的"落实进城务工人员随迁子女入读义务教育阶段公办学校（含政府购买学位）比例达到85%以上"目标仍有一定差距。2023年，广州天河、番禺区、白云区等外来人口较多的行政区都发布了多所义务教育学校的学位预警。广州是全国主要的人口流入城市，依据义务教育"免试就近"的原则，这些外来人口的随迁子女对就学位置的要求促使教育学位的需求不断攀升，造成区域教育资源供求的失衡。所以，在布局和策划义务教育学校时，务必综合考量学位的供应能力和现阶段的实际需要。

3. 教育服务科技人才发展的能力仍需进一步提升

广州的教育资源对科技人才发展的支持力度仍显不足。从办学条件来

---

① 陈发军：《2022年广州教育事业发展状况与2023年展望》，载方晓波、林韶春主编《广州教育发展报告（2022~2023）》，社会科学文献出版社，2023。
② 根据广州市统计局发布的《2022年广州市人口规模及分布情况》整理。
③ 根据广州市教育局发布的《广州市教育统计手册（2022学年度）》整理。

看，对照教育部《中等职业学校设置标准》，中职学校的师生比为 1∶20、生均占地面积不少于 33 平方米、生均校舍建筑面积不少于 20 平方米、生均图书不少于 30 册，而广州中职学校的水平分别仅为 1∶24、21.60 平方米、13.52 平方米、23.53 册[①]，没有达到国家的办学标准要求。与北京、上海、深圳、杭州、成都等城市比较，广州的校园面积、生均仪器设备价值、生均计算机等办学指标均居于末位。[②] 办学条件的不足会影响广州职业教育的规模化发展，进而影响产教融合的深化和培养企业需要的实践型、技术型人才。另外，高水平大学在为科技创新提供人才支撑上具有重要作用，但广州目前顶尖的高等教育资源尚不丰富，走在科技前沿的研究型大学偏少。从 2024 年 1 月的 ESI 数据来看，仅有中山大学进入了全球前 100 名，居第 94 位，华南理工大学居全球第 201 位，其余高校均没有进入全球前 400 名。而在三所市属本科院校中，广州医科大学排在全球第 749 位，广州大学和广州航海学院均没有进入前 1000 名，这与广州的国家中心城市、粤港澳大湾区核心引擎地位以及打造中心型世界城市总体愿景并不相符。目前，广州正处于统筹推动传统产业改造提升、新兴产业加快发展、未来产业谋篇布局，加快形成新质生产力的关键时期，顶尖高等教育资源短缺，会不利于科技创新人才队伍建设，从而影响广州经济结构优化与转型升级。

（三）医疗卫生服务资源有待优化，"一老一小"服务能力持续面临挑战

1. 医疗资源总体布局仍不够合理，住院床位短缺和分化现象突出

现阶段，广州尚未全面建立覆盖城乡、布局合理、层次分明的医疗卫生服务设施体系，市民多层次多元化的健康服务需求未得到充分满足。医疗资源仍高度集中在中心城区，全市 60.4% 的医院、72.2% 的床位和 65.7% 的医院建筑面积均集聚在中心四区，南沙、从化、花都三区院均建筑面积和床位

---

① 根据广州市教育局发布的《广州市教育统计手册（2022 学年度）》相关数据整理。
② 李媛：《2022 年广州中等职业教育发展状况与 2023 年展望》，载方晓波、林韶春主编《广州教育发展报告（2022~2023）》，社会科学文献出版社，2023。

数与中心城区差距较大。市民门诊需求仍高度集中在医院,三级医院诊疗需求占全市总体的60.5%,三甲医院门诊就医量占全市总体的56.3%,基层医疗资源增长乏力现象仍突出。住院床位短缺和分布不平衡现象同时存在。一方面,全市每千人床位数(5.9张)和全市住院患者平均住院时间(8.33日)均低于全国平均水平(6.92张和9.2日),① 21.6%的长期住院人次消耗了62.3%的床日数。另一方面,各项指标显示,不同类型医疗机构住院床位使用状况不平衡。就住院病人床位利用率而言,社区卫生服务中心(44.72%)低于乡镇卫生院(55.56%)和医院(75.05%)。就平均住院时长而言,社区卫生服务中心(20.11日)大于医院(8.43日)和乡镇卫生院(8.07日)。就医师日均担负住院床日而言,医院(1.77日)则显著高于乡镇卫生院(0.57日)和社区卫生服务中心(0.18日)。②

2. 基层卫生治理体系仍有待完善,部分农村社区卫生状况存在短板

现阶段,广州公共卫生治理体系改革仍有待进一步深化,以推动基层更好形成齐抓共管的工作合力。全市部分城中村、农村卫生镇(村)建设仍未完全实现,村庄保洁覆盖面、农村生活垃圾无害化处理、自然村生活污水收集与处理等方面仍存在漏洞。为更好提供全面、高效和优质的常态化公共卫生服务,广州的"五好"镇(街)公共卫生委员会建设仍需进一步推进,村(社区)公共卫生委员会建设仍需进一步加强,各村(社区)公共卫生委员会任务清单与社区网格化管理服务工作仍需进一步一体化,常态化管理和应急管理动态衔接的工作机制仍需进一步完善,现有四级公共卫生委员会下多部门工作联动仍需进一步强化。

3. 全龄人口服务仍面临挑战,专业养老和普惠托育服务未能充分满足需求

广州市作为吸纳大量流动人口的超大城市,"一老一小"管理服务工作

---

① 《2022年广州市卫生事业发展情况》,广州市卫健委网站,2023年6月5日,https://wjw.gz.gov.cn/xxgk/sjtj/content/post_ 9016458.html。

② 《2022年广州市卫生事业发展情况》,广州市卫健委网站,2023年6月5日,https://wjw.gz.gov.cn/xxgk/sjtj/content/post_ 9016458.html。

面临居高不下的压力。广州常住人口老龄化趋势凸显，对医疗资源的需求日益迫切和多样化。截至2022年底，广州市户籍人口中，60岁及以上老年人口达195.21万人，占户籍人口的18.86%，比上一年增长5.62%，同年全市60岁及以上流动人口有48.31万人，比上一年增长12.28%。[①] 实际工作中，这一群体对于"预防、治疗、照护"三位一体的老年健康服务体系和包括脑健康管理、安宁疗护、心理关爱、口腔健康和营养改善在内的专业服务需求尤其凸显。同时，现有托育服务的数量和品质仍未能完全满足市民需求。2023年，广州成功入选全国第一批婴幼儿照护服务示范城市，当年全市登记注册且实际提供托育服务的机构共1002家，提供托位数5.45万个，实现每千常住人口3.20个托位，但相比"十四五"末5.8个的目标还有差距，且托育服务中75%以上为营利性商业机构，普惠服务占比低，收费普遍超出家长的心理预期，导致在当前托位数总量不足的情况下，仍有约一半的托位闲置。[②]

（四）个人养老金发展潜力有待挖掘，数字鸿沟问题有待关注

1. 个人养老金开户数仍有增长空间，但对中低收入者吸引力不大

目前，广州参加城镇职工基本养老保险851.18万人，参加城乡居民养老保险134.06万人，两者相加，基本养老保险参保人约有985.24万人，除去领取基本养老保险的老年人134.04万人，[③] 广州拥有个人养老金"开户资格"的总人数大约为851.2万人。按照广州个人养老金参保人数323万人计算，约占参保资格总人数的37.95%，接近四成。由此可见，广州个人养老金开户数仍有较大增长空间。虽然个人养老金制度是多层次养老保险体系

① 《广州市2022年老年人口和老龄事业数据》，广州市卫健委网站，2023年8月29日，http：//wjw. gz. gov. cn/xxgk/shgysyjs/content/post_ 9234435. html。
② 《市人大常委会关注托育服务体系建设　全市现有托育服务机构1002家、托位数5.45万个》，广州市人民政府网站，2023年6月28日，https：//www. gz. gov. cn/zwfw/zxfw/jyfw7/content/mpost_ 9077845. html。
③ 《广州市2022年老年人口和老龄事业数据》，广州市卫健委网站，2023年8月29日，http：//wjw. gz. gov. cn/xxgk/shgysyjs/content/post_ 9234435. html。

的重要补充，但是目前"个税递延"的政策设计往往更加激励满足个税缴纳条件的人参与，那些达不到个税缴纳标准的个人如果参加个人养老金账户投资，其投资产生的收益将在未来退休时与缴纳本金一并按照3%计算个税，因此个人养老金制度目前对于中低收入者吸引力不大。

2. 社会保障业务线上办理面临数字鸿沟和信息孤岛问题

数字技术的快速发展使社保业务完成从"线下跑"向"网上办"的转型成为可能。当前缴纳社保费、社保关系转移接续、异地医疗报销等与民众日常生活相关的高频事项越来越智能化，操作越来越便利化。但社保经办的数字化转型仍面临以下难点：一是数字鸿沟问题。由于数字化能力不高，特别是一些老年人的数字技能更低，公众对于社保服务的数字化应用比例和水平尚未达到预期效果。比如，2020年广州"穗好办"App上线，虽然其品牌已经打响，但是受制于群众的数字化能力参差，相关业务推广仍有待系统宣传。二是信息孤岛问题。目前，全国的社保政策仍存在较大差异，个体面临全国范围内跨区域转移社保关系时，需要中央、省级和市级数据以及各部门间的数据联通，但由于地方和部门之间的数据分割，市级社保经办服务的提速仍需要得到省级乃至中央相关部门和政策的支持。

3. 长者饭堂经营面临成本提高、基层服务能力不足和个性化需求凸显问题

随着长者饭堂发展进入提质增效的新阶段，制约长者饭堂高质量发展的三个主要问题需要引起关注：一是经营成本增加。自建式长者饭堂需要建立人员招募、食材采购、存储和配送的物流系统，这在一定程度上增加了管理协调、食品质量与安全控制等多方面成本。且食物在配送过程中要满足长时间保持温度、新鲜度和可口度的要求，进一步提高了物流成本。二是基层服务能力不足。在"市—区—街（镇）—社区"四级助餐网络中，越到基层人力配备越显不足。社区基层助餐点往往只配备1名社工跟进，无法满足人流集中时段的大量供餐需求。三是个性化需求凸显。老年人因年龄、健康状况、饮食习惯、经济状况等因素造成的需求层次分化越发明显。按照当前

12元/餐的标准，一些要求高的老人觉得吃不好，要求低的老人又觉得自付价格高舍不得吃。如何在成本高、价格低以及口味好三者之间取得平衡，是当前面临的一个难题。

（五）全域服务治理需进一步推广，多元主体参与机制有待完善

1. 居民多元化诉求仍未完全满足，全域服务治理仍需持续推广

广州作为超大城市，实际管理服务人口超过2200万人，人口构成的复杂化与日趋多样化的利益诉求，带来了广州在基层社会治理上许多新的机遇与挑战。为了破解超大城市的基层治理和服务难题，2021年广州首次提出"全域服务治理"的概念，两年多以来，不断推进"放管服"改革，力求充实基层治理力量、减轻基层负担，推动传统物业服务进行二次创新。截至2023年9月，全市已选取30个镇街（社区）（2022年18个、2023年12个）作为试点开展全域服务治理，并取得一定成绩。物管企业承担了一些以往需要职能部门负责的业务，老旧社区停车难、电动车充电难等问题由于物管企业的参与得到有效解决。① 但目前该工作以试点探索为主，覆盖率不高，可推广可复制的经验有待进一步挖掘。同时，目前参与的企业仍然以物管企业为主，没有物业管理的小区则难以覆盖，需要进一步探索引导更多的企业参与扩大服务范围的可行措施，盘活利用基层闲置公共资源，提升超大城市基层公共服务水平。

2. 基层治理活力仍需持续激发，干部队伍治理能力有待进一步提升

基层干部队伍责任与职权、能力仍存在不对称现象，居委会作为自治管理组织，在处理居民"凡、烦、繁"事上自治空间狭小，在多部门管理下基层工作千头万绪。基层干部的活力受刻板监督机制制约，身兼多个职务，业务繁多，积极性、创新性、主动性均被削弱，治理能力滞后，效能低下成为基层治理现代化进程中的隐患。另外，有些社区干部仍然存在服务理念落

---

① 《广州30个镇街参与全域服务治理试点工作》，《信息时报》2023年9月21日，https://www.xxsb.com/content/2023-09/21/content_218328.html。

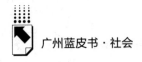

后、业务能力和管理能力不足等问题，干部队伍整体治理水平有待进一步提高。

3. 多元社会力量需进一步激发，共建共治共享格局仍需持续完善

进一步深耕"市域善治"需要广泛推动多元主体参与。近年来，"广州街坊"等平台建设有效推进广州居民参与社会治理，但庞大的外来务工人员群体仍需进一步调动。2023 年第一季度，广州成为全国最热门迁入地（目的地），迁入人口数量占全国迁入人口总量的 2.74%。① 这为广州提供了充足的劳动力，但同时带来一些社会治理问题。如他们与本地居民可能存在公共资源、福利、文化等方面的矛盾。外来务工人员虽然长期在广州生活和工作，但对广州缺乏归属感和认同感，并没有充足的热情参与基层社会治理。该群体投诉反馈的专门机制与渠道较少，使得他们无法进行有效反馈，不利于基层治理的发展。另外，民间自治组织的数量相对较少，且部分组织存在管理不到位、经费不足、活跃度不足等问题。以上种种问题，导致外来务工人员社会共治理念缺乏有效培养。

三 2024年广州社会发展展望与对策建议

（一）强化就业优先战略，全力促进高质量就业充分就业

1. 加强职业技能培训，提升劳动者职业素养

近年来，广州在全市范围内开展"职业技能培训十项专项行动"，为广州市经济社会高质量发展提供有力的技能人才支撑。为缓解就业结构矛盾问题，仍需进一步促进职业技能培训提质升级。在组织实施方面，加强职业技能培训的组织发动和信息公开，增加社会培训预算，持续加强职业技能培训载体建设，如建立数字化培训平台，规范开展有针对性的职业技能等培训；

---

① 《全国人口流入 TOP1！为什么是广州？》，"南方 Plus"百家号，2023 年 3 月 9 日，https：// baijiahao. baidu. com/s？ id = 1759797116934775702&wfr = spider&for = pc。

在培训内容方面，紧贴产业发展和市场用工需求，多形式多层次分类开展面向不同群体的技能培训，如就业技能培训、岗位技能提升培训、新业态培训、创业培训等，提升培训的针对性和有效性，优化就业服务与技能培训衔接融通，提升培训促就业质效；在资源整合方面，充分获悉并整合地区现有资源，包括培训机构、培训基地等，以帮助劳动者"好就业""就好业""长就业"为目标加强协同合作。

2. 健全劳动法律法规，兜牢新业态从业者的社会保障

在推动新业态就业人员就业高质量发展进程中，一是以强化劳动者权益保障为主线，织密新业态劳动者权益保障的安全网。在适应新业态发展的基础上，分层分类健全劳动法律法规的调整范围，将更多的新业态从业者纳入其中。二是创新劳动关系认定模式，明确用工平台主体责任。充分发挥工会和行业协会在维护和保障新就业形态劳动者权益中的重要作用，进一步完善劳动关系协商协调机制，优先解决新业态从业人员的职业伤害保障问题，切实保障新业态从业人员的劳动权益。三是政企合作建立新业态从业者培训机制，提高就业稳定性。在知识和技术快速迭代更新的时代，职业技能开发培训是劳动者长期就业和社会实现"稳就业"的基本条件。政企合作出资建立面向劳动者的职业技能培训机制在提升劳动者素质技能、实现更高质量就业等方面发挥重要作用。

3. 多措并举推动重点群体高质量充分就业

一是稳字当头，稳企业稳岗位。从宏观调控出发，全面落实各类援企稳岗政策，有效聚合积极的财政、金融政策稳定企业就业存量。同时，点对点解决企业生产经营与劳动用工等突出问题，保重点群体就业。二是精准匹配，提高人岗适配率。充分利用政府网站、微信小程序等平台线上受理重点群体的就业登记申请，依靠网格队伍、单位楼长等多方力量线下掌握辖区内重点群体的实际情况。同时，紧扣劳动力供求双方的需求，着力提高就业服务实效和职业培训质量，以定向精准就业增强高校毕业生、就业困难群体等重点群体与用人单位的政策获得感。三是统筹兜底，确保一个都不落下。对于高校毕业生等青年未就业群体，应全方位提供就业服务助力其实现充分就

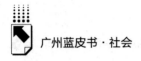

业，辅之以兜底性的公益岗位。对于就业困难群体，应以职业培训开发、岗位推介等针对性政策进行精准化、长效化就业援助，确保有就业需求和就业能力的群体有业可就。

（二）推进教育改革创新，提高教育服务效能

1.促进产教深度融合，服务"产业第一，制造业立市"战略

深入推进"国家产教融合试点城市"建设和市域产教联合体项目建设，坚持为"产业第一，制造业立市"战略提供人才支持和智力支撑。强化协同创新，实现城市产业发展与职业教育同步规划、部署和落实，促进产教深度融合，构建区域特色互动发展新格局。依托产教联合体，构建具有产业园区特色的高质量职业教育体系，鼓励中高职业院校和本科院校合作设立产业学院，形成与职业教育专业集群、园区产业集群的联动，推动产业发展。构建产教融合信息服务平台，建立技能人才供需信息发布制度，促使职业学校紧密跟踪市场和就业态势，优化职业教育专业动态调整机制，实现专业布局与当地产业结构的紧密衔接。提高职业教育的国际化水平，支持职业学校与国外知名院校、企业开展多种形式的合作办学，引进国外优质职业教育资源，着力培养符合国际标准的毕业生。通过与德国、法国等国际制造业发达国家的职业教育合作，推进中职学校教师海外培训和学生海外实习研学，拓展教师国际视野和提升学生职业能力。结合产业布局，支持"龙头"企业和有影响力的国际教育机构拓展深化国际合作，开设若干高水平、国际化职业院校（分部），为打造有全球影响力的先进制造业基地，提供技术、技能、人才支撑。

2.深化集团化办学，进一步促进教育资源均衡

进一步推动优质教育资源均衡分布，实现优质教育全辐射。继续扩大优质教育集团的数量规模，使优质教育资源覆盖范围不断扩大。统筹优化教育集团规划布局，推动市属学校、区属优质学校组建跨区域教育集团，并优先考虑优质教育资源少、学位建设任务重的区开展跨区域集团化办学，推动"名校+新建校""名校+农村校""名校+薄弱校"集团化办学全覆盖，强化

对教育薄弱区的"输血"功能。进一步提高紧密型教育集团比重，推进集团管理、师资、课程、文化等互通互融，促进集团组织、师资安排、教科研、评价考核更紧密，提高每一所成员校的办学效益。构建教育集团现代治理体系，实施党组织领导的校长负责制，厘清总校校长与执行校长的权力和职责，减少集团内部决策层级，扩大集团校办学自主权，赋予集团总校在机构编制部门核定的内设机构总量内，根据工作需要调整机构设置，并享有对成员校管理层干部任免的建议权。破解优质教育资源流动的校际壁垒、区域壁垒、空间壁垒、观念壁垒，优化教育资源组合，努力实现优质教育资源共建共享。协调分布区域之间教育资源，促进城市整体教育格局均衡发展，学校建设、财政拨款、师资配备及教学设备等教育资源要继续向相对落后地区适度倾斜，大力支持教育城乡一体化提质增量，着力优化农村地区的师资配备和教学条件。

3. 坚持加大保障投入，着力补齐教育质量短板

在改善中职院校办学条件方面，深入实施职业学校办学条件达标工程，加大对职业教育的保障投入，市级财政增加对财政困难区的职业教育补助，允许将教育设施设备配套及更新费用纳入补贴范围，由市财政分担部分区属学校的办学经费，实行市、区两级财政按比例分担。鼓励社会奖学助学，鼓励企业、慈善组织捐资支持职业学校设施设备配套及更新改造。设立市本级职业教育发展专项资金，同时拓宽融资渠道，利用专项债券资金等多种金融工具，改善中职学校办学条件。高等教育是广州教育的短板，广州应大力提升高等院校的教学科研质量。深化高等教育内涵建设，深入实施"冲一流、补短板、强特色"提升计划，全力推进市属高校建设高水平大学，大力支持在穗高校发展，吸引更多优质高校资源落户广州，努力打造一流大学群体。综合考虑广州经济社会发展态势、城市发展战略需求、居民规模结构，结合教育发展规律等因素，稳步扩大研究生尤其是基础学科和国家关键技术领域研究生的培养规模。坚持推进学术创新型人才和实践创新型人才的分类培养。面向新一轮科技革命和产业变革需要，引导鼓励高校不断优化学科结构，加大对 STEM 人才的培养力度，深化科教融合。

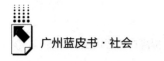

（三）推动医疗资源提质扩容强基，推进全龄友好型城市建设

1.进一步加强高水平医疗机构示范带动，构筑优质高效服务能力

推进多种模式医联体和医院联盟建设，构筑高效医疗服务体系，进一步促进优质医疗资源提质与扩容。深入推进公立医院改革与高质量发展示范项目，推进国家医学中心、区域医疗中心、研究型医院、紧急医学救援指挥中心等项目建设，遴选高水平医院组建研究型医院联盟。进一步新建名中医工作室、旗舰中医馆，加强中医药人才队伍的培养，创建全国基层中医药工作示范市。深化疾控体系建设，完善传染病监测预警体系，扎实开展爱国卫生运动，巩固拓展国家卫生城市创建成果。加快推进医疗机构各分院区投入使用，实施高水平医院跨区域"一对一"紧密型帮扶项目，深化专科联盟建设，全力建设妇幼服务、传染病、消化疾病、精神心理疾病、中医针灸等五大专病体系。

2.进一步提升基层公共卫生治理效能，强化全方位保障能力

进一步完善已有的四级公共卫生委员会管理体系，加强多部门结合联动，进一步提升基层卫生治理效能。通过强化督导指导、坚持开拓创新，持续推动"五好"镇（街）公共卫生委员会试点创建，着力打造基层公共卫生治理的"广州模式"。巩固完善"一类保障、二类管理"改革成果，推动花都、海珠等区在基层医疗卫生机构体制机制建设方面实现新突破。因地制宜制定辖内村（社区）公共卫生委员会任务清单，推进落实基本公共卫生服务制度，进一步完善常态化管理和应急管理动态衔接的工作机制，并与社区网格化管理服务相关工作一体推进，加快推进村（社区）公共卫生委员会高效有序运行，构建完善的基层公共卫生与预警应急治理体系，切实筑牢广州市基层公共卫生治理网底保障。结合"百千万工程"，带动农村医疗机构能力提升，推动社区医院扩容提质，持续夯实基层卫生服务基础。

3.进一步应对人口结构动态变化，促进人口高质量发展

持续推进全龄友好型城市建设，打造全周期健康服务体系，有效服务人口战略高质量发展。健全居家社区养老服务网络，加强示范性认知障碍照护支持中心建设。深化拓展养老、医疗等领域智慧场景应用，办好老年教育，大力发展银发经济，持续推动医养结合示范机构创建。优化生育支持政策体系，保持适度生育水平和人口规模，实施3岁以下婴幼儿照护服务三年行动计划，推进托育综合服务中心建设，创建全国儿童福利机构高质量发展实践基地。深化青年发展型城市建设，提高生育友好型城市建设水平，推行"一街道一普惠"发展模式，完善以按病种分值付费为主的多元复合式医保支付体系，促进"穗岁康"稳定可持续发展。

（四）构建更可持续的社会保障体系，提高社保政务服务精度

1. 加大个人养老金宣传力度，积累广州经验增强公众可靠预期

加大个人养老金账户宣传力度，重点向年轻人和在职人员普及个人养老金储备的优势和重要性。利用媒体、互联网、社区宣传、企业宣传、银行宣传等多种途径提高公众对个人养老金的认知。积累广州经验，推动国家完善个人养老金税收规则，比如借鉴国际惯例探索税收优惠政策，允许个人同时开设税前缴费"EET"税制账户和税后缴费"TEE"税制账户。[①] 增设"困难提取"条款，使个人可以根据实际需要灵活安排养老金储蓄与使用。提高养老金制度的公开透明度，加强对相关行业的监管，增强公众稳定获得个人养老金的预期。

2. 提高为企业和个人服务精细度，推动数据标准化共享建设

为提升服务对象社保业务数字化操作能力，定期为参保单位开展社保平台服务功能、使用方法、社保缴费、业务操作等常见问题的培训，缩短参保单位办理社保业务时限。同时打造一支专业人员队伍，打通社保和参保企业之间的沟通壁垒，常态化为参保单位答疑解惑。为满足大众需求，应根据需求变化动态及时梳理编制经办指南，制作网上经办业务流程图和操作手册，采取线上和线下相结合的宣传方式，提高群众知晓度和使用度。在社保业务

---

① "EET"税制是指在补充养老保险业务购买阶段、资金运用阶段免税，在养老金领取阶段征税的一种企业年金税收模式。"TEE"税制是指在购买环节缴纳个税，在投资收益及领取环节免除个税。

经办大厅，同时配备专人为办事群众提供自助网办指导和帮办代办服务，增强群众办事体验感。进一步推动实现信息系统和社保数据的标准化。从更高层面推动出台相应政策，对数据确权进行明确规定，对数据归属、数据拥有者使用权利、相应监管责任和其他责任等方面做出细化规定，以做到数据使用确权明晰以及有法可依。

3. 全面推动长者饭堂提质增效，擦亮广州长者饭堂金字招牌

为进一步擦亮广州长者饭堂金字招牌，建议坚持"政府引导、社会运营、人人参与、公益属性、综合监管"的经营原则，进一步完善"市—区—街（镇）—社区"四位一体的助餐服务体系。优化送餐入户服务，进一步组建由"党员+社工+志愿者+市场平台"组成的公益助餐团队，补充基层助餐点服务队伍力量。根据辖内老年人人口状况、社区家庭结构、用餐服务需求、服务资源、服务半径等因素，探索将长者饭堂升级为社区食堂。搭建市级助餐配餐信息服务平台，推动长者使用优待卡、社保卡、移动支付、人脸识别等多种便捷支付方式，提高财务管理效率。

（五）拓展全域服务治理路径，加强队伍建设，激发基层治理活力

1. 完善群众诉求服务站点建设，拓展全域服务治理路径

应对日益多元化的居民诉求，需进一步完善基层诉求表达与反馈机制，不断提升基层化解矛盾的能力，同时，以需求为导向不断拓展全域服务治理路径。一是将网格化建设与现有的群众诉求服务站点、各类党群服务阵地等进行系统整合，建立健全"群众点单、分格办理"工作机制，打造一站式基层服务体系。二是提升基层矛盾纠纷多元化解工作能力。结合网格化建设、综治中心建设、信息化管理平台建设等工作，将解决矛盾的资源汇集在基层，把矛盾化解在基层，将街道、信访等部门的矛盾解决情况纳入平安建设、法治政府建设考核指标。三是将物业小区治理纳入基层社会治理建设范畴。改善物业管理小区物业服务，明确统筹管理主体责任单位，引入国企市场化运作，提供专业化物业服务，进一步发挥物业管理在社会治理场域的作用。四是拓展全域服务治理思路。深化街区服务与城市管理创新相结合，完善相关的规章制度，根据居民需求，持续引导企业承担除行政管理和行政执法以外的服务性工作，引导企业有序盘活闲置公共资源并导入产业，提升企业"造血"能力，加快形成政府牵线、知名企业参与、合作共赢的工作格局。

2. 提升基层治理积极性激发活力，加强新时代干部队伍建设

一是落实基层放权赋能。落实基层的执法权，明确基层权责，争取做到"责任有多大，权力就有多大"，让基层在行政事务处理上形成工作闭环。二是完善激励机制。在选拔、考核、任用机制上改革，鼓励干部多主动、多思考，促进干部激励与创新机制相融合，完善并落实容错纠错机制，推动基层现代化治理与法治化治理改革。三是加快推进政府立法基层联系点建设，丰富基层联系点类型，增加联系点的数量，注重联系点的规范建设，打通社情民意表达"快车道"，让人民民主法治建设得到充分保障。

3. 以提升认同感归属感为抓手，创新外来人口治理机制推进多元共治

认同感与归属感是提升城市凝聚力，构建"共建共治共享"格局的重要因素，广州外来人口数量庞大，以提升认同感与归属感为抓手创新外来人口治理机制显得尤为重要。首先，需持续加强各级党组织建设，尤其是网格、楼栋、党员责任区党组织的建设，通过党员管理构建身份认同。其次，通过特色文化建设加强外来务工人员的归属感。持续打造一区一品牌、一区一特色外来务工融合服务，依托各区不同历史文化街区实现差异化全域化治理，运用新媒体手段宣传与评选表彰外来务工人员社会公德、个人文化美德建设工作，重塑外来务工人员的信心。发展"直播+"平台，鼓励与支持外来务工人员代表展现积极向上精神风貌，吸引更多外来务工人员参与公共事务。最后，确保外来务工人员参与社会治理的渠道畅通。既要保障外来务工人员有渠道了解参与公共事务方式，也要确保有相应的名额，提升其参与社区治理的积极性。对外来务工人员进行关于参与志愿者服务活动、社区议事等社区基层治理活动的专业技能培训，增强其自主参与社区治理的意识，提高参与能力。重视外来务工人员内部凝聚力建设，运用乡贤的影响力与乡土人情的关系网络，完善外来务工人员民间组织的管理制度，提高调解工作效率。

社会民生篇

B.2
广州推进共同富裕的情况
分析与策略优化[*]

邹　容　白国强　孟继燕[**]

摘　要： 近年来，广州努力在高质量发展中促进共同富裕，取得显著成
效，但仍存在较为明显的城乡差距、地区差距和群体收入差距。为深入推进
共同富裕，广州要精准聚焦"三差距—服务"，不断优化提升策略，着力缩
小城乡差距，重点推动要素资源的平等流动和农业农村的现代转型；着力缩
小区域差距，促进区域协同和产业融合；着力缩小群体收入差距，实施群体
收入结构的"扩中、提低"；着力推进基础设施和公共服务扩面及均等化，
提升基础设施和公共服务的供给能力，进而构建城乡区域要素高效流动、资

---

[*] 本文为广州市哲学社会科学发展"十四五"规划 2022 年度共建课题"广州建设中国特色社
会主义美好生活示范区研究"（项目编号：2022GZGJ111）阶段性成果。

[**] 邹容，博士，广东省习近平新时代中国特色社会主义思想研究中心广州市社会科学院研究基
地研究人员，广州市社会科学院在站博士后，研究方向为马克思主义理论；白国强，广东省
习近平新时代中国特色社会主义思想研究中心广州市社会科学院研究基地研究员，广州市社
会科学院马克思主义研究所所长，研究方向为马克思主义理论、区域和城市经济理论与实
践；孟继燕，广东邮电职业技术学院讲师，研究方向为社会治理政策、职业教育政策。

源优化配置、产业融合发展、设施服务共享的长效机制,打造国际大都市城乡区域协调发展新样板。

关键词: 共同富裕 城乡、区域与群体收入差距 基本公共服务

近年来,广州努力在高质量发展中促进共同富裕,许多实践探索已取得显著成效,为进一步促进共同富裕奠定良好基础。在全面建设社会主义现代化国家新征程中,广州要紧扣发展不平衡不充分这个矛盾,将缩小城乡、区域发展和群体收入分配差距作为广州高质量发展的重要努力方向,加力加码解决三大差距,即市域范围内城乡差距、地区差距和群体收入差距,着力提升基本公共服务的水平,扎实推进全体人民共同富裕,打造国际大都市城乡区域协调发展新样板。

一 广州在高质量发展中促进共同富裕的探索: 重要举措及显著成效

(一)优化城乡区域发展格局,着力提升均衡协调性

广州作为国家中心城市、省会城市,却是一个具有 5800 多平方公里广袤农村的城市。坚持"一盘棋",谋划从全域构建新的区域发展格局,提升发展的均衡协调性,是广州具有长远战略意义的大作为。为此,广州推动城市老中轴、新中轴、活力创新轴融合互动,实现老城区"历史文化核"、东部中心"现代活力核"、南沙"未来发展核"联动发展,促进广州千年城脉、文脉、商脉传承发展,为优化城市发展战略空间格局奠定了坚实的基础。广州针对中心城区城中村相对集中的特殊情况,坚持"拆、治、兴"并举,强化城中村的改造和治理,由点而面逐步突破,推动城市更新盘活存量、做优增量、提高质量;提高城市精细化、品质化管理水平,下足"绣

"花功夫"，开展城市管理大提升行动。深入推动"百县千镇万村高质量发展工程"，建成美丽乡村群 21 个、精品新乡村示范带 7 条，九成以上行政村达到省定美丽宜居村标准;① 擦亮"绿色"底色，深入推进绿美广州建设，提高绿色惠民富民成效，实现城乡面貌大改善，城乡收入差距和消费差距扩大趋势逐步扭转。

（二）创新集体经济发展模式，牵引带动居民收入增长

广州有 1145 个行政村，村级集体经济直接关系约 260 万名农村户籍居民收入，在城乡区域发展与共同富裕中发挥重要的空间增长极作用和引领带动作用。为促进集体经济发展，广州多措并举，创新集体经济发展路径：一是试点推行农村农民资源入股参与新型农业企业经营机制。如以耕地和集体留用地入股参与丝苗米全产业链项目，使农民既可获得土地资金，也可享有入股分红。二是以"国企"或"民企"为开发主体合作经营集体资产。广州完善"千企兴千村""国有企业联系北部镇街"工作机制，鼓励企业与集体经济薄弱村深化结对。依托农村集体资产交易平台，在政府协助、村集体主导下，选择有开发经验和独特资源优势的企业，参与开发经营，获取整租收益，实现村企联动发展，合作共赢。三是以产业园为平台，以租赁联结、劳务联结、股份联结、服务联结等方式，带动周边农户增收。通过"千企兴千村"等方式，改变了农民靠土地租金和务工所得的单一收入来源、收入与农业高速发展不匹配的状况，实现了村集体、市场主体与社会多方利益共赢，从而促进了城乡收入差距的总体改善。

（三）促进和强化技能型就业，着力稳固共同富裕底板

就业是民生之本，也是普遍性提升居民个体收入的重要路径；"能就业""就好业"是个人谋生和实现"共富"的基础性、起点性工程。广州积极推动"粤菜师傅""南粤家政""广东技工"工程，已取得脱贫解困、实

---

① 《政府工作报告》，《广州日报》2023 年 2 月 2 日，第 2 版。

业致富的实际成效。其中，实施 4 年多的粤菜师傅工程，培训了粤菜师傅超 10 万人次，由此打造形成了白云区凤和村、从化区西和村、增城区莲塘村等 10 多个"广州粤菜师傅名村"，培养了一大批乡村知名厨师，辐射带动乡村特色饮食和旅游资源开发，形成了"粤菜师傅培训+创业"的乡村经济模式，串联起乡村饮食、旅游的产业链，带动农民增收致富。为提升农民的就业能力，广州还着眼更高层次的创业就业，实施"乡村运营青年 CEO 培育·蜜蜂计划"，有针对性地培养青年农业职业经理人、新型经营主体带头人。广州"南粤家政"培训累计超过 30 万人次，建成了 176 个"南粤家政"基层服务站和 420 个二级站点，为城市发展提供更好的保洁、保姆等家政服务，促进了社会分工和专业化，扩大了城市发展的惠及面和实效性。通过持续开展多种形式的补贴性职业技能培训，持续提升居民就近就地就业创业的质量，直接稳固了共同富裕的底板，补齐了缩小城乡差距的短板。

（四）构建现代乡村产业体系，夯实乡村发展经济基础

促进高水平城乡区域协调发展，离不开构建联结城乡的现代乡村产业体系。为此，广州坚持因地制宜、分类推进强区促镇带村，努力在"穗"字种业、优质粮油、绿色蔬菜、优新水果、精品花卉苗木、生态畜禽、现代渔业、农产品加工业、都市休闲农业、数字农业装备、新型农业服务业等方面发展具有岭南特色的精品农业；初步打造了"穗"字种业、绿色蔬菜、优新水果、精品花卉、生态畜禽、现代渔业、休闲农业等 7 个百亿级产业集群。促进农业现代化与新型工业化、信息化、城镇化协调同步发展，促进都市现代农业产业链、创新链、资金链、人才链深度融合，推动了城乡高效融合发展。同时，发挥中心城市优势，融入大湾区市场乃至全国大市场的重要交易平台和集散地，输出经验、技术和人员等，帮扶经济弱村和相对贫困群体，加快国家城乡融合发展试验区广清接合片区建设，持续深化对口帮扶工作，在服务国家和区域发展大局中走出了一条农业高质高效、农民共同富裕的康庄大路。

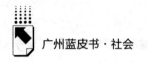

二 客观认识广州推进共同富裕的现实 差距：基于纵横的对比分析

广州在推动城乡区域协调发展、促进共同富裕方面取得了显著成效。但还要清醒认识到广州"大城市大农村"的客观现实，城乡区域发展和收入分配差距仍然较大，促进共同富裕的工作仍须继续探索前行。

（一）城乡居民人均可支配收入倍差缩小，但绝对差距仍在扩大

1. 城乡居民人均可支配收入倍差持续缩小

从城乡居民人均可支配收入比看，2013～2022年广州积极统筹城乡区域协调发展，取得了明显的进展及成效。这得益于现代农业技术和农业剩余劳动力的有效转移，使农业规模化生产和产业结构的深度调整成为可能，进而使农业与非农产业劳动生产率的差距进一步缩小。反映在数据上，2013～2022年广州城乡居民人均可支配收入比总体缩小。自2014年起，广州城乡居民人均可支配收入比持续下降。2022年广州城乡居民人均可支配收入比为2.12，比2014年下降0.31（见表1）。但是，广州城乡居民收入差距仍有一定的缩小空间，如与天津相比差距还是比较明显的，天津多年的城乡居民人均可支配收入比都在1.9以下。

与国外发达国家水平比较，差距更为明显。在21个OECD成员国中，4个国家[①]城乡居民人均可支配收入比小于1，13个国家[②]保持在1～1.25，4个国家[③]处于1.25～1.50；21世纪以来，美国城乡居民人均可支配收入比维持在1.23～1.38；2003年以来（日本家庭收入统计口径变化后），日本城乡居民人均可支配收入比始终处于1.0～1.2；20世纪90年代，韩国城乡居民人均可支配收

---

① 这4个国家分别为比利时、英国、德国和荷兰。
② 这13个国家分别为奥地利、挪威、丹麦、卢森堡、冰岛、法国、捷克、芬兰、瑞士、意大利、瑞典、爱尔兰、希腊。
③ 这4个国家分别为立陶宛、波兰、葡萄牙、西班牙。

入较为平衡，收入比保持在 0.95~1.15，进入 21 世纪差距有所扩大，2011 年上升至 1.55，随后呈下降趋势，保持在 1.46 以下，[①] 但仍远低于广州。

表1 2013~2022 年广州及国内主要城市城乡居民人均可支配收入比

年份	广州	北京	上海	天津	重庆
2013	2.23	2.61	2.34	1.89	2.72
2014	2.43	2.57	2.30	1.85	2.65
2015	2.42	2.57	2.28	1.85	2.59
2016	2.38	2.57	2.26	1.85	2.56
2017	2.36	2.57	2.25	1.85	2.55
2018	2.31	2.57	2.24	1.86	2.53
2019	2.25	2.55	2.22	1.86	2.51
2020	2.18	2.51	2.19	1.86	2.45
2021	2.15	2.45	2.14	1.84	2.40
2022	2.12	2.42	2.12	1.83	2.36

资料来源：根据相关城市相应年份的统计年鉴、国民经济和社会发展统计公报整理而得。

2. 城乡居民人均可支配收入绝对差距仍在持续扩大

目前，尽管城乡居民人均可支配收入的相对差距在不断缩小，但二者之间的绝对差额仍在明显扩大。2022 年广州城镇居民人均可支配收入 76849 元，比 2013 年增长 82.76%；农村居民人均可支配收入 36292 元，比 2013 年增长 92.15%。2022 年，广州人均 GDP 为 153625 元，比 2013 年增长 47.38%。城乡居民人均可支配收入增长速度大大超过人均 GDP 的增长速度。2013~2022 年，广州农村居民年均收入增速为 7.53%，城镇居民年均收入增速为 6.93%，两者年均收入增速相差不大。但农村居民人均可支配收入与城镇居民人均可支配收入绝对差额从 2013 年的 23162.1 元扩大到 2022 年的 40557 元（见表2）。

与国内主要城市相比，2022 年广州城镇居民人均可支配收入和农村居民人

[①] 郭燕、李家家、杜志雄：《城乡居民收入差距的演变趋势：国际经验及其对中国的启示》，《世界农业》2022 年第 6 期。

均可支配收入两项指标，都高于天津（城镇 53003 元，农村 29018 元）、重庆（城镇 45509 元，农村 19313 元），但城镇居民人均可支配收入低于上海（84034 元）和北京（84023 元），农村居民人均可支配收入也低于上海（39729 元）。

表 2　2013~2022 年广州城乡居民人均可支配收入增长比较

年份	城镇居民人均可支配收入		农村居民人均可支配收入		相对差距（倍）	绝对差额（元）
	绝对数（元）	比上年增长（%）	绝对数（元）	比上年增长（%）		
2013	42049.14	10.50	18887.04	12.50	2.23	23162.1
2014	42954.6	2.15	17662.8	-6.48	2.43	25291.8
2015	46734.6	8.80	19323.1	9.40	2.42	27411.5
2016	50940.7	9.00	21448.6	11.00	2.38	29492.1
2017	55400.49	8.75	23483.88	9.49	2.36	31916.61
2018	59982.1	8.27	26020.1	10.80	2.31	33962
2019	65052.1	8.45	28867.9	10.94	2.25	36184.2
2020	68304.1	5.00	31266.3	8.31	2.18	37037.8
2021	74416	8.95	34533	10.45	2.15	39883
2022	76849	3.27	36292	5.09	2.12	40557

资料来源：根据《广州统计年鉴 2022》、历年《广州市国民经济和社会发展统计公报》整理而得。

3. 城镇居民之间、农村居民之间的人均可支配收入相对差距在缩小，但绝对水平的差别仍在扩大

按五等份分组的居民人均可支配收入数据显示，2013 年，广州城镇居民之间高收入组人均可支配收入是低收入组人均可支配收入的 4.85 倍；2021 年，城镇居民高收入组人均可支配收入是低收入组人均可支配收入的 3.37 倍，比 2013 年少 1.48 倍。2013 年，农村居民高收入组人均可支配收入是低收入组人均可支配收入的 4.09 倍；2021 年，农村居民高收入组人均可支配收入是低收入组人均可支配收入的 3.25 倍，比 2013 年少 0.84 倍。显然城镇居民间收入分化程度高于农村居民，不仅表现在相对差距上，还表现在绝对差额上。2013 年，城镇居民高收入组人均可支配收入比低收入组人均可支配收入高出 59310.13 元，到 2021 年扩大至 89698.55 元，相差

30388.42 元。而 2021 年，农村居民高收入组人均可支配收入与低收入组人均可支配收入的绝对差额，比 2013 年高出 17315.85 元（见表 3）。

表 3　2013 年和 2021 年广州城镇和农村居民人均可支配收入增长比较（按收入分组）

单位：元，倍

指标	2013 年		2021 年	
	城镇	农村	城镇	农村
高收入组人均可支配收入	74712.23	34563.57	127548.05	62751.17
低收入组人均可支配收入	15402.10	8457.67	37849.50	19329.42
相对差距	4.85	4.09	3.37	3.25
绝对差额	59310.13	26105.9	89698.55	43421.75

资料来源：相应年份的《广州统计年鉴》。

4. 广州城乡居民之间消费差距在缩小，农村居民财富积累仍相对较弱

广州城乡居民消费支出，一方面反映城乡间消费的差距，另一方面叠加体现了城乡居民收入差距的累加效应，反映了居民财富积累的状况。从城乡居民人均消费支出看，2013~2022 年广州城乡居民之间消费差距有明显的缩小。2013 年，广州城镇居民人均消费支出 33156.83 元，是农村居民的 2.84 倍。2022 年，广州城镇居民人均消费支出 46825 元，是农村居民的 1.79 倍。十年之间，城乡居民消费支出倍数减少了 1.05 倍，降幅大于北京、上海、天津等国内主要城市（见表 4）。从绝对值来看，2022 年广州城镇居民人均消费支出 46825 元，高于北京（45617 元）、天津（33824 元）和重庆（30574 元），低于上海（48111 元）；广州农村居民人均消费支出 26230 元，高于北京（23745 元）、天津（18934 元）和重庆（16727 元），低于上海（27430 元）。

表 4　2013~2022 年广州及国内主要城市城乡居民人均消费支出倍差

单位：倍

年份	广州	北京	上海	天津	重庆
2013	2.84	2.33	2.49	1.79	2.46
2014	2.59	2.32	2.37	1.77	2.29
2015	2.25	2.32	2.29	1.78	2.21

续表

年份	广州	北京	上海	天津	重庆
2016	2.18	2.21	2.33	1.78	2.11
2017	2.15	2.14	2.34	1.85	2.08
2018	2.04	2.13	2.30	1.94	2.02
2019	2.00	2.12	2.15	1.95	1.97
2020	1.93	2.00	2.03	1.83	1.87
2021	1.81	1.98	1.89	1.87	1.85
2022	1.79	1.92	1.75	1.79	1.83

资料来源：根据相关城市相应年份的统计年鉴、国民经济和社会发展统计公报整理而得。

若将城乡居民收入与支出进行相应的差值对比（见表5），则能在一定程度上反映居民财富的积累情况。就此而言，广州城镇居民财富积累水平总体居中，2022年城镇居民收入与支出抽样差值为30024元，高于天津和重庆，低于北京和上海；但广州农村居民财富积累相对较弱，农村居民收入与支出抽样差值为10062元，高于重庆，但低于北京（11009元）、上海（12299元）和天津（10084元）。从反映富裕程度的恩格尔系数看，2022年，广州城镇居民恩格尔系数为32%，农村居民恩格尔系数为38.1%，均高于北京（城镇居民为21.1%，农村居民为27.4%），表明广州与北京的收入水平有着明显的落差，这也在一定程度上反映了财富积累能力的差距。

表5　2022年国内重要城市城乡居民收入与支出的对比

单位：元

	指标	广州	北京	上海	天津	重庆
城镇居民收入支出对比	城镇居民可支配收入	76849	84023	84034	53003	45509
	城镇居民消费支出	46825	45617	48111	33824	30574
	收入与支出差值	30024	38406	35923	19179	14935
农村居民收入支出对比	农村居民可支配收入	36292	34754	39729	29018	19313
	农村居民消费支出	26230	23745	27430	18934	16727
	收入与支出差值	10062	11009	12299	10084	2586

资料来源：根据相关城市相应年份的统计年鉴、国民经济和社会发展统计公报整理而得，所有数据为统计部门抽样调查数据，城乡居民收入与支出的差值反映样本的总体情况。

（二）市辖各区经济发展不平衡，协同促进各区经济快速增长需求迫切

1. 经济总体规模不平衡，绝对 GDP 差额扩大

2013 年，广州 GDP 进入千亿行列的区有 6 个，未进入的区有 5 个。其中，天河区最高，达到 2800.9 亿元，从化区最低，只有 284.74 亿元。两者相对差距达到 9.84 倍，绝对差额则有 2516.16 亿元。2016 年起，除从化区外其余各区 GDP 均突破 1000 亿元大关。2022 年，广州各区 GDP 达 1000 亿~1999 亿元的有 3 个，2000 亿~2999 亿元的有 4 个，3000 亿~3999 亿元的有 1 个，4000 亿~4999 亿元的有 1 个，6000 亿元及以上的有 1 个，未进入千亿行列的有 1 个。大部分区 GDP 处于 1000 亿~2999 亿元，合计占全市 GDP 的 49.41%。天河区 GDP 仍是最高，达到 6215.72 亿元。居全市末位的依然是从化区，GDP 只有 410.92 亿元。两者相对差距达到 15.13 倍，绝对差额则有 5804.8 亿元。

2. 经济增速趋缓，各区 GDP 占比波动较明显

2013 年，广州各区经济发展速度均在 10% 及以上。其中天河区、增城区发展增速最快，达到 12.9%。番禺区、荔湾区、海珠区、南沙区、从化区紧随其后，相差不过 0.1~0.9 个百分点。黄埔区①发展增速最慢，但也达到 10%，与天河区、增城区相差不到 3 个百分点。到 2022 年，广州各区经济发展增速普遍下降，同时相对差距在扩大。南沙区经济发展增速最快，达到 4.2%，白云区经济发展增速最慢，为-3.3%，两区经济发展增速相差 7.5 个百分点。在经济发展速度大幅下降的同时，对比 2013 年和 2022 年，大部分区 GDP 占全市 GDP 的比重也出现不同程度的下降，以越秀区最多，占比下降 2.74 个百分点。天河区和南沙区占比上升相对较多，分别上升 3.39 个百分点和 1.92 个百分点。2013 年，占全市 GDP 比重最高区与最低区相差 16.31 个百分点；2022 年，占全市 GDP 比重最高区与最低区相差 20.13 个百分点，相对差距仍在扩大（见表6）。

---

① 2014 年，广州原黄埔区与萝岗区，合并成新的黄埔区，故本文中黄埔区相关统计均为原黄埔区与萝岗区之和。

表6 2013～2022年主要年份广州各区GDP占全市的比重及增速

单位：亿元，%

行政区	2013年			2016年			2019年			2022年		
	GDP	GDP占全市比重	同比增长	GDP	GDP占全市比重	同比增长	GDP	GDP占全市比重	同比增长	GDP	GDP占全市比重	同比增长
荔湾	868.41	5.63	12.7	1081.02	5.53	6.3	1104.49	4.67	5.0	1215.57	4.22	1.1
越秀	2375.15	15.40	10.2	2909.48	14.88	7.5	3135.47	13.27	4.2	3650.18	12.66	0.1
海珠	1137.31	7.38	12.5	1549.85	7.93	8.2	1935.12	8.19	7.6	2502.52	8.68	1.4
天河	2800.90	18.16	12.9	3800.82	19.44	9.0	5047.39	21.36	8.0	6215.72	21.55	2.4
白云	1329.40	8.62	11.1	1640.75	8.40	7.6	2211.82	9.36	7.3	2476.20	8.59	-3.3
黄埔	2594.35	16.83	10.0	2941.95	15.05	5.6	3502.47	14.82	8.6	4313.76	14.96	1.5
番禺	1366.43	8.86	12.8	1753.68	8.97	8.3	2079.50	8.80	3.1	2705.47	9.38	1.4
花都	902.27	5.85	11.3	1168.76	5.98	8.1	1562.76	6.61	6.5	1770.81	6.14	-1.1
南沙	908.72	5.89	12.2	1279.15	6.54	13.8	1683.23	7.13	10.7	2252.58	7.81	4.2
从化	284.74	1.85	12.0	375.15	1.92	7.5	355.86	1.51	3.7	410.92	1.42	-1.9
增城	852.46	5.53	12.9	1046.85	5.36	8.5	1010.49	4.28	6.5	1325.27	4.59	4.0

资料来源：根据各区相应年份的统计年鉴、国民经济和社会发展统计公报整理而得，2013年黄埔区GDP数据为黄埔、萝岗两区GDP之和。

3. 各区人均产出差别较大，位次排名稍有轮替

2013~2022 年，黄埔区、越秀区、天河区、南沙区四区的人均 GDP 都高于全市平均水平，特别是黄埔区和越秀区具有绝对领先优势，但其余 7 个区都位于全市平均水平之下，特别是白云区和从化区与全市平均水平差距越来越大（见表 7）。若以市辖区最高人均 GDP 与市辖区最低人均 GDP 比值看区域差距，可以看出广州各区之间的差距相对均衡。虽然 2013~2022 年广州市辖区最高人均 GDP 与市辖区最低人均 GDP 比值上升了 0.08，但多数年份（2014~2021 年）稳定维持在 5.46~6.11。这一均衡程度相较于北京、上海、天津、重庆都要高，但低于深圳（市辖区最高人均 GDP 与市辖区最低人均 GDP 比值保持在 2.75~4.28）（见表 8）。

表 7　2013~2022 年广州各区人均 GDP 变化情况

单位：元

年份	荔湾区	越秀区	海珠区	天河区	白云区	黄埔区	番禺区	花都区	南沙区	从化区	增城区
2013	97662	208182	71827	188702	58675	300689	94328	93519	145372	46663	81047
2014	105672	214954	80078	206475	62653	312030	101099	103526	161434	52221	82911
2015	92826	254706	82625	185452	49095	285325	77107	81402	157542	53269	72480
2016	97266	278313	87760	191554	50979	242355	77707	82168	169311	55809	78269
2017	100849	306379	97096	205555	53082	266412	82074	86532	174544	58341	76100
2018	104141	320189	104608	214194	54209	282273	82778	87682	180967	59721	79191
2019	90875	303413	107226	230401	60276	282526	80613	98009	202652	50340	69829
2020	87474	325106	114679	236019	59725	288581	85246	101893	217445	53669	72254
2021	107099	345994	132021	268569	69150	347138	94168	105330	236741	56830	82832
2022	108176	354903	139160	279773	68084	361953	96369	103787	242369	55552	85479

资料来源：根据相关年份《广州统计年鉴》和各区国民经济和社会发展统计公报整理而得。

尽管如此，2013~2022 年，广州市辖区最高人均 GDP 与市辖区最低人均 GDP 的绝对差值越来越大。2013 年，黄埔区的人均 GDP 最高，达到 300689 元，从化区最低，只有 46663 元。两区人均 GDP 的绝对差额达 254026 元。2015~2017 年绝对差额仅有微弱的缩小，至 2018 年呈扩大趋势。2022 年，人均 GDP 最高的仍是黄埔区，达到 361953 元，最低的还是从

化区，仅有 55552 元。两区人均 GDP 的绝对差额达 306401 元，比 2013 年上升 20.62%。仍需注意的是，2013~2022 年，广州各区人均 GDP 基本格局没有大的变化，只有位次的小幅轮替。越秀区和黄埔区轮流排在第一和第二的位置，天河区和南沙区分别稳居第三位和第四位。2018 年，海珠区超过荔湾区，之后保持在第五位。番禺区于 2014 年跌出前六，2017 年保持在第八位。花都区基本保持在第七位，增城区主要保持在第九位。白云区与从化区交替位居第十，白云区大多数年份排名超过从化区。

表 8 2013~2022 年广州及国内主要城市区（县）最高人均 GDP、最低人均 GDP 比值对比

年份	广州	北京	上海	天津	深圳	重庆
2013	6.44	6.83	7.44	10.58	3.38	8.24
2014	5.98	6.78	4.99	10.68	3.51	7.91
2015	5.81	7.06	6.01	10.70	2.96	7.87
2016	5.46	7.62	6.85	11.27	2.75	7.61
2017	5.77	8.03	6.75	10.49	2.82	8.64
2018	5.91	8.39	6.73	10.13	3.48	6.76
2019	6.03	9.08	7.20	10.00	4.25	6.93
2020	6.06	9.78	6.64	10.10	4.28	8.21
2021	6.11	8.64	7.39	10.4	4.27	8.40
2022	6.52	8.76	7.80	10.37	4.18	8.46

资料来源：根据相关省份、城市相应年份的统计年鉴、国民经济和社会发展统计公报整理而得。

（三）不同群体收支结构存在差异，均衡不同群体收支的空间较大

1. 工资性收入是各群体收入的主要来源，高收入户的财产净收入、经营净收入和转移净收入也较高

2021 年，广州城镇居民工资性收入占总体人均可支配收入比重为 65.46%；工资性收入占低收入户人均可支配收入的 72.16%，占中等偏下收入户的 66.05%，占中等收入户的 66.74%，占中等偏上收入户的 63.66%，占高收入户的 61.27%，由此大致可以认为低收入者的主要收入来源为工资性收入。财产净收入占总体人均可支配收入的比重为 19.63%，大致呈现收入越

高财产净收入所占比重趋高的规律性变化，其中低收入户占16.90%，中等偏下收入户占19.16%，中等收入户占23.09%，中等偏上收入户占21.12%，高收入户占20.26%。经营净收入占总体人均可支配收入比重为5.84%，其中高收入户占比为9.62%，低收入户、中等偏下收入户、中等收入户、中等偏上收入户占比都不高。从转移净收入看，总体平均占比为9.07%，但并非低收入户转移净收入就越高，实际只占7.08%；中等偏下收入户、中等收入户、中等偏上收入户和高收入户的转移净收入占比反而高于低收入户。

2. 收入较高户各类支出绝对值普遍越高，显示影响消费的主要因素仍为收入高低

食品烟酒、衣着、居住、生活用品及服务、交通通信、教育文化娱乐、医疗保健、其他用品和服务等各类支出的额度都较高，这说明收入仍然是影响消费支出的重要因素。食品烟酒等生活必需品的支出占比随收入增高而降低；居住、衣着、生活用品及服务等生活必需品支出占比并未随收入提高而降低，这就说明普遍性的需求仍然存在。交通通信支出的占比在各个阶层都较高，收入越高户支出占比也越高，其中低收入户占比11.33%，中等偏下收入户占比12.44%，中等收入户占比12.53%，中等偏上收入户占比14.08%，高收入户占比14.75%（见表9）。一般来说，高收入户各类消费几乎处于饱和状态，因此根据高收入户与其他不同收入群体消费支出的差额，大致可以反推出提高收入水平、促进消费支出的空间潜力的大小。

表9 2021年广州城镇居民人均收支及构成情况

单位：元，%

项目	总平均	低收入户	中等偏下收入户	中等收入户	中等偏上收入户	高收入户
人均可支配收入	74416.17	37849.50	55472.76	75947.16	92787.27	127548.05
工资性收入及占比	48712.83 (65.46)	27313.14 (72.16)	36638.88 (66.05)	50683.94 (66.74)	59072.23 (63.66)	78150.26 (61.27)
经营净收入及占比	4345.90 (5.84)	1459.23 (3.86)	3002.44 (5.41)	1612.34 (2.12)	4046.13 (4.36)	12265.52 (9.62)

项目	总平均	低收入户	中等偏下收入户	中等收入户	中等偏上收入户	高收入户
财产净收入及占比	14607.89 (19.63)	6396.39 (16.90)	10628.00 (19.16)	17532.62 (23.09)	19592.91 (21.12)	25837.23 (20.26)
转移净收入及占比	6749.55 (9.07)	2680.74 (7.08)	5203.44 (9.38)	6118.26 (8.05)	10076.00 (10.86)	11295.04 (8.85)
人均消费支出	47161.86	28905.10	37191.07	47263.12	55956.95	72800.15
食品烟酒及占比	14973.89 (31.75)	10874.59 (37.62)	13792.47 (37.09)	14928.37 (31.59)	16191.30 (28.94)	18473.28 (25.38)
衣着及占比	2226.04 (4.72)	1254.41 (4.34)	1517.64 (4.08)	2347.57 (4.97)	2655.19 (4.75)	3502.93 (4.81)
居住及占比	11059.45 (23.44)	6348.82 (21.95)	8236.36 (22.15)	10853.78 (22.96)	13663.78 (24.42)	18392.33 (25.26)
生活用品及服务和占比	2853.29 (6.05)	1704.01 (5.90)	2039.37 (5.48)	2871.45 (6.08)	3592.72 (6.42)	5242.42 (7.20)
交通通信及占比	6223.01 (13.20)	3273.55 (11.33)	4627.67 (12.44)	5922.44 (12.53)	7880.52 (14.08)	10734.65 (14.75)
教育文化娱乐及占比	6145.19 (13.03)	3623.72 (12.54)	4156.23 (11.18)	7051.37 (14.92)	7506.09 (13.41)	9193.82 (12.63)
医疗保健及占比	2178.88 (4.62)	1234.32 (4.27)	1629.81 (4.38)	2066.41 (4.37)	2596.82 (4.64)	4435.82 (6.09)
其他用品和服务及占比	1502.11 (3.19)	591.68 (2.05)	1191.52 (3.20)	1221.73 (2.58)	1870.53 (3.34)	2824.90 (3.88)

资料来源：根据《广州统计年鉴2022》整理而得。

三 广州城乡区域发展和群体收入
差距产生的主因分析

（一）要素禀赋及市场化配置引致的基础性差异

城乡区域发展不平衡不充分是各种因素共同作用的结果，而要素市场化配置差异是关键因素。自然禀赋的先天差异，对诸多生产、生活要素都有着直接或决定性影响，很大程度上决定了城乡区域经济社会发展的主导方向，进而决定了城乡、各区之间经济差异的基本格局。从化、增城、花都森林覆盖率分别达 69.12%、50%、37%，主要承担生态屏障功能，属于限制开发区域，经济发展的"先天"条件较差，而且多被山体等天然屏障与中心城区隔开，加上基础设施积累相对较弱，直接增加了要素交易成本，导致经济发展长期相对滞后。黄埔、南沙凭借独特区位优势，经济体系"天生"具有外向型的特点，是广州吸引外资、打造开放型经济的主要区域，人才、科技、资本等关键要素汇聚发展新动能，这也是两区经济总体规模及人均产出处于领先地位的重要原因。长期以来，广州城乡二元化结构问题造成农村土地、劳动力、资本等要素的市场流动仍有诸多障碍和限制，特别是经营性建设用地仍难以自由流转、平等入市，城市市民不得购买，市民下乡和资本下乡仍存在诸多阻力；进城农民仍难以享有平等的公共服务，农村大量的土地资源闲置、浪费，农民和集体的财产性权利难以得到充分实现与有效保障，难以共同分享改革开放和现代化发展的成果。如何进一步深化综合改革，破解城乡二元化结构问题，让城乡土地、劳动力和资本等要素有序流动、合理配置也成为广州城乡区域协调发展、共同富裕迫切需要解决的制度性和基础性问题。

（二）政策差异效应引致的区域分异

政策差异效应，是造成城乡区域发展不平衡的另一主要因素。政策差异效应主要是指政府所采取的各种有倾向性的财政政策、金融政策、产业政策及地区发展政策等，对各地区的经济发展产生不同的重大影响和结果。各种政策着力点的差异，导致各区不同的产业发展方向和区域差异。譬如改革开放以来越秀区政策主要着力于搞活经济与市场开放，发展服务经济，从搞活流通批发市场到当前发展高端商务、总部经济，再到未来要提升国际大都市核心区发展能级、建成广州"老城市新活力创新发展示范区"。黄埔区政策主要致力于做大产业规模，大力发展工业经济，配合建立全市的工业体系，引进了众多世界 500 强企业，发展了一批本土高端制造和研发型企业，成为广州工业体系的重要支撑，是广州创新强度最高的区域，未来仍将重点建设科技创新引领区、现代产业体系标杆区。南沙区作为"城市副中心"，从过去以工业为重心的功能性片区，渐渐发展为服务业与工业集聚的城市综合性片区；2022年，该区三产结构已经调整为3.2∶44.2∶52.6。从化区的政策重点在于生态保障，一直以来以发展生态农业为主，在全市发展格局中主要承担生态保护功能。

（三）产业结构引致的产出能力及效率差异

自然禀赋和政策导向差异的综合作用结果之一，是形成特定的产业结构及其引致的产出能力及效率差异。落后的产业结构，必然导致产出能力的差异，这是城乡区域产业发展不平衡的主要原因。从广州三大产业的贡献率看，21世纪以来，广州第一产业对GDP的贡献率最高的年份为2020年（3.8%），最低的年份是2008年（-0.7%），2001~2022年第一产业对GDP的贡献率均值为0.85%，2022年第一产业对GDP的贡献率为3.5%。第二产业对GDP贡献率最高的年份为2003年（56.7%），最低的年份2017年（22.3%），2001~2022年第二产业对GDP的贡献率均值为35.25%，2022年第二产业对GDP的贡献率为28.2%；其中工业对GDP贡献率最高的年份为2003年（56.1%），最低的年份为2019年（19.7%），2001~2022年工业对GDP的贡献率均值为33.02%，2022年工业对GDP的贡献率为23.2%。第三产业对GDP贡献率最高的年份为2017年（77.3%），最低的年份为2003年（42.3%），2001~2022年第三产业对GDP贡献率均值为63.90%，2022年第三产业对GDP的贡献率为68.3%。因此，总体上产业结构的差异会导致产出能力的差异，但产业产出能力是由技术经济水平决定的，随着产业技术经济水平的提高，产业的产出贡献率也会有所变化，尤其值得注意的是产业之间的经济技术关联，譬如第三产业若没有全要素增长率较高的第二产业支持，增长将会受限，贡献率必然会呈下降趋势。具体到各区之间，广州中心城区从工业经济向现代服务业经济转变、由低端向高端转型，产业结构不断优化，高附加值的现代产业体系逐步形成，明显产出能力较强；而外围区域从农业经济向工业经济转型，由传统的小农经济转型至中低端的加工制造、资源型行业，进而向中高端制造业转型升级，这种产业体系的"梯度差"必然导致区域发展不平衡。

（四）个体财富积累及创富能力强弱叠加城乡区域收入差异引致群体收入分型

城乡居民群体收入差距反映的同类收入个体的总体情况，实际上反映的是某一类个体的收入状况。个体收入的差异，是城乡区域收入差异"投射"到居民个体后，由个体财富积累及创富能力强弱不同形成的居民个体收入分型。在市场化过程中，各区、城乡等资源拥有和使用程度不同，造成它们之间的经济效益差异，导致收入差距，进而强化城乡区域间经济发展的不平衡。就 2021 年来说，工资性收入是广州农村居民的主要收入来源，且贡献最大，占 73.47%，农村居民财产净收入和转移净收入占比都偏低，分别仅占 9.66% 和 5.5%，明显低于城镇居民的 19.63% 和 9.07%，相应的城乡居民财产净收入倍差、转移净收入倍差分别为 4.38 倍和 3.55 倍，远高于城乡居民人均可支配收入倍差（2.15 倍）。在城乡二元结构下，农村土地增值收益分享机制尚不够完善。房屋资产是城乡居民最主要资产之一，城镇居民可以通过出售或出租房屋，促进家庭财产性收入增长，而大多数农村房产由于普遍缺乏衡量和实现市场价值的渠道，仅限于居住功能，很少出租、买卖甚至抵押，难以通过盘活资产拓展农民经营收入增长点，全面带动农民增收。加上农村人口学历偏低、年龄偏大，新型职业农民占比低，进一步制约了农村居民增收，扩大了与城镇居民的收入差距。[①] 当前应着力解决农民增收问题中的难点和痛点，持续增强农民增收致富本领，多渠道探索农民产权收益增长机制，缩小城乡居民收入差距。

---

① 杭州市发展规划研究院课题组：《特大城市推进区县共富的思考与建议——以杭州为例》，《浙江经济》2023 年第 1 期。

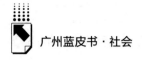

四 精进谋划广州实现新时代
共同富裕的有效路径

（一）着力推动双向要素资源"平等流动"和农业农村"现代转型"，弥合城乡基础发展条件的差异

缓解城乡差异的"能为之事"是促进城乡要素的合理流动，并对乡村地域进行现代转型，逐步弥合城乡差距。首先，促进市域城乡生产要素的高效流动和平等交换。探索打破城乡体制约束，创新城乡要素自由流动和平等交换的制度机制，促进城乡人力资本、金融资源的高效流动。特别是要积极盘活土地要素，在"三权"分置的基础上，与城市职工退休政策、养老政策等相结合，创新性地引入社会资源和金融资本，拓展农民增收渠道，增加集体资产性收入和农民财产性收入。其次，推动农业生产方式和农村生活方式的现代转型。推动新型农业"耕山垦海"行动，大力提升山地和海洋的产出能力，拓展现代农业发展新空间。实施现代农业产业园能级提升行动，依托优势产区建设现代农业产业园，发展"镇街联动、乡城循环"的现代农业产业园区，打造优势农业产业带和优势特色产业集群，推动农业生产现代化。乡城联动，发挥乡村空间、绿色优势，助力农村生活方式的现代转型。

（二）着力促进区域协同和产业融合，纵横推动区域协调的战略策略布局

区域差距根源在于产业组织和产业结构落后，要建立市域共同富裕基金，围绕区域产业协同，保持定力、做深做实，打造高质量增长空间。首先，共同打造市域新增长极。整体优化城市空间结构，增加城市经济和人口容量，形成新的多节点城市轴线和增长极。用好区域"共富"基金，积极培育新的成本相对较低、增长潜力大的发展空间，谋划在广州东部黄埔或增城与莞惠交界地带，携手港澳及莞惠建设规模化的粤港澳大湾区特别合作试

验区；配合广州城市空间"东向拓展"需求，谋划推进穗莞同城化。其次，推动优势产业链向相对次发达地区延伸。制定激励性政策措施，以"优存量"和"扩增量"推动市域产业园区和平台建设，完善次发达地区园区金融、商贸、物流等服务产业配套功能体系；紧跟城市对蔬菜和农副产品的市场需求，建立直接的"公共食堂"联系挂钩机制，促进区域农业产业的稳定发展；推动市域优势制造产业，向土地资源、生态资源更为丰富的次发达地区延伸产业链条，形成梯度错位、互补发展的内生动力。最后，区域产业协同的基础在于设施服务。深化推进市域协同帮扶机制，利用市域"共富"基金，进一步加大交通通道、新型基础设施、公共服务等领域的投资力度，推动跨区域交流合作和资源共建共享，强化区域间交通、经济等领域的联系与协作。

（三）着力实施群体收入结构的"扩中、提低"，逐步"熨平"群体性收入差距

群体性收入差距源于工资性、财产性和转移性三类收入的总和差异。转移性收入鼓励政策适用于"提低"，工资性、财产性收入鼓励政策有助于"扩中"。首先，加大力度支持中低收入群体的收入转移。多形式建立向低收入群体转移收入的政策机制，综合考虑经济发展、物价水平等因素，动态测算城市基本生活的收入标准，建立以"市民基本收入制度"为基础的长效机制，"兜底性"解决城市相对贫困问题。其次，稳定扩大中等收入群体。要尊崇效率原则，鼓励中等收入群体多渠道增加收入；明确按劳动者的社会贡献，鼓励其获得更高的效率性收入。同时，进一步鼓励中等收入群体获得更多财产性收入。动态测算收支"紧平衡"的收入个体，给予其家庭在教育、医疗、养老、育幼、住房等方面的补助，以防中等收入群体的"滑落"。最后，理性认知高收入群体。鼓励通过诚实劳动获得高收入，防止社会出现"仇富"现象；限制不合理收入，包括灰色收入、垄断部门高收入等；继续健全薪酬分配制度，调整资本、技术、管理和劳动等要素的不合理比价，鼓励按实际贡献获得较高收入。

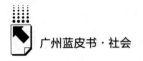

（四）着力推行公共服务扩面和均等化，发挥基本公共服务的净转移和稳定器功能

着力推动基本公共服务均等化有利于弥合城乡、区域和群体收入差距，提升共同富裕的水平。首先，把握公共服务扩面和提升均等化水平的方向。精准把握公共服务扩面方向，抓住具有长效辐射带动作用的领域提升公共服务水平。重点促进乡村在基础教育、就业创业、医疗养老、基本住房等方面适度扩面，逐步提高标准，健全城乡融合公共服务体制机制和政策体系，逐步实现城乡公共服务的均等化。其次，大力提升区域交通基础设施均衡通达水平。加快推进供水供气管网、公路、农产品仓储设施、冷链物流设施、电商平台、农贸市场网络等生活和产业基础设施向乡村延伸；适当超前布局新型基础设施，建设高水平的互联网基础设施，务实赋能新时代共同富裕。

广州职业教育高质量发展研究报告

卢方琦*

摘　要：　近年来，中央高度重视职业教育，职业教育发展迎来新的历史机遇。当前，广州正在大力实施教育强市、先进制造业强市、现代服务业强市等系列"强市"战略，做优做强职业教育，深入推动教育链、人才链、创新链、产业链融合发展地位重要、作用突出，恰逢其时、意义深远。本报告在充分调研的基础上，分析了广州职业教育的历史方位、发展现状和存在的问题，介绍了国内城市好的经验做法，并提出了加快补齐办学条件短板、着力优化职业教育体系、不断提升产教融合水平、充分激发师资队伍活力、持续擦亮技工教育品牌等对策建议。

关键词：　职业教育　提质培优　增值赋能　高质量发展

职业教育一头连着教育、一头连着产业，是与经济社会发展联系最为紧密的类型教育。经过多年的发展，我国职业教育正发生格局性变化，呈现定位类型化、办学多样化、体系融通化、制度系统化、合作纵深化等特点，进入提质培优、增值赋能新发展阶段。广州作为全国教育大市，职业教育发展成效显著，同时存在不少短板问题，面临从数量普及、规模扩张向内涵建设、质量提升转型的紧迫任务。

---

* 卢方琦，广州市人民政府研究室社会发展处二级主任科员，研究方向为公共服务、社会治理。

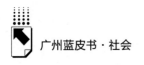

一 职业教育的历史方位

职业教育源远流长,师徒制教学有着悠久的历史。第一次工业革命后,机械化大工业生产开始取代手工业生产,口传心授的师徒制逐渐走向没落,以学校为中心的现代职业教育日益繁荣,成为历史主流。四次工业革命的迭代推进,推动职业教育理念不断革新发展,从德国凯兴斯泰纳"劳作教育"、美国杜威"普职融合",到英国巴洛夫"学校本位"、美国福斯特"以市场需求为出发点"、美国课程改革运动"能力本位",再到法国朗格朗、联合国教科文组织"终身教育",人类对职业教育的认识越来越深入。当前,世界职业教育正呈现百花齐放、百舸争流态势,涌现德国校企双元制、美国社区学院、英国职业资格证书体系、澳大利亚职业技术学院、日本产学官合作、新加坡"教学工厂"等各具特色的专业人才培养模式。

1840年,鸦片战争爆发,拉开了中国近代史的序幕,在"西学东渐"大潮下,西方职业教育开始系统传入中国。1866年,清政府洋务派左宗棠、沈葆桢等人创办福建船政学堂,率先开启了中国职业教育办学实践。1904年,清政府颁布"癸卯学制"(《奏定学堂章程》),从制度上首次确立全国学校职业教育体系。20世纪初,经过姚文栋、陆费逵、黄炎培、蔡元培等人的大力传播,职业教育在全国蔚然成风。新中国成立后,职业教育进入新的历史发展时期,虽然"文革"期间有所波折,但总体展现规模由小到大、层次由低到高、参与由寡到众、能力由弱变强的良好趋势。

党的十八大以来,以习近平同志为核心的党中央始终高度重视职业教育,职业教育发展迎来新的春天。习近平总书记先后做出重要指示,深刻阐释职业教育的地位作用、类型定位、根本任务、办学方向、育人机制、价值追求、舆论导向等系列重大理论和实践问题,充分肯定其在全面建设社会主义现代化国家新征程中"前途广阔、大有可为"。

党中央、国务院坚持把职业教育作为与普通教育同等重要的类型教育，先后出台《现代职业教育体系建设规划（2014—2020 年）》《国家职业教育改革实施方案》《职业教育提质培优行动计划（2020—2023 年）》《关于推动现代职业教育高质量发展的意见》等政策文件，修订实施新的《职业教育法》，探索建立"职教高考"制度，深入开展混合所有制改革、新型学徒制、产教融合型城市等试点，启动实施"中国特色高水平职业院校和专业建设计划""职业教育办学条件达标工程"等重大项目，财政性经费投入连年保持9%以上增速，推动职业教育发展取得历史性成就，建成世界规模最大的职业教育体系，每年培养输送1000万高素质技能人才，一线新增从业人员70%以上来自职业院校毕业生，"职教一人、就业一人、脱贫一家"成为阻断贫困代际传递见效最快的方式，"中文+职业发展""鲁班工坊"等助力共建"一带一路"走深走实。进入新时代，中央发展职业教育意志决心之强、重视程度之高、资源要素投入之大，都是前所未有的。同时，也应看到，我国经济结构、产业结构、人口结构等正发生深刻变化，高质量发展成为全面建设社会主义现代化国家首要任务，职业教育长期存在的技能人才供需错配、学生上升通道较窄、教学重理论轻实践、产教融合"校热企冷"等问题，与当前发展形势要求还不相适应，迫切需要从注重量的扩张向注重质的提升转变。

二 广州职业教育发展现状

近年来，广州市委、市政府一直把职业教育摆在教育强市、制造业强市、现代服务业强市等战略建设的突出位置，持续在制度创新、政策供给、资源投入等方面下功夫，职业教育综合实力、服务能级不断提升。

（一）办学规模全国领先

广州地区共有各级各类职业院校161所、在校生92.3万人，两项指标均居全省首位、全国各大城市前列。其中，市属区属高职院校8所、中职学校 33 所、技工院校 26 所,在校生约 29 万人。"十三五"以来,累计投入资金超 440 亿元,获得中央预算内资金支持 8000 万元,争取超 80 亿元地方政府专项债用于职业院校和实训基地建设,投入强度在全国一线城市中位列前茅。高标准建设广州科技教育城,一期规划总投资 344.53 亿元、入驻职业院校 13 所,办学用地规模 43.71 万平方米,可容纳学生 12.9 万人。

(二)综合水平保持前列

广州地区共有 9 所高职院校入围国家"双高计划"单位,入围数在全国 85 个城市中排名第三;11 所中职学校入围省高水平中职学校建设单位,入围数领跑全省。竞技水平全国一流,在六届世界技能大赛(含特别赛)中获 7 金 3 银 4 铜 17 优胜奖;在第一届全国技能大赛中获 13 金 6 银 5 铜 18 优胜奖,金牌数和奖牌数居全国前列。技工教育蓬勃发展,三维一体①"广州模式"影响广泛,深度参与国家首个技能人才培养标准和一体化课程开发规范制定等工作。入选首批国家产教融合试点城市,以"优秀"等次创建省现代职业教育综合改革示范市。

(三)服务发展成效突出

职业院校每年输送技能人才超过 20 万人,2022 年平均就业率达 96.4%(其中技工院校达 98% 以上),对口就业率 81.53%,在穗就业占比超过 60%。积极服务产业转型升级,调整设立高职专业 136 个、中职专业 132 个、技校专业 164 个,涵盖一、二、三次产业 400 余个职业(工种),覆盖全市 21 条重点产业链,其中对接制造业的专业占比均超过 40%。专业技术人才规模稳居全国前列,技能人才总量达 364.9 万人,其中高技能人才 127.75 万人、占 35%,汽车制造、高端装备制造等重点领域技能人才占据"半壁江山",现有国家级高技能人才培训基地 8 个、世赛中国集训基地 17

---

① 指政校企、工学评、技艺道。

个。持续实施"粤菜师傅""广东技工""南粤家政"三大工程羊城行动，累计培训超过 30 万人次，获国家乡村振兴局肯定。

（四）产教融合特色鲜明

出台建设国家产教融合城市试点方案，谋划培育"一轴三区多支点"空间布局。形成"校企双制、工学一体"办学模式，入选国家产教融合型企业 4 家；培育省产教融合型企业储备库企业 526 家、占全省的 43%，入选省"产教评"产业技能生态链链主单位 28 家、占全省的近一半；组建校企合作联盟 40 个，其中分别有 2 个、4 个纳入国家、省示范职教集团；建有产业学院 15 个、特色专业学院 22 个、校企合作示范学院 10 个，与广汽等标杆企业合作开设"订单班""双制班""冠名班"165 个。构建以企业、院校、社会组织为主体的职业技能评价认定体系，全市备案职业技能等级认定机构 480 家、涉及职业（工种）600 个，在全国率先推行数字技能领域"一试两证"①评价模式。推进企业新型学徒制培训，4 家学校纳入国家第一批现代学徒制试点。在 2023 年 6 月召开的全国职业教育产教融合经验交流现场会上，广州 2 个案例入选职业教育产教融合典型案例名单，占全国总数的 1/25。

（五）开放合作充满活力

主动服务"一带一路"建设，积极推进"汉语桥"等小而美项目建设，市属职业院校开展中外办学合作项目 9 个，为孟加拉国、柬埔寨等 10 余个发展中国家提供职业教育师资培训。推动共建人文湾区，牵头创立"穗港澳台四地技能节"，成立粤港澳大湾区旅游、公共交通等领域职业教育联盟。扎实做好教育扶贫工作，每年承接省转移招生任务超过 1 万人，中职学校在校生半数以上来自西部省份和粤东粤西粤北地区。

---

① 指支持企业组织一次考试，同时核发技能等级证书和企业认证证书。

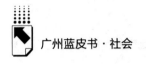

三 广州职业教育存在的短板问题

广州职业教育发展取得很大成绩，但对比国内先进城市，还存在不少短板弱项，一些长期存在的现实紧迫问题亟待引起重视并加以解决。

（一）办学基础条件亟待改善

对照《中国教育监测与评价统计指标体系（2020年版）》，相比几个标杆城市，广州职业教育总量类指标较有优势，但生均类指标普遍存在较大差距。为方便数据横向对比，以2021年度中职院校为例。在生均一般公共预算经费方面，广州为3.05万元/（人·年），仅分别相当于北京、上海、深圳、杭州的42.30%、49.04%、66.89%、68.85%；生均占地面积、生均建筑面积、生均仪器设备值、生均图书方面，广州也基本落后于北京、上海、深圳、杭州，特别是生均占地面积、生均建筑面积与全国、全省平均水平还有距离（见表1），主要原因在于职业院校较为集中于主城区，周边区域普遍面临用地紧张的窘境。2022年11月，教育部等五部委印发《职业学校办学条件达标工程实施方案》，要求到2023年底各类职业院校办学条件重点监测指标达标的学校占比达到80%以上、到2025年底达到90%以上。2023年初，全市全部达标的中职学校仅6所、占比不到20%，完全或接近达标的高职院校仅4所、占比50%，完成达标任务十分艰巨。

（二）师资队伍质量有待提高

从表2可以看出，广州中职院校生师比明显偏高，分别为北京、上海、杭州、深圳的2.07倍、1.76倍、1.72倍、1.60倍，也低于全国、全省平均水平，师资力量与在校生规模不匹配问题较为突出；专任教师中拥有本科以上学历者占绝大多数，与国内先进城市旗鼓相当，但拥有硕士以上学历者比例偏低，与其他先进城市有较大差距；专任教师中拥有高级职称者占1/4，比例稍微高于全国平均水平，但对比高层次人才集聚效应更强的北京、杭州还有差距。

表1　2021年广州市与国内先进城市中职院校生均办学指标对比情况

地区	生均一般公共预算经费 [万元/（人·年)]	生均占地面积 （米²/人）	生均建筑面积 （米²/人）	生均仪器设备值 （万元/人）	生均图书 （册/人）
广州	3.05	23.29	16.16	1.05	33.61
北京	7.21	75.14	47.20	7.09	74.05
上海	6.22	31.30	25.34	5.07	52.55
深圳	4.56	30.68	30.40	2.51	32.81
杭州	4.43	36.00	25.41	1.59	50.98
全国	1.71	38.01	20.32	0.81	24.67
广东	2.07	30.54	19.00	1.00	25.88

资料来源：《广州市教育统计手册（2022学年度）》、各地教育事业统计公报。

表2　2021年广州市与国内先进城市中职院校师资对比情况

单位：%

地区	生师比	"双师型"教师占比	专任教师中本科以上学历者占比	专任教师中硕士研究生以上学历者占比	专任教师中拥有高级职称者占比
广州	21.46	70	97	14	25
北京	10.35	64.64	98.17	19.89	33.42
上海	12.2	71.5	98.37	24.93	22.26
深圳	13.39	76.36	93.24	22.49	22.05
杭州	12.5	87.65	99.61	16.49	35.82
全国	18.86	55.51	93.57	8.48	24.72
广东	20.01	62.67	94.89	10.48	17.11

注："双师型"教师指同时具备教师资格和行业能力资格的教师。

资料来源：《广州市教育统计手册（2022学年度）》、各地教育事业统计公报。

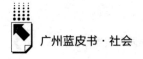

（三）成长成才通道不够畅通

2022年广州中职学生升学率为57.9%，远低于北京（92.13%）、深圳（89.49%）、杭州（81.57%）、上海（76.27%）。背后一个重要原因是这些城市通过"三二分段"、"五年一贯制"、"3+3"中高职联合培养、"3+4"中职本科联合培养等方式，形成了从中职到本科乃至研究生的完整升学通道，而广州升学通道较窄，"三二分段"相关专业招生计划占比仅37.53%，"五年一贯制"培养规模较小，市属区属职校尚无一校纳入本科层次职业教育试点，纵向贯通、横向融通还需深入探索。

（四）产教融合机制有待健全

一是专业设置不够合理。一些职业院校特别是民办职业院校专业设置从升学、就业角度考虑多，对适应城市产业发展趋势考虑少，一些专业同质化竞争较为严重，全市重点发展的人工智能、集成电路、生物医药等新兴产业人才紧缺状况没有得到根本缓解。二是产教"合而不融"较为普遍。产教融合长期发展需要有稳定的人力物力财力投入，现行财政、金融、税务等政策对企业激励作用有限，一些校企合作停留在协议层面或劳务用工表层，企业未能深入参与学校人才培养过程，合作的力度、广度、深度有待拓展。三是管理机制不够完善。资产管理、成果转化、收益分配等整套制度亟待建立健全，公办院校、国有企业对可能发生的国资利益受损存在顾虑，希望有相应的容错纠错机制的呼声较高。

（五）技工教育吸引力有所不足

一是体制机制不顺。长期以来，技工教育与职业教育存在"两张皮"现象，二者融合发展互动不够充分，比如技工教育未纳入全市职业教育"十四五"规划。二是文凭认可度有待提升。目前，广州技师院校学生毕业核发预备技师证，该证书不同于大专、本科等一般学历证书，也不是"新八级工"职业技能等级证书，在用工单位认可度高的学信网上无法查询，不少毕业生反映在就业创业、职级晋升、福利待遇提升等方面受到影响。三是薪酬待遇不高。人社部门相关调研问卷结果显示，2022 年广州38.2%的技能人才收入集中于 4500~6500 元/月，低于城镇私营单位就业人员月平均工资。四是招生质量下降。多数技师院校反映，受高职院校扩招、自主招生、高考前提前录取等政策冲击，高中生源占招生人数的比例明显下降，一定程度影响人才培养质量。比如，2018~2022 年广州市工贸技师学院高中生源占比分别为 41%、26%、21%、10%、12%。五是引才机制活力不足。根据现行事业单位人事制度，公办技师院校在引进高校教授等高层次人才时，通常要按低一级层次聘用，不利于引才聚才留才。

四 国内城市的经验做法

近年来，国内各大城市纷纷抢抓国家新一轮政策窗口期、机遇期，密集打出职业教育改革创新"组合拳"，形成了不少好的经验做法，很值得广州学习借鉴。

北京市充分发挥政策引导作用，立足服务"四个中心"功能建设，围绕首都高精尖产业发展、超大城市运行管理、高品质民生需求等，聚焦实现职业教育"高质量、有特色、国际化"发展目标，先后出台《关于深化职业教育改革的若干意见》（"京十条"）、《关于推动职业教育高质量发展的实施方案》（"新京十条"）等文件，提出优化中等职业学校布局结构、稳步推动本科层次职业教育发展、推进应用型本科高校分类发展、制定产教融合校企合作鼓励支持政策、打通高技能人才职称评价通道等一系列"硬核"措施，受到社会舆论广泛关注和积极评价。

上海市着力拓宽技能人才纵向上升通道，聚焦社会需求量大、岗位技术含量高、技能训练周期长、适合长学制培养专业，深入探索多样态贯通培养，"十三五"期间建成中高职贯通专业点 183 个、中本贯通专业点 61 个、高本贯通专业点 17 个、"五年一贯制"专业点 14 个，试点举办 2 所新型高等职业学校，中小学生参与职业体验日近 40 万人次，职业学校承担职业资格鉴定和职业培训人数逐年增加，中职—高职—本科—专业硕士纵向贯通培养体系基本建成，不同类型教育横向融通体系基本形成，通过持续搭建人才培养"立交桥"，有效突破职业教育止步于专科层次的"天花板"。

天津市积极服务国家总体外交布局，在全国首倡和实践"鲁班工坊"，瞄准共建"一带一路"国家培育熟悉中国技术、了解中国工艺、认知中国产业的技能人才，累计在25个国家建成27个"鲁班工坊"，在海外建立从中职到高职再到本科、从技术技能培训到学历教育全覆盖的职业教育输出体系，共开展14个大类53个专业学历教育3200余人，面向中资企业、合作国当地企业组织培训1.2万人，推动"鲁班工坊"成为中国职业教育走出去的"国家名片"。习近平总书记多次在重要外交活动中提及"鲁班工坊"，特别是在2023年10月"一带一路"国际合作高峰论坛上，高度评价"鲁班工坊"等人文交流项目，并把通过"鲁班工坊"等推进中外职业教育合作纳入中国支持高质量共建"一带一路"的八项行动，充分显示了"鲁班工坊"在共建"一带一路"中的地位和作用。

深圳市坚持"没有职业教育现代化就没有产业现代化"，积极探索校企协同育人机制，引导职业院校搭上产业领军企业发展快车，将人才培养锚定在产业最前沿和企业最需要的地方，在全国率先形成"政府补贴、企业出场地、校企共建共享"建设模式，每年投入2000余万元，在企业建设30个左右职业教育产教融合实训基地；联合行业企业建立8个以专业为支撑的紧密型职业教育集团，带动全市上千家知名企业参与校企合作。2021年，该市"率先建立职业教育产教深度融合模式"经验获国家发展改革委在全国复制推广。深圳职业技术大学与华为公司开展长达十余年的"课证融通"合作，多次获国家级奖项，树立校企双主体育人的典范。

重庆市突出推进职普融通、产教融合、科教融汇"三融"，推动教育链、人才链与产业链、供应链紧密结合，支撑建设现代化新重庆。职普融通方面，将职普协调发展情况纳入市对区县考核内容，积极推动高职学校升格或举办本科层次职业教育，引导市属本科高校参与职业本科教育，中职、高职学生升学率分别达65%和20%以上。产教融合方面，推出"金融+财政+

土地+信用"组合式激励政策，引导职业教育人才培养和产业需求全方位对接，分别设置制造业、民生领域专业点 1938 个和 403 个，专业与支柱产业匹配度达 86%，为支柱产业贡献了 70% 的新增劳动力。科教融汇方面，高水平建设职业教育智慧教育平台，积极推动科技成果转移转化，2022 年高职院校新增知识产权项目 2804 个，产生直接经济效益 6.8 亿元。

南京市树立"立德树人是主线、技能大赛是生产力、课堂教学是主战场、校企合作是生命线、教师是第一生产力"的发展理念，打造技能人才成长"六条通道"①，职教吸引力、认可度不断提升，集中表现为"升学有路、出国有门、就业有方、创业有道"。"升学有路"方面，"十三五"以来，职业院校学生中接受专科以上教育的达 95% 以上，其中 15% 升入本科院校就读，约 2% 接受研究生层次教育。"出国有门"方面，与数十所国外院校建立了常态化国际文化交流机制，培养直接参与国际竞争合作的应用型、创新型人才；同时，加强技能培养体系与国际接轨，职业院校专业课程与国际通用职业资格证书对接比例超过 15%。"就业有方"方面，与包括 37 家世界 500 强企业在内的 1000 余家企业开展合作，职校毕业生对口就业率超过 90%。"创业有道"方面，设立南京市学生创业扶持引导基金，创办职业院校"互联网+"创新创业大赛，激发学生创新创造活力。

郑州市大力推进职业教育强市建设，精心擘画职业教育中长期发展蓝图，2022 年 11 月出台《郑州市职业教育创新发展高地建设实施方案》，部署五大方面举措、25 项行动计划、31 条工作任务，提出到 2025 年属地中职、高职院校在校生规模分别达 45 万人和 80 万人，各类职业技能培训达 250 万人次，毕业生就业率保持在 95% 以上、留郑率达 60% 以上，构建结构体系更加优化、办学水平明显提高、产教融合深度开展、服务能力显著增强、保障措施更加有力、政策环境更加友好的职业教育发展新格局，建成富有活力的国内职业教育创新发展高地，充分彰显了抢抓机遇、争先进位的雄心壮志。

---

① 指"3+3"、"3+4"现代职教体系试点，普通高校对口中等职业学校毕业生单独招生考试，"五年一贯制"高职教育，注册入学，五年制高职专转本考试，职业学校国际化升学。

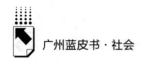

五 下一步对策建议

下一步，建议广州保持与国家决策部署同频共振，向国内先进城市看齐，聚焦自身短板问题，强化改革创新精神，破解体制机制障碍，激发各参与主体活力，推进把职业教育打造成为人才资源"蓄水池"、产业发展"助推器"、社会和谐"稳定器"，为经济社会高质量发展提供强大的人才支撑。

（一）加快补齐办学条件短板

坚持把职业教育摆在与普通教育同等重要位置，按照"两个只增不减"要求保障经费投入，有序推动生均拨款制度全面落到实处，引导职业院校用足地方专项债券、预算内投资资金等政策资金，大力支持社会力量兴办职业教育。加快推进广州科教城建设，积极谋划二期工程，统筹用好各大院校现有资源，持续加大考核督办力度，全力推动中职、高职院校办学条件尽快达标。优化全市职业教育资源布局，积极鼓励用地压力相对较轻、主导产业技能人才紧缺的区创办职业院校，引导办学质量差、社会不认可、各项指标严重不达标的学校合并或终止办学，支持龙头院校开展集团化办学。加强基础设施建设，落实校舍、教室、实验（实训）室标准化建设，确保学校基础设施与办学规模相适应。依托产业园区、经开区等经济功能区，大力建设一批高水平技能人才培训实训基地，促进"校门""厂门"无缝对接。

（二）着力优化职业教育体系

发挥职业教育工作联席会议制度作用，激发各参与主体积极性主动性创造性，着力加强顶层设计、规划统筹、政策协同、资源共享，推动解决贯通培养不畅、产教融合不深、新兴产业人才供给不足等长期性问题。推进职业教育立法，将近年来探索形成的成熟经验做法固化为制度规定，增强职业教育发展的系统性、连续性，强化重大部署贯彻执行的刚性约束。坚持不同类型职业教育差异化发展，强化中职教育基础性作用，巩固专科高职教育主体地位，支持广州番禺职业技术学院申报本科层次职业教育试点，积极探索发展专业学位研究生教育。拓宽学生成长成才通道，加强中小学职业启蒙教育，深化"职普融通"工作，落实"职教高考"制度，推进中职、普高同批次并行招生，健全中职、高职、应用型本科等贯通培养育人机制，深化各层次职业教育培养目标、课程体系等有机衔接，加快应用型本科学校筹建。精心打造示范引领项目，大力支持广州番禺职业技术学院、广州铁路职业技术学院建设中国特色高水平高职学校和专业，高标准打造一批省高水平中职学校和专业群。推进终身教育体系建设，支持职业院校参与兴办社区学院、老年大学、开放大学。推进职业教育数字化转型，大力发展"互联网+职业教育"，深化智慧校园建设，满足学生多样化学习需求。服务"一带一路"、粤港澳大湾区等重大建设项目，发挥南沙高水平对外开放门户枢纽作用，深入推进与港澳合作办学、教育培训、职业资格互认等多种形式合作，积极推动职业院校开发符合国际先进标准的专业课程体系，谋划打造与北京"丝路工匠"、天津"鲁班工坊"等媲美的对外交流合作品牌。

（三）不断提升产教融合水平

坚持"学科跟着产业走、专业围着需求转"，建立以需求为导向的人才培养动态调整机制，精细掌握全市重点产业链、重点民生领域技能人才缺口，科学引导职业院校优化专业布局，推动建立产教融合信息共享平台，定期发布产业技能人才需求预测信息，提升技能人才供需体系适配力。完善产业导向技能培训评价制度，建立行业、企业广泛参与的产业人才培养评价一体化标准，推动职业技能等级证书成为产业就业"硬通货"。创新校企合作模式，研究制定校企合作资产管理等政策，改革完善国有资产评估、产权流转、权益分配等制度，支持有条件的产业园区和职业院校合作举办产业学院，推进职业院校股份制、混合所有制改革，允许企业以资本、技术、管理等要素依法参与办学并享有相应权利，推动企业深度参与学校专业规划、教材开发、教学设计、课程设置、实习实训，深化校企共建孵化器、加速器、众创空间、技术转移机构等科技创新平台。丰富产教融合载体，积极申报国家"市域产教融合联合体",深入推进职业教育集团(联盟)建设,打造一批高水平产教融合协会。强化激励扶持措施,学习借鉴山东省出台的"金融+财政+土地+信用"产教融合10条激励措施,创新开展多元金融服务,严格落实税费减免政策,有效加强办学用地支持,充分释放信用资产价值,促进人才培养供给侧和产业需求侧结构要素融合。

(四)充分激发师资队伍活力

重视师德师风建设,落实意识形态工作责任制,提升教师队伍思想政治素质,杜绝职业道德失范现象,展现与时代主旋律、核心价值观相一致的昂扬精神面貌。推进职业教育管办评分离改革,扩大学校在管理体制、专业设置、人才引进、人事管理、教师评聘等方面自主权,破除唯论文、唯职称、唯学历、唯奖项"四唯论",形成以创新价值、能力、贡献为导向的人才评价新体系。加大高层次人才引进力度,稳步改善师资队伍年龄、知识、专兼、学缘等结构。扩充"双师型"教师队伍,完善认定标准,盘活编制资源,优化岗位设置,支持校企共建培养培训基地。引导职业院校教师走出"书斋",积极到企业生产一线顶岗实践,将实践工作与业绩考核和评优评先挂钩,推动提升育人效果。优化绩效分配机制,统筹考虑职业院校通过校企合作、技术服务、社会培训、自办企业等各种所得收入,健全绩效工资总量动态调整机制,建立企业经营管理和技术人员与职业院校教师双向兼职兼薪制度。加强专业带头人培养,推进劳模创新工作室、技能大师工作室建设,培育一批有影响力的名教师、名班主任、名校长、教育专家。

(五)持续擦亮技工教育品牌

以落实《广东省推动技工教育高质量发展若干政策措施》为抓手,深入推动技工教育强基培优,不断提升技工教育吸引力、竞争力、影响力。推进技校职校融合发展,加强技校职校规划统筹、工作联动,建立学历、技能证书互认制度,推动技师学院视同高等职业院校办学层次或纳入高等学校序列。全面推行职业技能评价,支持技工院校建设职业技能鉴定所(站),鼓励学生通过参加各级各类职业技能竞赛、到企业实习实训等获取职业资格证书。深化人事管理制度改革，支持公办技工院校根据办学情况动态调整编制数，完善引进高层次、高技能人才激励政策。坚持"以赛促教、以赛促学、以赛促能"，高水平建设世界技能大赛中国（广州）研究中心等平台，加强世赛、国赛标准推广应用，完善工学一体化技能人才培养模式。引导技工院校积极服务区域协调发展，主动对接乡村振兴、"百千万工程"、东西部协作、泛珠三角区域合作等战略，持续加大有关区域中学毕业生、退役军人、脱贫家庭劳动力等招收力度，巩固扩大招生规模。做好技工教育社会宣传，利用世界青年技能日、职业教育活动周、职业技能大赛等时间节点，用好线上线下各类媒体资源，大力宣传新时代优秀技能人才典型事迹，吸引更多人走技能报国之路，培育规模宏大的高素质技能人才、大国工匠、能工巧匠。

B.4
广州流动人口特征与就业倾向
变迁分析报告

周文良　赵 欣*

摘　要：　广州作为流动人口的重要集聚地，流动人口带来的巨大人口红利，成为推动经济发展不可或缺的重要力量。2020年第七次全国人口普查结果显示，广州人户分离人口为1152.29万人，在全省各地市中，占常住人口比重排名第三。其中跨区流动人口为107.92万人，跨市流动人口为937.88万人。与国内其他大城市相比，跨市流动人口国内排名第三。而且，通过与2010年第六次全国人口普查结果的对比发现，广州流动人口的年龄结构、受教育程度、空间分布以及就业结构等都发生了一定的变化。流动人口的变化，对广州人口发展、人口布局、户籍制度的改革以及公共服务配给等方面提出了新要求。

关键词：　人口普查　流动人口　人口结构

人户分离人口是指居住地与户口登记地所在的乡镇街道不一致且离开户口登记地半年以上的人口，也称流动人口，本报告分为市内人户分离人口、市外省内人户分离人口、省外人户分离人口，并简称市内流动人口、市外省内流动人口、省外流动人口。

中国改革开放40多年也是人口大规模流动迁徙的40多年，40多年来

---

* 周文良，博士，华南农业大学经济管理学院副教授，研究方向为流动人口市民化；赵欣，华南农业大学经济管理学院，研究方向为流动人口市民化。

中国流动人口数量增长37倍，每三位劳动人口就有一位为流动人口。① 广州作为流动人口的重要集聚地，流动人口带来的巨大人口红利，成为推动经济发展不可或缺的重要力量。2020年第七次全国人口普查（以下简称"七普"）结果显示，广州人户分离人口为1152.29万人，在全省各地市中，占常住人口比重排名第三。其中跨区流动人口为107.92万人，跨市流动人口为937.88万人。与国内其他大城市相比，跨市流动人口国内排名第三。当前，广州处于推进粤港澳大湾区建设、推动经济高质量发展、加快实现老城市新活力和"四个出新出彩"的攻坚期，流动人口发展也进入关键转折期。人口流动问题是广州"四个出新出彩"，实现老城市新活力、着力建设国家中心城市面临的基础性、全局性和战略性问题。因此，有必要加强对广州流动人口尤其是外来流动人口的研究。本报告利用"七普"数据以及2010年第六次全国人口普查（以下简称"六普"）数据，比较分析广州流动人口的结构变化，提出适合广州流动人口管理与服务的对策，实现流动人口规模适度、分布合理、结构优化、质量提升，为该市经济社会长远发展奠定坚实的人口基础。

一　广州流动人口规模及其变化

"七普"数据显示，广州人户分离人口（以下简称"流动人口"）为1152.29万人，占常住人口的61.7%，比2010年增加了13.3个百分点。在全省各地市中，广州流动人口占常住人口比重仅次于深圳（80.33%）、东莞（79.38%）。其中市辖区内流动人口为214.41万人，占流动人口的18.6%，比2010年提升了3.8个百分点。这部分人口中，跨区流动人口为107.92万人；市内流动人口占户籍人口的21.8%，比2010年增加10.5个百分点。跨市流动人口为937.88万人，占流动人口的81.4%，比2010年下降了3.8个百分点。其中，市外省内流动人口为444.38万人，省外流动人

---

① 李亚芹、吴增礼：《流动人口城市社区精准治理》，《湖南社会科学》2021年第2期。

口为493.5万人。与国内其他大城市相比,跨市流动人口国内排名第三,仅次于深圳、上海。

与"六普"相比,"七普"时广州流动人口增加了537.55万人,年均增长6.48%,其中市内流动人口增加了123.28万人,年均增长8.93%,跨市流动人口增加了461.90万人,年均增长7.02%(见图1),年均增速均远超同期户籍人口、常住人口增速,其中市外流动人口增速分别超过户籍人口、常住人口4.99个、3.09个百分点。广州经济社会的持续发展,基础设施配套的完善,加之高铁、高速公路等交通网络的快速扩张,为广州人口的迁移流动创造了条件,人口流动趋势更加明显,流动人口规模进一步扩大。

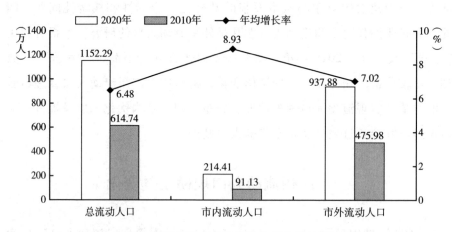

图1　2010年和2020年广州流动人口总量与增长情况

资料来源:第六次、第七次全国人口普查数据。

二　广州流动人口结构的变化

(一)流动人口以劳动年龄人口为主体,性别失衡较为严重

劳动年龄人口是主体。"七普"结果显示,流动人口中劳动年龄人口占比高,与户籍人口相比,流动人口中劳动年龄人口占比显著提高,是人口红利的

主要来源。2020年广州全部流动人口中，15~59岁劳动年龄人口为975.2万人，占比为84.6%，比户籍人口高22.19个百分点。与"六普"结果相比，劳动年龄人口总量增加，但占比出现下降。2020年总流动人口中劳动年龄人口比2010年增加了431.56万人，年均增长6.0%，但占比下降了3.8个百分点。尽管与户籍人口相比，流动人口较为年轻，但与10年前相比，劳动年龄人口占比下降，平均年龄上升。相比而言，市内流动人口中劳动年龄人口年均增速较快，但占比下降较多，市外省内、省外流动劳动年龄人口年均增速较低，但占比下降较少，市外流动劳动年龄人口依然是广州劳动年龄人口的主体。

老年流动人口总量较低但增速较快。与2010年相比，2020年广州老年流动人口总量与占比均有所增加。2020年60岁及以上老年流动人口比2010年增加了52.01万人，年均增长11.9%，占比增加了2.6个百分点；65岁及以上老年流动人口比2010年增加了32.51万人，年均增长11.9%，占比增长了1.7个百分点（见表1）。与流动劳动年龄人口年均增长（6.0%）相比，老年流动人口年均增速（11.9%）高出5.9个百分点，尽管老年流动人口总量和占比较少，但数量增长较快。这意味着60岁及以上的流动人口规模增长较快，亟须未雨绸缪，加强流动人口养老的顶层设计。

表1 2010~2020年广州流动人口总量与占比增减情况

单位：人，百分点

年龄段	总流动人口	市内流动人口	市外省内流动人口	省外流动人口	总流动人口占比增减	市内流动人口占比增减	市外省内流动人口占比增减	省外流动人口占比增减
0~14岁	539728	180047	221088	138593	1.2	1.9	1.1	0.4
15~59岁	4315603	831134	1831392	1653077	-3.8	-4.1	-3.1	-2.5
60岁及以上	520128	221577	157739	140812	2.6	2.2	1.9	2.2
65岁及以上	325094	143938	105300	75856	1.7	1.1	1.5	1.2

资料来源：第六次、第七次全国人口普查数据。

2020年，在广州总流动人口中，男性为630.28万人，占54.7%；女性为522.01万人，占45.3%，总流动人口性别比为120.74。其中，市内流动人口、市外省内流动人口、省外流动人口性别比分别为 94.85、116.02、139.26。
2020 年，广州市内流动人口性别比较全市户籍人口总性别比（98.67）低
3.82，说明市内流动的户籍人口女性多于男性；市外省内流动人口性别相对较
为均衡，而省外流动人口性别失衡较为严重，男性远超女性。与 2010 年相比，
2020 年广州省外流动人口性别比显著提高。综合来看，流动人口性别失衡较
为严重，市内流动人口女性略多，市外省内流动人口性别相对较为均衡，省
外流动人口性别失衡较为严重。其中 0～14 岁流动人口无论是市内还是市外，
性别失衡均较为突出，男性均超出女性较多，值得重点关注（见表 2）。

表 2   2010 年、2020 年广州各年龄阶段流动人口性别比（女性＝100）

年龄段	全部流动人口性别比		市内流动人口		市外省内流动人口		省外流动人口	
	2020 年	2010 年	2020 年	2010 年	2020 年	2010 年	2020 年	2010 年
0～14 岁	120.71	128.89	116.42	113.78	121.75	132.80	123.30	134.32
15～64 岁	121.91	115.99	92.60	92.77	115.79	115.10	141.78	123.62
15～49 岁	123.61	124.94	90.09	106.84	117.40	121.41	143.81	131.51
65 岁及以上	94.58	88.94	87.56	81.45	107.40	97.80	93.92	103.36
总体	120.74	116.12	94.85	93.71	116.02	116.02	139.26	124.05

注：15～49 岁用于分析妇女生育年龄段流动人口性别比；15～64 岁用于分析劳动年龄人口性别比。
资料来源：第六次、第七次全国人口普查数据。

（二）流动受教育人口规模不断扩大，受教育程度上升明显

流动受教育人口规模不断扩大。2020 年，广州流动人口中接受各种程度
教育的人口共有 1099.84 万人，比 2010 年增加 509.59 万人，年均增长 6.4%。
其中，市内流动受教育人口 198.87 万人，市外省内流动受教育人口 424.46 万
人，省外流动受教育人口 476.51 万人，分别较 2010 年增加 112.92 万人、
209.5 万人、187.17 万人，年均增速分别为 8.8%、7.0%、5.1%，市内流动受
教育人口规模增速最快，市外省内流动受教育人口规模增量最高。

具有较高文化程度人口比重明显提高。与 2010 年相比，2020 年广州拥有
高中（含中专）及以上文化程度的流动人口快速增长，尤其是拥有大学（指

大专及以上）文化程度的人口增长较快。其中，拥有高中文化程度人口增加
133.48万人，增长90.3%；拥有大专文化程度人口增加102.23万人，增长
158.0%；拥有本科文化程度人口增加79.76万人，增长157.4%；拥有研究生
文化程度人口增加10.8万人，增长226.9%。相反，拥有初中及以下文化程度
的人口增速相对放缓。其中，拥有初中文化程度人口增长127.37万人，增长
49.9%；拥有小学文化程度的人口增加55.95万人，增长83.5%（见表3）。从占
比来看，高中学历市内流动人口占比下降6.0个百分点，本科学历占比增长4.6
个百分点，人口受教育水平提升最为明显；初中学历市外省内流动人口占比下
降最为明显，下降7.8个百分点，而大专学历占比上升最为明显，上升5.6个百
分点；省外流动人口也是初中学历占比下降最为明显，下降8.6个百分点，大专
学历占比上升3.1个百分点。总体而言，流动人口受教育水平提升较为明显。

表3 2010~2020年广州流动受教育人口变化情况

单位：万人

受教育程度	总流动人口			市内流动人口			市外省内流动人口			省外流动人口		
	2020年	2010年	增减	2020年	2010年	增减	2020年	2010年	增减	2020年	2010年	增减
小学	122.93	66.99	55.95	21.11	9.80	11.31	40.54	21.31	19.23	61.29	35.88	25.41
初中	382.62	255.25	127.37	36.30	15.50	20.80	118.92	76.95	41.98	227.39	162.80	64.60
高中	281.38	147.90	133.48	52.84	28.05	24.79	116.65	57.05	59.61	111.88	62.80	49.09
专科	166.94	64.71	102.23	35.78	14.70	21.08	87.36	32.34	55.03	43.80	17.67	26.13
本科	130.42	50.66	79.76	45.02	15.46	29.56	57.75	25.90	31.85	27.65	9.30	18.35
硕士	13.49	4.76	8.73	6.72	2.43	4.29	2.92	1.43	1.50	3.84	0.90	2.94
博士	2.07	—	—	1.11	—	—	0.31	—	—	0.66	—	—

资料来源：第六次、第七次全国人口普查数据。

（三）流动人口在广州各区呈"一多一少"的特点，居住隔离程度
较高

流动人口在各区分布呈两极分化，呈现"一多一少"的特点。"多"是
指白云区、番禺区、天河区流动人口多，流动人口均超100万人，仅市外流

动人口就相当于Ⅱ型大城市人口。白云区是流动人口第一大区，2020年总流动人口达276.15万人，较2010年增长126.92万人，年均增长6.35%。其中，市内流动人口为38.59万人，市外流动人口为237.56万人，均排名第一。白云区流动人口占常住人口的73.8%，较2010年增加6.6个百分点；市内流动人口占户籍人口的34.2%，较2010年增加10.5个百分点。"少"是指中心城区的越秀，外围城区的从化、南沙流动人口较少，流动人口均低于50万人，并且市外流动人口均低于40万人。流动人口最少的是从化区，2020年总流动人口为21.94万人，较2010年减少11.81万人，是唯一负增长的行政区，年均增长-4.22%。其中市外流动人口为14.75万人。从化区流动人口占常住人口的30.6%，较2010年减少26.3个百分点；市内流动人口占户籍人口的11.1%。从化区经济体量相对较小，距离中心城区较远，对流动人口吸引力不足。

市内流动人口主要集中在中心镇街，市外流动人口主要聚居在大镇大村。市内流动人口在镇街一级的分布相对较为均衡，主要集中在较为发达的中心镇街；市外流动人口主要在中心城区、近郊区的大镇大村集聚，由于房源充足、交通便利、生活成本较低，部分城乡接合部的镇村流动人口数量较多，镇村"人口倒挂"、职住分离现象较为突出，部分镇街已经达到Ⅰ型小城市的人口规模，但这些镇街的人员编制以及公共服务配套依然是按照镇街一级配置，公共服务与人口错配严重。

市外流动人口居住隔离程度较高。本报告借用国外社会学在研究民族和种族关系时用到的"居住隔离"概念。居住隔离反映的是不同社会群体间在居住地上的相互分离程度。人口迁移的空间结果通常是居住空间分异和隔离。一般来讲，居住隔离程度越高，不同社会群体之间的交流越少，彼此之间的融合越困难，处于弱势地位的流动人口尤其是市外流动人口进入"主流社会"机会越少。[1]

---

① 易成栋、高菠阳、黄友琴：《北京市人户分离人口的空间分布及其影响因素分析》，《中国人口科学》2014年第1期。

根据前文的广州市内流动人口和市外流动人口空间分布分析，两个群体的分布是不一样的，为了分析人户分离人口与人户一致人口的居住隔离，这里使用居住分异指数和孤立指数来衡量居住分异和隔离的程度，并深入分析人户分离人口与人户一致人口的社会距离。居住分异指数计算公式为：

$$D = \frac{1}{2} \sum \left| \frac{X_i}{X} - \frac{Y_i}{Y} \right| \tag{1}$$

居住分异指数主要用来分析多数人群和少数人群之间的空间关系。其中，X_i 为空间单元 i 中类别为 X 的人数；X 为类别 X 的总人数；Y_i 为空间单元 i 中类别为 Y 的人数；Y 为类别 Y 的总人数。这里 X 为市内流动人口，Y 为市外流动人口。D 的结果范围为 0~1，表示两个群体之间的分布差异程度。X_i 和 Y_i 分别为 i 镇街的市内流动人口和市外流动人口，X 和 Y 为城市或区域的市内流动人口和市外流动人口。

孤立指数计算公式为：

$$P = \sum \left(\frac{X_i}{X} \right) \left(\frac{x_i}{y_i} \right) \tag{2}$$

孤立指数主要用来分析人口的绝对集中程度，其中，x_i 和 y_i 分别是 i 镇街的 X 类人口数和总人口数，X 是城市或区域 X 类总人口数。本报告用人户分离人口来衡量 X。

本报告以乡镇街道作为最基本的空间单元，以广州为总体，按照空间分类计算了 2010 年和 2020 年人户一致人口和人户分离人口（包括市内流动人口、市外省内流动人口和省外流动人口）居住分异指数和孤立指数。其中，本地人户一致人口为少数群体（2020 年广州为 715.37 万人），人户分离人口（包括市内流动人口、市外省内流动人口和省外流动人口）为多数群体（2020 年广州为 1152.29 万人）。

居住分异指数取值范围为 0~1，指数越大，表示人口分异和孤立程度越高，即居住隔离程度越高。西方按照分异指数划分居住隔离程度的标准是低（0.3 以下）、中（0.3~0.6）、高（0.6 以上）。

从城市总体来看，2020年广州的居住分异指数与2010年相差不大，这表明人户一致人口和人户分离人口居住差异变化不大，整体处于中等偏下水平。2020年，从全市角度计算的居住分异指数为0.30，分区来看，核心城区、次核心城区、外围城区的居住分异指数分别为0.31、0.23、0.40，整体处于较低的水平。与2010年相比，核心城区下降了3.13%，次核心城区下降了23.3%，说明随着白云区、番禺区、黄埔区大型居住小区的完善，核心城区以及次核心城区的居住分异程度下降，人户分离人口与人户一致人口混住程度上升。而外围城区上升了17.6%，说明流动人口进一步从中心城区向外围城区集中，近郊区和远郊区人户分离人口和人户一致人口居住分异程度提高。

孤立指数取值范围为0~1，指数越大，表示人口集中的程度越高。按照孤立指数划分居住集中程度的标准是低（0.3以下）、中（0.3~0.6）、高（0.6以上）。与2010年相比，2020年广州人户分离人口的孤立指数为0.69，上升了21.1%。其中，核心城区为0.65，上升了20.4%；次核心城区孤立指数最高，为0.72，上升了12.5%。其中番禺为0.68，上升了30.5%。番禺以华南板块为核心，其市内人户分离形成自己的圈子，与番禺本地居民较为隔离。外围城区为0.57，上升了18.8%（见表4）。外围城区孤立指数增长较快，反映了人户分离人口有向外围城区集中的趋势。

表4　2010年和2020年广州流动人口空间分异情况

区域	居住分异指数			孤立指数		
	2020年	2010年	增减（%）	2020年	2010年	增减（%）
广州	0.30	0.35	-14.29	0.69	0.57	21.1
核心城区	0.31	0.32	-3.13	0.65	0.54	20.4
次核心城区	0.23	0.30	-23.3	0.72	0.64	12.5
外围城区	0.40	0.34	17.6	0.57	0.48	18.8

（四）流动人口第三产业从业比例更大，行业分布持续优化

抽取部分来穗人员参保数据进行分析，2020年来穗人员中第一产业从业人口占比0.15%、第二产业从业人口占比27.43%、第三产业从业人口占

比 72.42%（见表 5）。从与全市从业人员一二三产占比数据对比来看，来穗人员选择在第三产业从业的比例更大。来穗人员从业行业排名前三为制造业、批发和零售业、租赁和商务服务业。

表 5　2020 年部分参保来穗人员从业产业分布情况

单位：万人，%

第一产业		第二产业		第三产业	
产业人数	占比	产业人数	占比	产业人数	占比
0.32	0.15	56.99	27.43	150.49	72.42

资料来源：第七次全国人口普查数据。

白云区经济增长动力不断增强，常住人口总量达 374.3 万人，是广州唯一人口超 300 万人的区。白云区拥有较丰富的土地资源，而制造业、交通运输业又是白云区支柱产业，吸纳人口能力最为强劲，夯实了其人口第一大区的地位。2020 年白云区从业人员 173.7 万人，比 2010 年增加 83 万人，年均增长 6.7%，超过同期常住人口年均增长率 1.4 个百分点，产业发展对从业人员带动作用强劲。

从业人员产业占比进入后工业化阶段，第一产业从业人员占比显著下降。白云区城市化进程显著降低了第一产业从业人员占比，与 2010 年相比，2020 年第一产业从业人员占比下降了 4.4 个百分点，但与 2020 年白云区第一产业增加值占 GDP 比重 1.7% 相比，第一产业从业人员占比远超增加值占比，意味着生产率存在进一步提升的空间。第二产业从业人员规模较大。截至 2020 年末，白云区第二产业从业人员比 2010 年增加了 14.9 万人，占比下降了 7.5 个百分点，高于全市 3.5 个百分点，与 2020 年白云区第二产业增加值占 GDP 比重 22.4% 相比，二者仅相差 3.7 个百分点，白云区第二产业从业人员效率较高。第三产业从业人员占比达到 70% 分界线。截至 2020 年末，白云区第三产业从业人员比 2010 年增加了 68.9 万人，占比为 70%，低于全市 2.1 个百分点。与 2020 年白云区第三产业增加值占 GDP 比重 75.9% 相比，增加值占比超过从业人员占比 5.9 个百分点，第三产业从业人员效率较为突出（见表 6）。第

三产业从业人员占比达到70%分界线，按照钱纳里工业化阶段理论和D·贝尔的
"后工业社会"理论，白云区将逐步进入后工业化社会发展阶段（见图2）。

表6　2010年末、2020年末广州市及白云区流动人口一二三产从业人员数量及占比情况

年份	指标	白云区				全市			
		一产	二产	三产	合计	一产	二产	三产	合计
2010	从业人数（万人）	7.5	30.5	52.7	90.7	78.5	312.9	397.7	789.1
	占比(%)	8.2	33.6	58.1	100	10	39.7	50.4	100
2020	从业人数（万人）	6.6	45.4	121.7	173.7	61.0	261.9	835.1	1158
	占比(%)	3.8	26.1	70	100	5.3	22.6	72.1	100
总量增减(万人)		-0.8	14.9	68.9	83.0	-17.5	-51.01	437.4	368.9
占比增减(百分点)		-4.4	-7.5	11.9		-4.7	-17	21.7	

资料来源：第六次、第七次全国人口普查数据。

总体而言，与全市相比，2020年白云区第三产业从业人员占比略低于全
市，第二产业从业人员占比高于全市。"十四五"期间，白云区服务业将加速
发展，制造业也将向产业链高端升级，产业"强二优三"将持续深入推进。

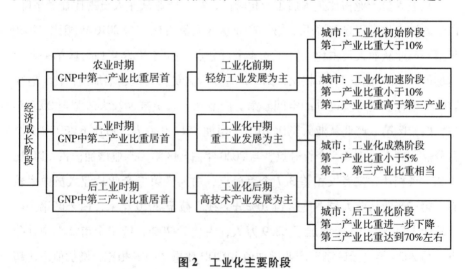

图2　工业化主要阶段

资料来源：依据钱纳里工业化阶段理论、D·贝尔"后工业社会"理论等资料整理。

　　白云区从业人员行业分布持续优化。批发和零售业从业人员占比最高，2020 年，批发和零售业从业人员 44.3 万人，占 25.5%，比 2010 年上升了 5.7 个百分点，成为第一大从业行业。制造业从业人员占比位居第二，2020 年，制造业从业人员 37.4 万人，占 21.5%，比 2010 年下降了 10.5 个百分点。交通运输、仓储和邮政业从业人员占比位列第三，2020 年，交通运输、仓储和邮政业从业人员 18.1 万人，占 10.4%，比 2010 年上升了 8.7 个百分点，上升幅度非常突出。租赁和商务服务业从业人员占比位列第四，2020 年，租赁和商务服务业从业人员 11.5 万人，占 6.6%，比 2010 年上升了 3.5 个百分点。住宿和餐饮业从业人员占比较为稳定，2020 年，住宿和餐饮业从业人员 9.5 万人，占 5.5%，比 2010 年上升了 0.3 个百分点。白云区住宿和餐饮业发展相对较快，与 2010 年相比，从业人员增加了 4.9 万人；建筑业从业人员稳步增长，2020 年，建筑业从业人员 8 万人，占 4.6%，比 2010 年上升了 3 个百分点，增长较快。

　　民营经济成为吸纳就业的重要载体，民营经济从业人员占比超过七成。2020 年，白云区私营单位从业人员 88.2 万人，占 50.8%，比 2010 年上升了 16.9 个百分点；个体经济从业人员 35.7 万人，占 20.6%，比 2010 年下降了 3.7 个百分点；民营经济从业人员合计达 123.9 万人，占比达 71.4%，与全市相比，占比高 20.9 个百分点。相较于 2010 年，2020 年白云区外商与港澳台投资单位从业人员占比较低且下降幅度较大。2020 年，外商投资单位从业人员 2.7 万人，占 1.6%，比 2010 年下降了 2.7 个百分点；港澳台投资单位从业人员 2.2 万人，占 1.3%，比 2010 年下降了 8 个百分点；外商与港澳台投资单位从业人员合计仅 4.9 万人，占 2.9%，比 2010 年下降了 10.7 个百分点（见表 7）。

表 7　2010 年、2020 年广州市白云区从业人员分布情况（按单位性质分）

单位性质	2020 年从业人员（人）	占比（%）	2010 年从业人员（人）	占比（%）	占比增减（百分点）
国有单位	125742	7.2	96557	10.7	-3.5
集体单位	90936	5.2	100655	11.1	-5.9
股份合作单位	2046	0.1	3280	0.4	-0.3

单位性质	2020 年 从业人员（人）	占比（%）	2010 年 从业人员（人）	占比（%）	占比增减 （百分点）
联营单位	679	0.0	1710	0.2	-0.2
有限责任公司	103741	6.0	31321	3.5	2.5
股份有限公司	90829	5.2	13306	1.5	3.7
外商投资单位	27461	1.6	39238	4.3	-2.7
港澳台投资单位	22077	1.3	84115	9.3	-8.0
私营单位	881756	50.8	307759	33.9	16.9
个体经济	357254	20.6	220146	24.3	-3.7
其他经济	34523	2.0	8834	1.0	1.0

资料来源：第六次、第七次全国人口普查数据。

三 广州流动人口发展的政策思考

2010~2020 年，广州市流动人口结构发生了一定的变化。具体来说，首先，流动人口依然是以劳动年龄人口为主体，老年流动人口总量较低但增速较快。其次，流动人口性别失衡较为严重，特别是 0~14 岁人口性别失衡较为突出，男性超出女性较多。同时，流动人口的受教育规模不断扩大，流动人口受教育程度上升较为明显。再次，流动人口在各区分布呈两极分化，呈现"一多一少"的特点，市内流动人口主要集中在中心镇街，市外流动人口主要聚居在大镇大村。最后，根据全市从业人员一二三产占比数据对比情况，流动人口选择在第三产业从业的比例更大，但与全市相比，白云区第三产业从业人员占比略低于全市，第二产业从业人员占比高于全市，白云区服务业将加速发展，制造业也将向产业链高端升级。

作为对全国各地人口具有较大吸引力的大城市，在流动人口具有新特点、新变化的情况下，需要建立新的、更加精准的管理与服务政策。因此，本报告从人口发展、人口布局、户籍制度以及公共服务配给等方面提出以下对策建议。

（一）加强与泛珠三角城市劳务对接，扩大流动人口规模

加强与广州流动人口主要来源地的劳务对接。建立泛珠三角流动人口数据库，实现动态管理，每月更新来广州就业劳动力名单，为跨区流动人口来广州精准就业提供数据支撑。鼓励广州企业到泛珠三角地区送岗引就业。组织广州资质良好的大中型企业前往泛珠三角地区举办劳务协作专场招聘会，将优质的工作岗位直接送到务工人员家门口。加强跨区流动人口的全链稳就业高质量服务，将高质量就业服务延伸到泛珠三角务工人员集聚地，妥善安置食宿等，帮助其更好融入新的工作生活环境，确保其在广州就业能留住、能稳岗、能致富。

（二）优化跨区流动人口素质结构，提升人口质量

培育引进流动人口产业优秀人才。积极柔性引进中高层次产业优秀人才。加快实施"广聚英才计划"，完善柔性引才机制，鼓励项目引才，全面引进各类领军人才、创新创业人才、紧缺急需人才。实施"揭榜挂帅""人才飞地"制度，主动对接广州市内外科研院所、重点实验室，柔性引进高层次产业人才。建立政校行企协同育人机制，畅通院校企业人才供需通道。出台支持海外、港澳台高端人才来广州创新创业政策举措，实施海外、港澳台产业人才倍增计划。

开展跨区流动人口学历提升行动。积极构建流动人口学历教育体系。完善流动人口学历教育推进机制，构建方式更加灵活、资源更加丰富、学习更加便捷的流动人口学历教育体系。建立高中及以下学历流动人口花名册，内容包括年龄、学历、就业单位、学历提升意愿等。根据摸排情况，实施广州流动人口初高中两级成人"双证制"教育培训，采取线上线下、理论技能相结合的学习方式，将有学习意愿的流动人口学历提升到成人高中或大专、本科层次。鼓励广州高校进一步扩大面向企业职工的成人高校"双元制"培养规模，扩大免试入学生源群体规模。加强成人中专、大专、本科培养方案的一体化设计，融通学历与非学历教育课程。大力倡导终身学习理念，开

展学习型组织建设，提升教育系统和学校面向流动人口的开放水平，建立政府、学校、研究机构、企业等多方参与的学习型社会，改善流动人口学习条件。

（三）优化流动人口布局，促进产城融合职住平衡

通过前文数据分析发现，流动人口在广州呈现两极分化分布态势，并且存在公共服务与人口错配现象。因此，应加大力度推进广州核心城区、次核心城区的优质教育、医疗资源向外围城区和镇街辐射，扩大外围城区和镇街优质教育医疗资源覆盖面，以外围城区和镇街公共服务的提质，减缓市内流动人口优质公共服务导向导致的流动，推动市外流动人口在外围城区及镇街落户、长久居住，以缓解大范围的市内潮汐交通。同时，大力建设产业社区，推动流动人口向园区周边疏解。在各区的主要产业园区附近，推进集体建设用地建设租赁住房试点，满足多层次住房需求，促进外围城区经济社会平衡协调高质量发展，促进居住中心区或次核心区的流动人口向职住平衡的产业社区疏解。

（四）健全市民化长效机制，助推流动人口市民化

抓紧落实差异化落户政策，户籍制度限制了外来劳动力平等地享受流入地城市的公共服务，随着城市户籍限制程度提高，公共服务对外来劳动力的吸引作用减弱。[①] 因此，应针对流动人口中的年轻大学生和技工群体，进一步深化户籍制度改革，实施差别化弹性落户政策，调整完善积分制落户政策，提升广州对流动人口的吸引力，在新一轮的人才人口大战中增加竞争力。此外，加大市区财政对流动人口的基本公共服务、就业服务、义务教育、养老保障、社会救助、公共卫生和住房保障投入力度。

鼓励流动人口长期居留广州发展。从系统性、协同性、针对性方面入

---

① 夏怡然、陆铭：《城市间的"孟母三迁"——公共服务影响劳动力流向的经验研究》，《管理世界》2015 年第 10 期。

手，建立一套针对广州流动人口稳就业、促就业的长效机制，提升就业稳定性，助力流动人口在广州长期发展。围绕未来5~10年广州重大项目建设目标，特别是半导体与集成电路、生物医药、人工智能与工业软件、超高清视频与新型显示、智能与新能源汽车、绿色石化和新材料、高端装备和都市消费工业等八大产业集群，提升流动人口的就业技能，拓展就业新空间。此外，提高流动人口社保覆盖率，引导其在广州长期居留发展。

B.5
广州构建强大的公共卫生体系
面临的挑战和对策建议

宁超乔*

摘 要： 加快构建强大的公共卫生体系，是推动超大城市治理能力现代化的必由之路、推进落实"健康中国"战略的基本内容。本报告认为，当前广州公共卫生体系医疗资源丰富，但仍面临差距较大、经费存在缺口、资源下沉力度不足、公共卫生体系改革有待深化等挑战。报告提出，要立足现代化超大城市现实需求，从"健康中国"建设的战略高度出发，推动公共卫生体系从"小疾控"向"大卫生"系统性重塑，落实"预防为主，医防融合"整体思路，推动工作"关口前移"、资源"重心下移"，建立集中统一、高效运作、灵敏可靠的公共卫生安全应急体系，构建强大的现代化公共卫生服务管理新格局。具体提出要深化体制改革、推动公共卫生体系系统性重塑，加强资源供给、推进公共卫生供给侧结构性改革，聚焦统一高效、提升公共卫生应急管理能力等建议。

关键词： 公共卫生体系 城市治理能力现代化 疾病预防控制 健康中国

"公共卫生体系"是指由政府主导并全力支持的集疾病监测、预防、控制和治疗于一体的公共卫生工作系统，由政府、主管部门、实施中心、疾控专业人员、保障医疗机构等部分组成。疾病预防控制是公共卫生体系运作的核心部分，"预防—控制—治疗"全链条是公共卫生体系运作的"主战场"。

---

* 宁超乔，广州市社会科学院城市治理研究所研究员，研究方向为城市管理和建设、人口发展。

本报告基于对当前广州公共卫生体系存在的问题和挑战的分析，提出新形势下完善公共卫生体系、提升疾病预防控制能力、全面推进"健康中国"建设的对策建议。

一　构建强大公共卫生体系的重要意义

完善的公共卫生体系是全面履行政府职能的重要体现，当前加快构建强大的公共卫生体系具有重要的现实意义。

（一）推动超大城市治理能力现代化的必由之路

习近平总书记在出席深圳经济特区建立 40 周年庆祝大会和视察广东时指示，要"加快推动城市治理体系和治理能力现代化，努力走出一条符合超大型城市特点和规律的治理新路子"。[①] 随着新型城镇化的快速推进，人口持续向超大城市集聚。2022 年，广州常住人口达 1873.41 万人，相比 2010 年，人口规模增长了近 47.5%，中心四区人口密度已高达 2.2 万人/千米^2，逼近美国曼哈顿水平。对广州来说，作为现代化国际大都市、粤港澳大湾区枢纽型城市，人口的集聚和流动进一步加剧了城市系统的复杂化、网络化，疾病传播风险加大，给原有的公共卫生体系带来挑战。公共卫生体系是城市治理体系的重要组成部分。下一步，以公共卫生体系改革为重点，推进城市治理能力现代化，具有重大而深远的理论意义和实践意义。

（二）推进落实"健康中国"战略的基本内容

党的十八大以来，以习近平同志为核心的党中央高度重视维护人民健康，"健康中国"建设驶上"快车道"。党的十八届五中全会做出推进"健康中国"建设的决策部署。2016 年 8 月，党中央、国务院隆重召开新世纪

---

① 《习近平：在深圳经济特区建立 40 周年庆祝大会上的讲话》，人民网，2020 年 10 月 14 日，http://cpc.people.com.cn/n1/2020/1014/c64094-31892124.html。

第一次全国卫生与健康大会，明确了建设"健康中国"的大政方针；同年10月，发布实施《"健康中国2030"规划纲要》，明确了行动纲领。党的十九大将"实施健康中国战略"提升到国家整体战略层面统筹谋划。党的十九届五中全会从党和国家事业发展全局的高度，提出了到2035年"建成健康中国"的远景目标，对"十四五"时期全面推进"健康中国"建设做出明确部署。2024年1月，全国卫生健康工作会议召开，会议提出要稳步推进"健康中国"行动落实落地。广州应坚决贯彻以预防为主的卫生与健康工作方针，全面落实"健康中国"战略，抓紧补短板、堵漏洞、强弱项，进一步改革和完善公共卫生体系。

（三）构筑防控各类疾病暴发蔓延"铁壁铜墙"的重要举措

从2003年非典型性肺炎和2020年全球新冠肺炎疫情来看，随着人口集聚度提升，人类社会暴发重大疫情和未知疾病风险的可能性在增加。而相比于中小城市，大城市更是疾病防控的主战场。广州作为国际枢纽型超大城市，公共卫生防控风险压力增大。习近平总书记强调，"只有构建起强大的公共卫生体系，健全预警响应机制，全面提升防控和救治能力，织密防护网、筑牢筑实隔离墙，才能切实为维护人民健康提供有力保障"。① 广州必须进一步加快构建强大的公共卫生体系，织密超大城市疾病防护网、筑牢筑实隔离墙，切实为维护人民健康提供有力保障，在未来全国疾病防控格局中彰显超大城市和国家重要中心城市担当。

二　当前广州公共卫生体系发展现状及面临的挑战

（一）公共卫生资源总量相对丰富

广州医疗资源相对丰富。从2022年左右"北上广深"四城医疗卫生资

---

① 习近平：《构建起强大的公共卫生体系，为维护人民健康提供有力保障》，《求是》2020年9月16日。

源总量来看（见表1），广州有医疗卫生机构6159个，较同省的深圳市多900余个；广州医疗机构总床位数（11.05万张）远高于深圳（6.57万张），逼近北京市（13.39万张）的水平。作为华南地区医疗高地，广州高端医疗机构数量相对较多，拥有三甲医院近40家，占广东全部三甲医院的30%以上。

表1　2022年左右"北上广深"四城医疗卫生资源总量对比

城市	医疗机构总体情况		医院总体情况		基层医疗卫生机构		专业公共卫生机构	
	个数（个）	床位数（万张）	个数（个）	床位数占比(%)	个数（个）	床位数占比(%)	个数（个）	床位数占比（其中，专科疾病防治和妇幼保健床位比例)(%)
北京	12211	13.39	741	94.3	8256	5.3	66	0.4（10：90）
上海	6421	17.36	455	89.5*	5727	9.22*	101	0.80*（15：85）
广州	6159	11.05	298	90.95	5663	4.56	67	4.0（3：97）
深圳	5201	6.57	151	92.27	5571	0.12	18	7.3（6：94）

注：（1）由于各地统计口径略有不同，参照广州市统计年鉴分类，"基层医疗卫生机构"按照社区、村两级社区卫生服务中心（站）、卫生院、诊所、门诊部、卫生所、医务室、护理站进行统计汇总；专业卫生公共机构按照疾病预防控制中心（防疫站）、专科疾病预防院（所、站）、健康教育所、妇幼保健机构等进行汇总计算。（2）由于数据的可获得性，带*为2021年数据。

资料来源：根据各地2022年、2023年统计年鉴或卫健委官网数据整理。

（二）公共卫生资源下沉力度不足

2022年，广州共有基层医疗卫生机构5663个，与其他同等人口规模的一线城市数量相当，但基层医疗卫生机构的床位数仅占全市医疗卫生机构总床

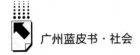

位数的 4.56%，低于 2022 年的北京（5.3%）和 2021 年的上海（9.22%）。上海医疗资源下沉至基层成效尤为显著，基层医疗卫生机构床位数占比接近 10%。

（三）专科疾病预防资源有所不足

2022 年，广州拥有专业公共卫生机构 67 个，床位数（4438 张）占全市医疗机构总床位数的 4.0%，远高于北京和上海两城。但是从结构分布来看，广州专业公共卫生资源主要集中在妇幼保健机构，专科疾病防治机构的床位仅 133 张，只占此项的 3%，远低于北京（733 张）、深圳（280 张）和上海（204 张）。广州专科疾病防治床位的占比也相对偏低。

（四）人均医疗卫生资源趋于紧张

从与发达国家的对比来看，我国人口众多，公共卫生资源相对短缺。当前我国医患比例为 1∶950，远低于美国的 1∶390，而北欧国家普遍为 1∶320~1∶200；发达国家万人医院床位数达到 300~600 张，① 2022 年广州仅为 59.98 张。

人口快速集聚，拉低了广州医疗卫生资源的平均水平。从对 2019 年、2022 年"北上广深"四城医疗卫生资源人均水平变化情况的观测来看，广州万人平均医疗卫生机构数等指标均呈略微降低的趋势。近年来，北京、上海人均医疗卫生资源水平指标有所上升。近年来，深圳大力推动基层医疗机构发展，在"万人平均医疗卫生机构数"和"万人医院床位数"两项指标均有所降低的情况下，万人平均基层医疗机构数反而有所提升，从 2019 年的 3.07 个提高到 3.15 个（见表 2）。

---

① 《全球医生资源地图：一览各国医生和患者比例》，网易新闻，2021 年 6 月 17 日，https：//www.163.com/dy/article/GCMJ 7L4M05149U3U.html。

表2 2019年、2022年"北上广深"四城医疗卫生资源人均情况

城市	万人平均医疗卫生机构数(个)		万人医院床位数(张)		万人平均基层医疗机构数(个)	
	2019年	2022年	2019年	2022年	2019年	2022年
北京	5.27	5.59	55.52	57.83	3.59	3.78
上海	2.31	2.58	56.29	67.58 *	2.07	2.30 *
广州	3.33	3.29	59.41	58.98	3.04	3.02
深圳	3.32	2.94	35.25	34.34	3.07	3.15

资料来源:根据各地卫健委、统计部门网站公布的2019~2022年公共卫生数据,按照该年度常住人口统计口径进行计算。由于数据的可获得性, * 表示2021年数据。

(五)公共卫生经费存在缺口

2022年,广州对常住人口的公共卫生经费投入约为人均1910元,较2020年(人均约1600元)有所增长,[①] 但仍为北上广深四城最低。当前我国全面推动公共服务均等化,国家层面人均基本公共卫生服务经费财政补助标准从2017年的50元增长至2023年的89元。但广州作为人口高度集聚的超大城市,也仅维持在89元的平均水平,而北京已增长至105元。

广东省级财政集中度在全国处于偏高水平,作为省会和国家重要中心城市,由于全国财政税收留存政策,广州上缴省级税收收入偏高。本报告根据各地统计数据测算,2022年,广州一般公共预算自给率为61.6%,低于全国平均水平(78.2%),也低于北京、上海、深圳、杭州等主要城市;广州地方人均公共预算收入约为0.99万元,为全国平均水平(1.41万元)的70.21%,仅是北京(2.62万元)的37.79%、上海(3.07万元)的32.25%、深圳(2.27万元)的43.61%、杭州(1.98万元)的50%和南京(1.64万元)的60.37%,难以有效支撑公共服务需求。而全国层面的农业转移人口市民化成本分担和转移支付制度尚未健全,远不足以弥补地方政府巨大公共卫生经费缺口。

---

① 根据《广州统计年鉴2023》数据测算整理。

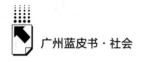

（六）公共卫生队伍建设亟待加强

1. 公共卫生队伍专业性有待提升

2022年，广州拥有卫生技术人员19.57万人，计每万人常住人口104.46人，在"北上广深"四城中仅次于北京的147.50人。但是在卫生技术人员中，具备执业（助理）医师资格的人员占比为35.11%，低于北京、上海、深圳的水平，与国家要求的45%左右的占比还有距离（见表3）。同时，专业队伍的综合性也有所不足。从专业的设置来看，临床医学聚焦单独个体、疾病治疗，公共卫生聚焦社会群体、疾病预防控制，因此公共卫生人才队伍建设，需要临床医学和公共卫生两个专业联手合作。我国普遍存在临床医学与公共卫生两个专业衔接不够紧密的问题，最终造成公共卫生体系运转低效与资源浪费。

表3　2022年左右"北上广深"四城卫生技术人员情况

城市	卫生技术人员		其中，执业（助理）医师		
	数量（万人）	每万人常住人口卫生技术人员（人）	数量（万人）	占卫生技术人员比重（%）	每万人常住人口执业（助理）医师（人）
北京	32.22	147.50	12.49	38.76	57.19
上海*	23.96	96.25	8.70	36.31	34.95
广州	19.57	104.46	6.87	35.11	36.66
深圳	11.83	66.97	4.72	39.90	26.74

资料来源：根据各地卫健委、统计部门网站所公布的2021~2022年公共卫生数据，按照该年度常住人口统计口径进行整理计算。由于数据的可获得性，带*为2021年数据。

2. 疾控中心队伍服务管理能力不足

以国家疾病预防控制中心为例，当前约有2100名员工，而人口只有中国约1/4的美国，疾控中心（CDC）则有约24000名员工，差距非常明显。[1] 广州市、区两级疾控中心的人员编制总和不足2000人，约0.7人服务

_____

① 《上海交大12学者：反思新冠疫情中暴露出的十大问题》，"湖南日报"百家号，2020年2月25日，https：//baijiahao.baidu.com/s？id=1659511501753865990&wfr=spider&for=pc。

常住人口1万人，尽管相比疫情阶段有所提升，但防控压力依然比较大。

3.公共卫生行业吸引力和稳定性有待增强

当前我国公共卫生系统人员收入相对于医疗系统偏低，根据调研，广州市疾控中心人均绩效工资仅相当于同属市卫生健康委管理市级医院的一半。同时，总体收入水平与疾病预防控制工作危险性、复杂性不匹配，从业人员晋升渠道不明晰，科技成果转化奖励、绩效支出细则尚未明确。在这种背景下，不少公共卫生人才离开学校后，没有选择公共卫生领域从业成为普遍现象，在岗人员流失也较为严重。经调研，广州市、区两级公共卫生高层次人才比重偏低，人才引进困难，影响人才队伍发展。

（七）检验检疫和诊疗学科建设相对滞后

1.高等级生物安全实验室建设有待加强

广州当前未建立P4级别的实验室，已建成的仅有国家重点实验室高致病病原微生物研究室、中山大学P3实验室、华南农业大学P3实验室、南方医科大学P3生物实验室等几家。并且调研表明，因规模有限，实验室能力不达标，无法满足更高级别生物安全检验检测和科研需要，制约了疾控领域高端人才的引进。

2.检验检疫和诊疗学科能力有待提升

当前各种未知病毒变种迅速，原有的实验室检测和医院传染病诊疗能力建设均存在滞后现象，主要原因在于，由于缺乏长期规划和持续性投入，公共卫生领域重大科研攻关能力有待提升；科研领域相关基础研究成果及时在临床诊治中应用的转化渠道不通畅，科研和应用之间存在隔阂；数据共享公开的文化尚未有效形成，紧急医学救援网顶建设有待加强。当疫情袭来，各学科、各研究机构之间的整合能力有待提升，对公共卫生应急能力的提升造成阻碍。

3.学科设置的综合性有待加强

在当前我国的医学培养体系中，专精的专科化人才占主导地位，全科人才及多脏器、复杂疾病处置的医学人才相对不足。在一线疾控领域如传染病医院、基层社区公共卫生机构，医务人员、公共卫生专员日常培养缺乏公共卫生综合导向，缺乏外科、产科等多个综合功能科室建设，导致面对公共卫生未知风险时，对多人群、多症状、复杂疾病的临床诊断和综合治疗能力不足。

（八）公共卫生体制改革有待进一步深化

当前广州大力推动公共卫生体制改革，但总体来说，公共卫生体系的公共职能发展依然滞后于医疗职能，与国家重要中心城市的定位和超大城市的发展现实仍不匹配。

1. 疾控中心定位有待明晰和强化

当前全国各地包括广州的疾控中心，定位一般为从事基本公共卫生服务的公益性事业单位，归口卫生健康部门管理，从疾控中心现行的定位及权限来看，疾控中心性质为事业单位，更多承担专业职责而非法律责任。同时，疾控中心也存在财政投入不足、公共卫生队伍建设有待加强、缺乏行政权、市级和区级两级疾控中心的职责划定和功能定位不够清晰等问题。当前市、区两级疾控中心所承担的工作任务分工不合理，两者之间存在职能交叉和重复建设现象，各区疾控中心发展不平衡。

2. 各领域机制建设有待完善

公共卫生各领域包括基础设施建设、队伍建设、物资保障体系建设、监督执法、现场救治与处理、突发公共卫生事件应急机制建设等有待进一步完善，与现实的需求存在较大的差距。公共卫生服务管理涉及疾病预防、控制、医疗等各个系统，共享平台不完善、信息准确性和完整性不高、信息提取利用率不高，导致公共卫生信息化建设和应用不够，各部门应对突发疫情的协同配合机制有待进一步强化。

3. 医防融合层面存在障碍

"医防分离""防治断裂"等问题需要得到广泛关注，公共卫生与医疗存在"两张皮"现象，长期存在的"医防裂痕"亟待弥补。在法律层面，国家、广东省和广州市并未规定医疗机构承担公共卫生任务的职责。

特别是基层社区公共卫生资源有限，融合方式比较单一，融合效果不明显。

4. 公共卫生应急体系有待健全

当前随着城市系统的复杂化，人类所面临的未知疫情防控形势相比 20 世纪更为严峻，公共卫生应急体系和物资保障体系有待进一步完善，群众的公共卫生安全意识和群防群控能力有待加强，各类传染病、未知疾病的防控战线亟待巩固。

三　下一步广州构建强大公共卫生
体系的思路

广州构建强大的现代化公共卫生体系，要立足现代化超大城市的现实需求，扛起国家重要中心城市的责任担当。下一步构建强大公共卫生体系，广州要重点把握五个方向。

一是全面深化改革，立足现代化城市服务管理需求，确立构建强大现代化公共卫生体系的基本目标。

二是从"健康中国"建设的战略高度，加强公共卫生服务管理顶层设计，坚持改革创新，推动公共卫生体系系统性重塑，从"小疾控"向"大卫生"转型。

三是要在"预防—控制—治疗"全链条中，落实"预防为主，医防融合"的整体思路，推动工作"关口前移"、资源"重心下移"，构建落到实处的公共卫生服务管理新格局。

四是坚持系统观念，补短板、堵漏洞、强弱项，赋动能、增效率、聚合力，全面理顺公共卫生体系运作机制，推动公共卫生体系各部分组织完善、运转有效、综合协同，提升公共卫生服务管理能力。

五是全面构建集中统一、高效运作、灵敏可靠的公共卫生安全防控和应急体系，织密疾病防护网、筑牢筑实隔离墙，切实维护人民健康安全。

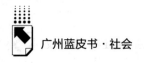

四 广州构建强大公共卫生体系的对策建议

（一）深化体制改革，推动公共卫生体系系统性重塑

1. 深化公共卫生体制改革

健全各级公共卫生机构，明确公共服务职能。理顺疾控体系与公共医疗、公共应急、物资保障、城市治理等各部分的相互关系，建立上下联动、相互结合、分工协作的"大卫生"公共卫生组织架构。尽快出台公共卫生机构建设方案和新标准。加快推动"医防"深度融合，解决公共卫生与医疗"两张皮"现象，对外充分挖掘公共卫生资源、对内不断提升医疗和公共卫生服务资源的优化配置和整合能力，推动二者高效协同、无缝衔接。

2. 强化疾控中心龙头作用

在新的发展形势下，要进一步凸显疾控机构的重要作用，优化资源配置以强化综合服务职能，增强疾控机构在疾病预防控制中特别是重大疫情防控中的核心支撑作用和龙头作用。在体制机制上，建议将各级卫健委疾控管理部门如疾控局、疾控中心合并，组建具有行政权、自主权的疾控行政管理机构，突出各级职能机构的差异性，强化上级疾控机构对下级疾控机构的业务领导和工作协同。

在职能定位上，市一级层面，从"大健康"的角度出发，学习借鉴美国CDC的职能设置（见图1），强化"公共卫生防备和响应""健康管理""流行病监测和实验室服务"等关键职能。整合市卫生监督所传染病和公共卫生监督执法职能，研究赋予疾控中心必要的行政监督执法权和疫情信息发布职能，整合市疾病预防控制、卫生健康宣传和计划生育药具管理资源，强化流调和实验室检测专业人才队伍建设，增强履行突发重大公共卫生事件监测分析、预测预警、应急处置以及慢性病等疾病的预防控制工作能力，增强科普宣传和教育能力、人才培养培训能力。区一级层面，推进基础设施和人才队伍的标准化建设，全面提高疾控能力。在机构建设方面，加强基础设施、人才队伍和学科建设，提升疾控中心预警监测、调查处置、实验室检测、科技创新、技能培训等能力，考虑在南沙、白云等口岸区和天河等中心

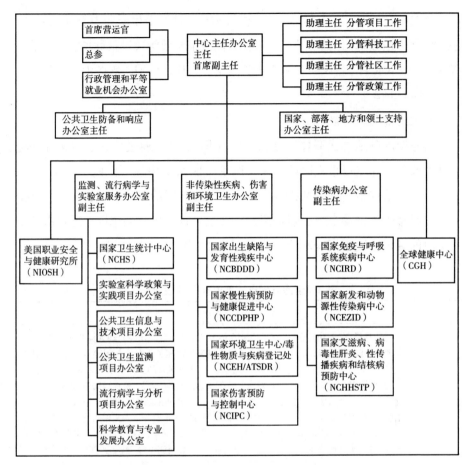

图1 美国 CDC 的职能设置

资料来源：美国疾控中心官方网站，https：//www.cdc.gov/about/organization/cio.htm。

区实现疾控中心异地扩建扩容提质，全面提升疾病预防控制能力。

3. 推动公共卫生资源下沉

公共卫生工作是要落到实处的工作，基层是最重要的一环。基层不强，分级诊疗制度就无法落地，公共卫生的预防控制职能就难以发挥。要大力落实公共卫生资源向基层转移，针对当前基层公共卫生服务管理力量薄弱的现状，优化资源配置，补齐基层公共卫生机构的业务用房建设标准、人才队伍建设标准、资金和编制短板。对标先进城市，推进基层医疗卫生服务标准建设，争取在五年内，万人基层医疗卫生机构数、社区卫生服务中心（站）数、基层医疗卫生机构床位数、基层医疗卫生机构编制数等关键指标均能达到北上深等一线城市水平，建议到2030年，万人常住人口社区卫生服务中心（站）数量要达到1.5~2个。

4.大力推动医防融合

参考全国各地"医联体"建设经验（见表4），通过公共卫生医疗联合体试点改革，建立以市立医院为龙头医院，区医院为核心医院，各级疾控、妇幼保健、精神卫生等公共机构为支撑，覆盖基层的紧密型、整合型公共卫生医疗联合体。推动上层医疗资源、公共卫生资源下沉到基层，通过医疗卫生资源的融合，逐步提升基层公共卫生服务能力。

表4 全国五省市"医联体"建设经验

省市	做法
福建省	一是设立"医防融合办公室"。2020年由各市总医院与疾控机构共同牵头设立，统一调度总医院、各基层分院和疾控中心等医疗卫生机构相关人员。总医院专门设立公共卫生科，承担公卫职责。建立分工协作、优势互补、业务融合的工作机制。二是建立"三位一体"的医防融合服务新模式。开展"四全"健康管理行动，建立"疾病预防、医疗救治、健康管理"三位一体的医防协同融合服务新模式。三是开展常态化的健康公益服务及有偿技术服务，发挥专业人员技术专长，面向社会提供有偿技术服务。四是慢病管理从被动走向主动走向闭环。建设"治未病"健康与慢病信息化平台，涵盖医防协同融合、中医治未病管理、慢病一体化管理、院前院中院后健康管理、全生命周期管理、积分制管理六个板块
上海市	一是出台医联体相关法规方案。出台《关于本市推进医疗联合体建设和发展的实施意见》（2017年）、《本市医联体建设规划方案（试行）》（2018年）等。二是分类推进医联体建设。将医联体分为区域型医联体、专科医联体、辐射型医联体等多种类型。推进重点学科领域医联体集群发展，如联合专科医院与市域、区域、跨省医院，构建了"东、南、西、北、中"五大"儿科医联体""妇产科专科医疗体""肿瘤防治专科医联体"，将优质资源辐射全国。推进中医医联体建设，已基本形成"东南西北"区域格局，2021年6月成立了以中西医结合为特色的疫病防治基地。目前全市范围内已组建55个医联体试点。三是打造紧密型医联体"1+1+8"黄浦模式。以医联体理事会为决策机构、以医联体发展中心为日常管理机构，依托八大专委会联通平台，逐步实现医联体内人、财、物统筹管理，分级诊疗链和信息化平台并行支撑，区医联体发展中心协同运作的"三纵两横一支撑"紧密融合型一体化管理机制。四是大力推进医联体信息共享。建设HIS（医院信息系统）、EMRS（电子病历系统）等信息系统，实现分级诊疗、双向转诊，检查、检验的集中诊断和结果互认，增强医联体内部的"黏度"。五是建立分级分类医疗管理制度。试点医保总额打包预付机制，分级分类质量同质化管理医联体内健康与医疗服务。六是创新人才队伍和绩效管理。培养全科医生的临床能力，加快家庭医生绩效薪酬机制建设

续表

省市	做法
安徽省	一是以紧密型医联体建设为抓手,破解"联而不合"难题。建立以铜陵市立医院为核心医院、覆盖22家基层医疗卫生机构的紧密型医联体组织体系。在服务方面,建立基层"点单"机制,开展"点对点"医疗帮扶。二是以"两包三单六贯通"为路径,让医共体更有活力。即在医保基金打包预付的同时,将基本公共卫生服务经费打包预付,建立政府办医责任、医共体内部运行管理制度、医共体外部治理综合监管责任三个清单,围绕基层群众看病就医的6个关键环节发力,促进医共体在运行效果上更加惠民。三是以家庭医生签约服务为切入点,推动医防深度融合。建立"1+1+N"(1个全科医生、1个社区护士、N个多学科专家)家庭医生团队。选派公共卫生、医疗专家组成6个以居民健康需求为导向的特色服务项目攻关小组,根据社区人群特点,研究确定医防融合特色服务项目
天津市	一是构建天津"四朵云",推进基层数字健共体建设。由天津微医总医院牵头、协同全市267家基层医疗卫生机构共同组建天津市基层数字健共体,落地"云管理""云服务""云药房""云检查",以数字化赋能基层,提升医疗、医药、医保"三医联动"水平和运行效率。二是组建家庭医生服务团队,打通家庭医生签约服务"最后一公里"。通过搭建全市统一的信息化系统将医保卡、身份证与签约居民绑定,实现"实名制"签约
湖南省	一是全面推进"医联体"建设和家庭医生签约服务工作。通过纵向帮扶、上下联动、资源共享,积极构建医疗卫生服务新体系。二是利用"医联体"建设,打造"大手拉小手"的健康脱贫模式。持续推进脱贫县远程医疗协作网建设,提升脱贫地区的医疗卫生水平,完善重病兜底保障机制,健康脱贫工作取得一定成效。三是在11个深度脱贫县的乡镇推行"医疗集市"服务模式。形成了覆盖全省脱贫地区的相关疾病专科联盟与协同救治平台,建立了终末期肾病等重大及慢性疾病的分级诊疗模式

资料来源:根据各地报纸等媒体资料整理。

(二)加强资源供给,推进公共卫生供给侧结构性改革

1.建立"实有人口"公共卫生资金投入机制

要根据实有人口的比例建立常态化投入机制,超前谋划、有效储备。公共卫生运转经费的增长不低于地方经常性财政支出增长水平,经费的使用应向基层和预防环节倾斜。提高财政资金使用效率,探索专项补助与付费购买相结合、资金补偿与服务绩效相挂钩的基本公共卫生与医疗服务项目补偿机制,充分调动基层积极性。

2.全面激活公共卫生人才队伍能量

首先,要"广聚人才",在全国大力引进一批公共卫生优秀人才,在积

分落户、保障性住房、子女教育等政策上对其进行倾斜。其次，要"补齐队伍"，加快推进公共卫生事业人事改革，补齐各级人才编制。建议到2030年，广州市疾控机构的人员配置达到2人/万人。夯实公共卫生应急管理的基层基础，建立医疗机构应急救治人员储备机制，推动公共卫生服务与医疗服务高效协同、无缝衔接。加强基层全科医生队伍建设。再次，要"培育人才"，推动广州高校医学院、医科大学完善临床医学人才培养的结构体系，将公共卫生人才培养和临床医学教育相结合，推动建立专业化、全面化、高精尖的公共卫生人才队伍培养机制。又次，要"激励队伍"，逐步提升从业人员薪酬待遇，实施动态调整的工资正常增长机制，逐步实现收入分配的科学化与规范化，建立符合公共卫生服务管理特点的绩效工资制度，畅通职称竞级渠道，加快破解公共卫生队伍不健全、人才流失严重等制度性难题，增强疾控工作的自豪感和荣耀感，提高职业吸引力。最后，要"扩大领军人才队伍"，加强疾控领域高端人才的培养，探索疾控中心和国内外顶级医药集团合作人才培养模式，打造多层次、国际性、多学科的人才梯队。实施公共卫生首席专家制度，组建多学科、高水平的专家队伍。

3. 加强公共卫生基础设施供给

加大对公共卫生用地的保障力度，考虑平灾两种情况，允许用地根据需求变化进行调整。推动区综合医院和社区公共卫生机构按照标准，保障预防保健科、感染科专业用房以及发热门诊室等建设。优化公共卫生基础设施的布局，提升区级疾病预防控制机构硬件设施水平，加强专业设备、业务和应急车辆、特种专业车辆的配置，扩大重点区域优质医疗和公共卫生领域服务资源供给。推动社区公共卫生服务机构标准化建设，发挥公共服务功能，发挥基层公共卫生应急的业务支撑作用。加强公共应急基础设施、技术装备和信息化建设，推进在广州呼吸中心等一批医院整体改造扩建救援和医疗中心，形成东南西北全覆盖的市级应急医院布局。探索利用周边无人海岛或在偏远区新建人工岛和隔离方仓，规划大型公共卫生医疗设施，避免人群交叉感染。

4. 提升公共卫生应急物资"产能储用"能力

建立健全公共卫生应急物资的全产业链，增强快速生产应急物资的能力。建立应急物资产供储用高效系统，探索在南沙建立国际医疗物资采购集散中心。完善跨区域医疗人员、防护物资和后勤保障体系的精准化和高效化调配机制。统筹优化应急物资基地建设布局，落实公共卫生应急和疾控设备建设标准，高水平配置疾控设备。建立疫苗战略储备库，完善公共卫生应用技术保障体系，提升疫情发生时疫苗研发上市的速度。健全和规范社会力量参与重大公共卫生事件救援机制，及时提供捐赠需求目录，制定捐赠物资验管标准，接受社会监督。

5. 打造国内公共卫生防控产业链高地

广州具有打造全球公共卫生防控产业链高地的先天条件。全面摸查广州疾病防控和医疗物资产业的分布情况，针对医疗器械、生物医药、检验检测等领域，关注全球产业链、价值链、供应链，加快出台"固链"系列专项政策，提升产业链韧性，补链、强链。在黄埔、白云、花都、南沙等重点区域打造从原材料供应到终端市场完整配套、水平分工和垂直整合并行的开放式全产业集群，实现上下游紧密协同、产供销协同配合、大中小企业同步协调发展。加快广州本土高端医疗器械、检测检验等领域的品牌建设，做强龙头企业，大力培养有效产能，利用先进技术提升生产能力柔性。发挥政府主导作用，开展"引资补链"，通过合同签约与转让关键技术进行捆绑，引入医药物资产业中的全球龙头企业，带动地方整体的产业效益提升。

（三）落实"平战结合"，提升疾病防控救治能力

1. 加快提升疾病救治能力

打造一批世界知名、全国领先的医学学科，逐步提升重大疑难疾病诊治能力。规划布局"平战结合"的医疗服务体系，在城市分区域选择医疗机构进行硬件改造和物资储备，平时收治普通病人，战时作为传染病救治中心，建立覆盖全市、平战结合、梯次分布的医疗救治网络。建立健全分级、分层、分流的传染病救治机构制度，强化各级医疗机构的公共卫生服务职能。学习德国等国家全科医生队伍和家庭医生签约服务的经验，建立分级诊疗制度，加强基层救治能力建设，夯实公共卫生医疗应急管理的基层基础。

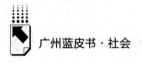

2. 全面提升生物安全治理能力

加强生物安全战略、重大疾病和新发突发传染病防控技术以及诊断试剂、新疫苗和新药物研发等关键课题研究，实现传染病防控和生物安全防御关口前移。整合全市疾控科研力量，借鉴上海经验，建立广州重大传染病和生物安全研究院，推广生物医药临床研究建设"广州方案"。加快一批高等级生物安全实验室建设和规范管理，为生物安全的一网统管、重大传染病病原体研究、临床救治和疫苗研发提供硬核科技支撑，出台相关政策鼓励企业建设 P3/P4 实验室。加快一批公共检测实验室建设，补齐广州公共检验检测能力偏弱短板，提高对重大烈性传染病和民生重点项目进行检验检测的技术支撑能力，建成服务粤港澳大湾区的市区一体化全方位公共卫生实验室检验检测系统。

3. 提高公共卫生科研攻关水平

推动重大公共卫生科研平台建设，支持公共卫生"卡脖子"技术和关键科学问题联合攻关。建立非竞争性、保障稳定的科研经费资助机制，加快多学科交叉融合的系统性建设，打造集关键技术攻关、科技成果转化、专业人才培养、公共政策研究于一体的"全链式"科研平台。出台相关政策，打通要素链接，从基础研究到临床、试剂、药物疫苗及公共卫生应用等形成创新链、产业链。打通技术链，融合产业链，做好公共卫生科研人才和技术的战略储备。

（四）聚焦统一高效，提升公共卫生应急管理能力

1. 构建公共卫生应急管理"一张图"

推进重大公共卫生突发事件应急处置指挥决策和联防联控工作体系改革，构建统一领导、权责匹配、权威高效的公共卫生应急管理体系。建立健全重大疫情监测分析、病毒溯源、防控救治、资源调配等公共卫生联合应急处置工作机制。建设公共卫生应急管理"一张图"，真正做到能够根据疫情发展的规模、时序，建立动态的分级、分类、分流制度，实现处置主体的明确化、处置流程的标准化，提高公共卫生应急体系运作效率。建立基于疫情数据流、疾控要素信息流的大数据智慧决策平台，实现对疫情态势的全面实时感知、医疗卫生资源统筹调度、重大信息统一发布、关键指令实时下达等运作一体化。

2. 推动公共卫生应急智慧化专业化

把增强早期监测预警能力作为健全公共卫生应急体系的当务之急，建立智慧化预警多点触发机制，健全多渠道监测预警机制，提高传染病监测敏感性和分析预警能力。运用 AI 与大数据分析等技术，助力防控工作。加快 5G 和区块链等技术在公共卫生应急领域的应用，加强多源数据整合、集成和利用。建立专家委员会决策辅助机制，加强疫情走势研判，提高实时分析、集中研判能力。健全突发公共卫生事件应急预案体系和事后评估机制，提升重大疫情应急处置的法治化、标准化、科学化水平。

（五）着眼防控能力，织牢公共卫生安全防控网络

1. 死守口岸枢纽防控关口

加强城市门户地区和通道跟踪监测，强化跨区域人员流动和疫情信息的动态化监测评估预警和信息共享，严格落实分级分类健康管理，全链条筑牢"外防输入"严密防线。强化重点地区入境人员集中隔离、健康管理、流调溯源和核酸筛查等制度落实。健全口岸医学媒介生物监测及各类重大传染病监控机制，提高风险识别与应急处置能力，落实出入境动植物检验检疫和生物物种查验制度。积极探索粤港澳大湾区城市公共卫生应急管理联动机制，建议优先与佛山、东莞两个城市建立公共卫生应急管理联动框架协议，实现信息共享、联防联控。

2. 发挥群防群控联防联控作用

强化疾控中心与各区医院、基层公共卫生机构之间的无障碍疫情通报机制。发挥群众力量，健全各层级的联防联控机制，提高公共卫生应急体系运作效率。在重点场所建设完善监测哨点，建立覆盖全域的公共卫生应急网格化管理体系。实现疾病早发现、早汇报、早应急、早处理。建立"政府+企业+家庭"三级公共卫生应急和疾控储备体系。建立有效的突发公共卫生事

件举报奖励机制并出台相关细则，健全内部报告人保护机制，提升对疾病初发期的监管效能。把公共卫生应急管理要求融入重大交通枢纽、公共交通设施、公共舆情应对、社会救助体系。

3. 做细城市社区健康单元

充分考虑疾病防控和人民健康需求的空间应对，将符合新时代发展要求的健康社区落实到规划中，充分考虑紧急状态下社区的闭环式运行设计，避免出现封闭社区"孤岛化"问题；建立社区救治网格，保障社区应急医疗服务的快速供给；以居民健康需求为导向，根据社区人群特点，研究确定医防融合特色服务项目。推动城市更新与健康社区建设协同发展，从片区范围统筹各级公共卫生资源的供给。建立突发公共卫生事件的预警处置机制，提升社区应对突发公共卫生事件的综合能力。

（六）强化法治建设，营造人民健康城市氛围

1. 加大健康城市宣传力度

加强公共卫生应急培训体系建设，推动学校、团体、机关等开展公共卫生应急常态化演习，提升公众风险感知、个人防护和政府正确引导公众情绪的能力，强化危机意识。将公共卫生和健康中国教育融入学校教育、公共设施、公众舆情应对、社会救助、宣传等体系建设。推进村委会、居委会公共卫生委员会建设，整合各方面力量，引导群众主动关注自身健康。

2. 强化公共卫生的法治刚性

加快制定超大城市公共卫生安全领域传染病防治规定，健全生物安全等地方法规制度，制定突发事件应对条例，修改动物防疫条例、院前医疗急救服务条例等，建立系统完备、科学规范、运行高效的公共卫生法规规章体系。普及公共卫生应急和疫情防控相关法律法规，提高全民疾病预防控制法治意识和公共卫生风险防范意识，强化公共卫生刚性约束。

B.6
壮大养老产业助推广州养老服务
高质量发展报告

广州市民政局、广州市委政研室联合调研组*

摘 要： 发展壮大养老产业，是积极应对人口老龄化的国家战略，也是保障和改善民生、推进超大城市治理体系和治理能力现代化的现实需要。近年来，广州深入推进养老服务业综合改革，探索建立"大城市大养老"模式，基本养老服务体系建设走在全国前列。随着人口老龄化程度逐步加深，优质养老服务供给与多元化需求的供需矛盾日益凸显，养老事业与养老产业协同发展仍存在薄弱环节。为此，调研组深入分析广州壮大养老产业的现实基础、机遇挑战、发展趋势，提出壮大养老产业、助推养老服务业高质量发展的对策建议，包括营造可预期的产业发展法治环境、畅通可转化的产业发展多元路径、完善可复制的产业发展创新做法、构建可持续的产业发展业态体系、深挖可激活的老年人力资源潜力。

关键词： 养老事业 养老产业 养老服务

发展壮大养老产业，既解决养老问题，又为经济高质量发展注入动力。党的二十大报告明确提出，实施积极应对人口老龄化国家战略，发展养老事

---

* 联合调研组成员：广州市民政局苏佩、易利华、庞红瑶、李锐、官洁君、李绍滨；广州市委政研室王文琦、韩玲玲、怀学兵、王钰梅、陈明、陈兵兵。执笔人：李锐，广州市民政局宣传法规处处长，研究方向为民政事业；官洁君，广州市民政局养老服务处处长，研究方向为民政养老事业；李绍滨，广州市民政发展研究中心主任，研究方向为民政事业；怀学兵，广州市委政研室社会研究处副处长，研究方向为民生社会事业；陈兵兵，广州市委政研室社会研究处三级主任科员，研究方向为民生社会事业。

业和养老产业,优化孤寡老人服务,推动实现全体老年人享有基本养老服务。近年来,广州把养老服务作为加强党的领导、保障和改善民生、推动共同富裕、完善超大城市社会治理的重要抓手,深入推进养老服务业综合改革,探索建立"大城市大养老"模式,广州基本养老服务体系建设走在全国前列,连续两年获国务院督查激励。但随着人口老龄化程度逐步加深,对标"排头兵、领头羊、火车头"的标高追求及市民群众对养老服务的新期待,广州优质养老服务供给与渐增式群体多元化需求的供需矛盾日益凸显,构建高质量、可持续养老服务体系仍不完善且欠缺可持续性支撑。为此,市委政研室会同市民政局成立联合调研组,先后 5 次召开调研组碰头会研讨,深入番禺、白云等区养老机构、街镇社区实地调研,赴福建龙岩等地考察学习,深入分析广州养老产业发展现状、存在的问题和未来养老服务趋势,从营造可预期的产业发展法治环境、畅通可转化的产业发展多元路径、完善可复制的产业发展创新做法、构建可持续的产业发展业态体系、深挖可激活的老年人力资源潜力等五个方面,提出壮大养老产业、助推养老服务业高质量发展的对策建议。

一 壮大养老产业的现实基础和存在的短板

(一)广州壮大养老产业的基础优势

从人口结构来看,老年人口增长曲线相对平缓,健康活力老年人数较多。2021 年,广州 60 岁及以上老年人口占比远低于北京、上海,也略低于全国水平(见图 1),具有相对有利的战略机遇期,可以适度超前布局推动养老事业和产业协同发展。从产业投入来看,社会力量参与养老服务起步早,初具规模效应。广州民间资本深入经济社会生活的各个方面,社会力量参与养老服务起步早,广度和深度走在全国前列,为养老事业和产业协调发展提供众多经验模式以及有力的资金和人力资源保障。截至 2023 年 6 月,广州养老服务企业共 9074 家、占全省的 38.28%,企业数量与北京相当,是上海的2.36 倍,其中超五成企业在近 5 年内成立,企业普遍看好、积极投资广州

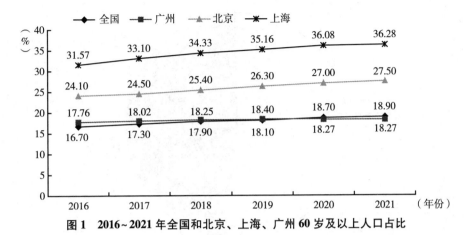

图 1　2016~2021 年全国和北京、上海、广州 60 岁及以上人口占比

资料来源：根据各大城市老年人口和老龄事业报告、民政事业发展统计公报、第七次全国人口普查数据等公开资料收集整理。

养老产业，近六成企业的注册资本超过 200 万元（见图 2）。从产业链条来看，医疗资源丰富且集中，居民康养水平高。广州医疗资源丰富且集中，健康养老产品研发能力强，健康养老产业发展势头迅猛，产业特色优势明显。截至 2022 年底，广州全市拥有医疗卫生机构 6159 家，全市医疗卫生机构共

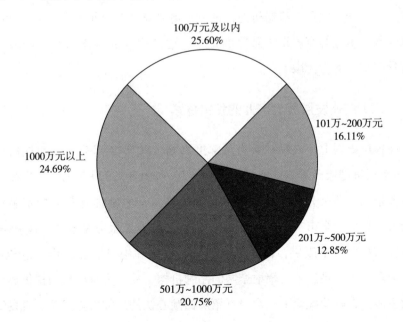

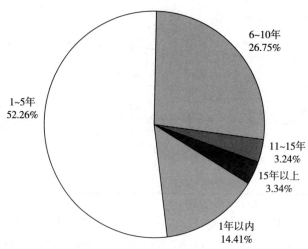

图 2　广州参与养老服务企业注册资本、存续时间分布

资料来源：根据广州市民政局提供资料、天眼查数据综合整理。

拥有床位 11.05 万张，其中三级医疗卫生机构 77 家、三甲机构 44 家，全市居民平均期望寿命 82.52 岁，总体居全省前列。从发展契机来看，广州毗邻港澳，穗港澳养老服务合作起步早、范围广、程度深。适逢落实粤港澳大湾区建设、南沙方案重大战略机遇，推进三地养老产业合作开发示范、健康养老综合服务示范等有着得天独厚的优势，穗港澳养老合作以及"跨境"养老前景广阔、潜力无限。

（二）广州发展养老产业的积极探索

在顶层谋划上，鼓励社会力量深度参与。2018 年以来，广州先后出台《广州市促进健康及养老产业发展行动计划（2017—2020 年）》《广州市养老服务条例》等文件，全面放开养老市场准入，大幅提高养老配套服务供给能力。目前，全市 75% 的养老床位、100% 的养老服务综合体、100% 的长者饭堂由社会力量提供，设立香港独资、中法和中日合资合作养老机构 4 家，涌现一批立足广州、辐射全国的品牌机构，社会力量已成为提供养老服务的主体。在政策配套上，拿出真招实招倾心扶持。如破除消防、规划等方面对利用既有房屋开办养老机构的障碍,对利用国有企业物业建设养老机构设施的实行不公开招租、租金优惠、延长租期、优先续租,对养老机构给予新增床位、护理、等级评定、医养结合等补贴,对社会力量运营居家养老服务设施、直接参与社区居家养老服务给予多项补贴,成效明显。截至2023年6月,广州备案养老机构283家,提供总床位6.01万张,其中民办养老机构床位占75%,每千名户籍老人拥有床位34张,是北京、上海(均为29张)的1.17倍。在实践探索上,搭建平台培育多元业态。连续10年,广州每年投入近千万元开展养老服务公益创投,每年举办中国国际老龄产业博览会、广州博览会老年健康产业展、广州市养老服务供需对接交流活动,培育养老服务、智慧养老、康复护理、旅居康养、健康管理等业态,推出系列多元特色服务,如海格通信、景宜控股、广东颐寿等入选全国智慧健康养老应用试点示范名单,保利健投、越秀康养、珠江健康、华邦美好家园等探索推出针对老年人群的各类产品,深受市场追捧。

(三)广州壮大养老产业的问题弱项

对标国内外先进城市,广州养老产业发展整体处于培育壮大和潜力释放期,养老事业与养老产业协同发展仍存在一些薄弱环节。一是老年人支付能力不足和成本过高并存,养老消费需求尚未有效激活。第三方调研机构调查数据显示,全市养老领域消费态势总体仍较疲软,老年人支付能力不足。以每月养老服务支出为例,过半数受访市民可接受范围在3000元以下,选择3000~4999元的占20%,选择5000元及以上的只有6%,超两成受访市民对养老服务领域消费表示不确定(见图3)。消费需求偏向医疗,受访者养老服务需求集中在一对一照护或介护服务(占比59%)、定制化医疗服务(占比44%)、购买智慧助老产品(占比44%)(见图4),愿意支付金额主要在2000元以下,呈现总体占比不高、支付金额偏低的情况。消费环境亟待净化,养老领域还未形成高效协同的消费维权机制,调研发现,个别商家以售卖保健品等方式实施消费欺诈行为,案件取证难、定性难,影响养老市场健康发展。

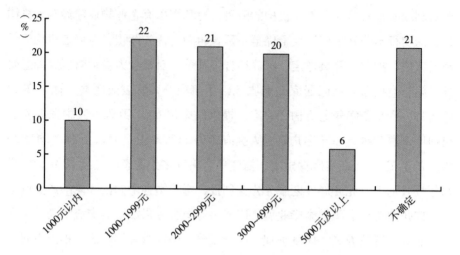

图3 广州市民在养老服务方面的支付意愿分布

资料来源：根据问卷调查数据整理。

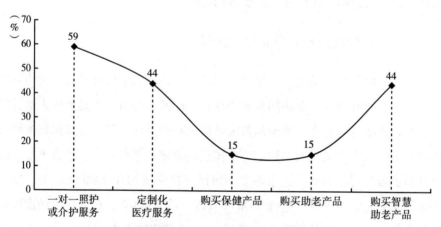

图4 广州老龄群体养老服务消费需求分布

资料来源：根据问卷调查数据整理。

二是养老服务供给结构不合理，供给与需求匹配度还需提升。主要体现在：产业政策供给不够集成，支持养老产业发展政策散见于发改、民政、卫健、金融等部门，且缺乏养老产业发展规划、统计标准、支持政策；对于国有养老产业机构，国资部门考核、投资机制不够合理，未充分考虑养老产业民生属性强、发展基础薄弱、培育期限长等行业特点，多家国资养老企业缺乏后续投入资金，甚至陷入项目裁撤困境，国资养老企业示范带动效应弱化；服务设施布局不够优化，出现中心城区养老用地难、床位紧张和郊区床位闲置并存等难题，以越秀区为例，老龄人口快速增长，养老机构数量虽然靠前，但总体规模较小，床位总数排名全市倒数第四，平均床位数位列全市倒数第二，养老资源日趋紧张（见表1）；产品研发水平有待提升，老年人急需的整合式、一站式服务等新型养老产品和服务匮乏，长期照护、康复护理、心理慰藉等服务供给的结构性供需矛盾加剧，金融理财、教育培训、文化旅游等养老产业基础薄弱，面向初老健康老年人的文化创意、旅居、网络消费等方面产品和服务不足，难以满足多样化、多层次养老服务需求。根据京东大数据研究院《聚焦银发经济——2019中老年线上消费趋势报告》，目前全球老年用品有6万多种，其中日本有4万多种、德国有2万多种，我国自主开发的只有2000多种。

表1　广州各区养老机构床位供给情况

城区	机构情况		床位情况		平均床位数	
	机构数量（家）	排名	床位数量（张）	排名	平均值（张）	排名
荔湾区	56	1	7597	2	136	7
白云区	41	2	16028	1	391	2
海珠区	33	3	6792	3	206	4
越秀区	29	4	3246	8	112	10
天河区	23	5	4365	7	190	6
番禺区	22	6	4479	6	204	5
花都区	21	7	6213	5	296	3
增城区	20	8	2397	9	120	8
黄埔区	14	9	6431	4	459	1
南沙区	14	10	1402	10	100	11
从化区	10	11	1192	11	119	9

资料来源：广州市民政局。

三是养老企业创新动力和创新能力还不强，产业带动和辐射效应不明显。主要体现在：龙头企业不多，在"全国养老企业实力榜"前十大品牌中，北京企业数量位居第一（4家），其次是上海、深圳各2家，广州、杭州各1家，广州养老服务业龙头企业培育任重道远。创新能力不强，呈"两头"不足、中间困难的特征，即产品研发端投入不足和消费者认知度不够、购买能力不足，企业规模体量较小、竞争力弱，企业经营困难，专门从事养老科技研发、制造、销售的市场主体不多，老年康复辅具行业的商业模式创新不足，缺乏金融服务支持。产业链不完备，产业主体主要集中在提供老年人生活护理服务、老年医疗卫生服务等方面，对金融理财、教育培训、文化旅游等方面有涉足但相对较少，上游生产研发企业少、技术含量低，中游生产企业产品附加值低、竞争力弱，下游营销与服务企业市场集中度低，产品品牌意识弱，还未形成产业带动效应和辐射效应。内生动力不足，部分养老企业、机构缺乏市场运营资本思维，服务类收入占比较低，对政府财政依赖过重，在推进机构创新、服务创新、产品创新、模式创新等方面与市场需求还存在差距。品牌化发展不足，尽管成立养老机构已经从审批制改为备案制，但在医养结合、跨区域经营、消防审查、食品安全等方面有较多限制，养老服务主体小而散、经营困难的状况没有得到很好改善。

四是养老服务业人才队伍缺口大、流动性高，从业吸引力不强。主要表现在：薪资水平普遍较低，根据职友集数据，广州养老护理员月平均工资为5400元，其中月平均工资为3000~4500元人数最多，远低于市平均工资水平，也低于福建福州、泉州、漳州等地薪酬待遇水平。受养老机构服务人员工资待遇较低、工作强度大等因素影响，养老服务业人员离职率较高，队伍不稳定。职业化建设相对滞后，调研发现，当前广州养老服务人才结构还缺乏科学的层次布局和合理的分类覆盖，养老护理人员一部分来自家政服务行业，一部分倚重职业教育，存在专业人才缺乏、服务水平参差不齐等问题。职业发展路径不畅，养老服务行业工作时间长、工作任务繁重，存在社会认同度低、学历层次低、职业保障少和流动性高、平均年龄大等特点，高层次学历教育人员很少选择从事养老服务行业。

二 壮大养老产业的趋势分析和对比研究

（一）养老产业发展前瞻性分析

养老产业发展既是国家战略部署，也是现实发展的紧迫需要。结合有关养老研究机构数据，我国养老产业发展有三个重要趋势：一是未来 5～10 年养老产业将迈入快速发展阶段。养老产业是横跨第一、第二、第三产业的新兴产业。近年来，国家先后出台一系列促进养老产业发展的政策措施，从顶层设计上对发展银发经济做出部署安排，针对养老产业融资难、用地难、用人难和运营难等问题出台系列扶持政策，推动我国养老产业加速发展，2022 年中国养老市场规模已超 9.4 万亿元。随着我国逐步进入老龄化社会，对养老产业日益增多的新需求潜藏着巨大经济动能，孕育着新的重要经济增长点，未来养老产业将有望成为我国支柱产业。《中国老龄产业发展报告》预测，到 2025 年我国养老产业规模将突破 12 万亿元，2030 年养老产业市场规模将超过 20 万亿元；预计到 2050 年，我国老年人口将达 4.8 亿人，消费潜力将增长到百万亿级，占 GDP 比例达 33%，中国将成为全球老龄产业市场潜力最大的国家。二是规模化老龄人口红利加速养老需求变革。养老产业作为"朝阳产业"的市场前景，让养老服务市场成为资本青睐的重要投资领域。根据 IT 桔子数据库统计，从 2015 年至 2023 年 4 月，我国养老产业投融资数量达 162 起、投融资总金额达 93.76 亿元。根据 2020～2023 年养老产业融资企业的主营产品分析，居家护理养老服务融资占比逐渐上升，医疗设备、医药研发相关投融资始终较多，随着老龄化社会的到来和老年人口结构的调整，高龄老人护理、老年病康复和治未病健康管理成为未来最有发展前景的领域，即高龄介护、失能失智、低龄康养三个康养需求将迸发新的产业活力。三是养老产业融合发展将呈现品质化多样化趋势。人工智能、大数据、物联网等新一代信息技术的发展，将进一步使养老产业发生深刻转型，产业融合发展驱动力较高，将促进养老服务与文化、旅游、餐饮、体育、家政、教育、养生、健康、金融、地产等多业态创新融合，拓展旅居养老、文化养老、智慧养老、延伸养老等新型消费领域，带动一批细分市场发展和就业岗位的增长（见表2）。

表2　国内智慧健康产业细分领域趋势分析

细分领域	简析
移动医疗	目前该领域行业整体精准度稍低于国外，因此我国移动医疗领域正致力于突破技术瓶颈，满足更精准、更多元化的市场需求
远程医疗	我国因不同地理位置医疗水平和经济水平相差较大，医疗水平和经济水平较低地区的人民就医存在一定的问题。未来远程医疗可解决这一问题，或可成为我国缓解医疗资源不均且紧张的抓手
健身消费	随着我国"健康中国2030"战略的不断推动，我国国民的健康意识也在不断提升。年轻人受国外健身文化的影响，未来健身消费也将成为智慧健康产业的一大发展方向
智慧健康养老	从我国养老相关政策规划来看，未来五年，我国智慧养老体系将处于加快建设阶段
慢性病管理	随着我国患有慢性病的人群不断增加，慢性病患者的健康监测和管理在未来将成为一大趋势

资料来源：前瞻产业研究院。

（二）国外养老产业发展经验探索[①]

西方发达国家进入老龄化社会较早，在推动养老服务产业化发展方面有值得借鉴的经验。

美国模式：支持养老服务产业集群发展。美国最享有盛名的集中养老社区就是"太阳城中心"，实行CCRC持续照料养老模式，设立"无陪护"、"基本陪护"和"特殊陪护"三类模式，老年人自己购房或租赁住房居住。"太阳城中心"为老年人提供自理、介护、介助一体化的居住设施和服务，使老年人在健康状况和自理能力变化时，仍可以在熟悉环境中继续居住，并获得与身体状况相对应的照料服务。

---

① 《国外推进养老服务产业化发展的经验做法》，养老信息网，2019年5月13日，https：//www.yanglaocn.com/shtml/20190513/1557714522119146.html。

英国模式：强化养老产业政府政策支撑。为发展多层次养老保障服务，英国政府逐步由直接型服务供给方转变为政策的制定者和监督者，出台针对性税收减免措施，制定出台养老产业行业标准并加强监管，大力发展以社区为依托的居家养老，鼓励民营机构和非营利组织参与养老服务，为老年群体就近获取助老服务、量身定制护理服务、推进适老化改造、培养"居家护理能手"提供有力政策供给。

法国模式：采取系列优惠政策扶持养老服务产业发展。法国政府出台各种优惠政策鼓励企业投资老年产业，将为 60 岁以上老年人提供居家养老服务企业增值税税率降至 5.5%，对为 70 岁以上老年人提供养老服务企业免征社保税。政府运用财政政策引导企业参与市场竞争，促进养老服务产业发展壮大，满足老年人需求。

日本模式：注重发挥政府在养老服务产业化中的主导作用。日本政府对中小企业的政策经历了"允许"—"开放"—"扶持"三个阶段，设立专门机构规划、指导、监督国内养老服务的产业化建设，出台市场规范并建立行业标准，对中小企业进行管理和技术指导。组建"银色标志认证委员会"，出台"老龄商务伦理规范"、建立"银色标志制度"、制定看护保险制度，通过市场提供多样化服务，推动养老服务产业健康发展。

三　壮大养老产业助推养老服务
高质量发展的对策建议

针对广州养老产业存在的问题，结合广州积极探索养老产业和养老事业发展的经验做法，借鉴有关城市有益做法，依托做到"五强化"、实现"五可"目标，提出壮大养老产业对策建议，全面推进养老事业和养老产业高质量发展，让广大老年人共享改革发展成果、安享幸福晚年。

（一）强化制度固本，营造可预期的产业发展法治环境

一是探索开展养老服务立法。借鉴山东等省份经验做法，制定《广州

市养老服务促进条例》，从促进产业发展角度立法，在强化政府兜底保障基础上，鼓励社会资本投资养老产业，支持民办非营利性、营利性养老服务机构和政府举办的公益性养老机构共同发展，更好满足人民群众多层次、多样化的健康养老需求。二是制定养老产业发展专项规划。借鉴日本等国家经验做法，制定广州养老产业发展专项规划，明确发展养老产业指导思想、基本原则、发展目标及主要任务，支持推动健康养老、辅具用品、智慧养老、老年宜居、老年旅游等养老产业发展，推进跨境养老合作。三是建立养老产业标准化体系。积极推进养老服务标准化试点示范工作，组织养老产业统计调查工作，建立全市养老产业数据库和企业名录库，制定健康养老产品质量安全管理标准，健全养老服务需求标准体系和评估机制，构建涵盖居家、社区、机构的社会养老服务标准体系和评价体系。

（二）强化平台支撑，畅通可转化的产业发展多元路径

一是建设市级适老化产品孵化平台。建设全市养老服务数据监测中心，增强全市为老服务和居家养老综合信息平台功能，打造包括产品展示、线上体验、场景预演等应用场景的市级适老化产品孵化平台，提供更加精准的养老产业供需对接渠道。二是成立广州养老产业发展基金。持续扩大养老服务公益创投基金规模，鼓励金融机构通过专项信贷、融资租赁、信托等各种方式，加大对养老产业金融支持力度，助力养老产业发展。三是建设广州养老产业园区。参照上海等地做法，建设康复援助、智能养老等产业园区，打造养老产业发展平台和链条，提升南沙对港澳老年人的吸引力。四是打造立足湾区、面向全球的养老产业推介窗口。继续办好中国（广州）国际养老健康产业博览会，邀请国内外养老企业特别是粤港澳大湾区城市及企业参展，争取联动实施香港特区政府"广东院舍住宿照顾服务计划"，让养老行业、企业与市民获取更多养老服务资讯。

（三）强化改革赋能，完善可复制的产业发展创新做法

一是完善养老机构资助办法。修订《广州市民办养老机构资助办法》，

对社会力量举办养老机构给予建设补贴、运营补贴、星级评定补贴、医养结合补贴等更多政策支持。优化国有养老服务企业绩效考核，探索实行养老服务业务分类核算、分类考核，进一步激发国有企业投身养老产业的积极性。二是优化养老服务营商环境。落实告知承诺制，继续实施经营性民办养老机构与公益性民办养老机构享受同等优惠政策，对本地、外地和境外投资者参与养老服务项目实行同等待遇。借鉴福建等地经验，完善公办养老机构价格形成机制，大力推动公办养老机构公建民营，营造各类所有制主体公平竞争的环境。三是建立养老服务领域信用体系。发挥行业协会、民间组织和社会团体监督作用，引导行业做好自律建设，不断完善养老服务领域信用体系。同时，通过优化全市统一智慧养老信息平台和市级每半年联合督导、区级每季度联合检查、街镇每月检查做法，营造更加规范透明的监管环境。四是建立养老公建配套硬件标准体系。将城镇老旧小区改造与适老化改造相结合，建立老年人住房的空间布局、地面、扶手、厨房、如厕洗浴、紧急呼叫等设备适老化改造标准，在社区道路、休憩、服务设施等方面明确老年人无障碍建设标准。建立新建城乡社区人车分流模式，加强步行系统安全设计和空间节点标志性设计，切实便利老年群体出行。五是健全养老机构健康发展维护机制。加强对养老机构、老年大学、颐康中心等重点涉老场所和设施的安全隐患排查和监管，严厉打击侵犯老年人人身安全和合法权益的违法犯罪行为，营造更好为老敬老社会环境。

（四）强化重点突破，构建可持续的产业发展业态体系

一是鼓励发展养老照护产业。主要针对失能失智老人，培育专业照护机构，提供机构养老、上门养老、社区养老、老年康复等专业照护服务，重点培育优质的 CCRC 项目，丰富市场产品供给。擦亮广州长者饭堂金字招牌，优化长者饭堂布局，丰富和创新助餐服务提供机制，鼓励助餐机构开发餐饮产品、丰富菜色品种、合理营养膳食，引导更多市场主体参与助餐服务，更好满足老年人多层次多样化就餐需求。二是鼓励发展养老康养产业。支持建立失能失智医养结合服务中心，支持有条件的养老服务机构内设医疗机构，鼓

励医疗机构开设老年人挂号、就医等便利服务绿色通道，鼓励养老机构与周边医疗机构合作开设医院、医务室等医疗分支机构，逐步建成覆盖城乡、规模适宜、功能合理、综合连续的医养结合服务网络。三是鼓励发展养老金融产业。支持金融机构开发满足老年人需求的多样化养老金融产品。深化个人税收递延型商业养老保险试点，鼓励老年人在"银龄安康"行动基础上投保意外伤害保险，支持保险公司针对性开发养老专属保险产品，探索开展老年人住房反向抵押养老保险业务等。加强基本养老保险基金投资管理，扩大企业补充养老保险覆盖范围，稳步提升养老金。鼓励发展养老普惠金融，支持企业建立年金制度，优化年金方案。四是鼓励发展智慧养老产业。支持人工智能、物联网、云计算、大数据等新技术在养老服务领域深度应用，推动为老服务科技成果转化与应用，提升康复训练及康复促进辅具、健康监测产品、养老监护装置、家庭服务机器人等适老产品的智能水平。制定完善智慧养老相关产品和服务标准，打造广州市"智慧银城"应用示范社区。五是鼓励发展老年教育产业。加强老年大学和学习点建设，推动老干部学校、社区老年大学、开放大学体系老年大学、企业或高校举办的老年大学、乡村老年学校等面向社会开放办学；健全市—区—镇（街）—村（居）四级老年教育体系，将老年教育纳入社区养老服务基本内容，推动老年教育课程链接市为老服务综合平台，实施"教养融合"新型养老模式。六是鼓励发展老年用品产业。鼓励适老化康复辅具、智能穿戴设备、居家养老监护、无障碍科技产品等养老设备的研发、创新及应用，形成一批具有自主知识产权的高品质老年产品，推动老年用品进机构、社区和家庭，加快发展老年用品租赁市场，推广康复辅具社区租赁业务。七是鼓励发展老年旅游产业。借鉴福建龙岩等地经验，完善智慧旅游公共服务，推动景区、酒店等旅游基础设施适老化建设和改造，鼓励发展旅居养老、康养旅游、文化研学、纪念怀旧、红色资源、乡村养老等新型旅游业态，为老年游客量身打造一批旅游线路、旅游项目。

（五）强化智创引领，深挖可激活的老年人力资源潜力

一是探索开展"银龄行动"。发挥老年人一生工作学习所积累的宝贵知

识、专长与经验，适应数字经济时代生产方式对体力劳动需求减少、对脑力劳动需求提升的趋势，大力发展与之相适应的老年可就业产业，如创意设计、咨询服务、教育培训、健康医疗等。鼓励和引导老年人在城乡社区建立基层老年协会等基层老年社会组织，搭建自我服务、自我管理、自我教育平台，支持老年人参与文明实践、公益慈善、志愿服务、科教文卫等事业。二是鼓励老年人再就业。健全老年人口就业创业激励保障机制，建设银发人才中心、老龄人力资源信息库，探索开展专业技术领域人才延长工作年限改革，设立高层次老年人才再创业基金，专项资助扶持重点银发人才科技创新创业项目，鼓励支持国内外银发人才来穗二次创业。三是推动老年人职业能力再开发。鼓励高校、老年大学设立老年人力资源开发和职业能力培训教育机构或专门科目，试点开展社会组织公益创投支持老年人口终身教育培训项目，拓展老年人学习适应信息化新知识新技能途径，提升老龄人力资源整体质量。

社会治理篇

B.7

创新基层工作体系发展新时代
枫桥经验的"广州实践"*

温 松 罗志鹏**

摘 要: 作为党的群众路线在基层社会治理场域的生动体现,"枫桥经验"始终是党领导基层社会治理的重要法宝。但随着基层社会矛盾风险态势的改变,新时代"枫桥经验"也亟须与时俱进、创新发展。基于广州"1+6+N"基层社会治理工作体系的分析发现,精细化划分综合网格、镇(街)综治中心"三化"建设、应用"粤平安"社会治理云平台等创新举措能够实现矛盾纠纷的及时排查、有力处置与高效化解。其建设经验表明,新时代"枫桥经验"的创新发展,必须以提升基层矛盾纠纷多元化解工作能力和水平为重心,

---

* 本文系国家社科基金青年项目"以援助干部为中心的对口援疆政策运行机制研究"(项目编号:19CZZ010)和中共广东省委政法委员会委托项目"以'1+6+N'基层社会治理工作体系建设创新发展新时代'枫桥经验'提升广东基层治理能力和现代化水平路径和机制研究"的阶段性研究成果之一。

** 温松,中共广东省委党校(广东行政学院)校刊编辑部教授,广东省习近平新时代中国特色社会主义思想研究中心中共广东省委党校研究基地研究员,研究方向为社会治理、党的建设;罗志鹏,中共广东省委党校(广东行政学院)硕士研究生,研究方向为社会治理。

赋予基层必要的治理资源和治理能力。一要建强村居综合网格细化治理单元，提升风险排查和及时化解能力，夯实矛盾纠纷化解的前提基础；二要通过深化综治中心建设增强镇（街）资源整合和联合调处能力，巩固矛盾化解的保障；三要完善社会治理信息化系统，提高事件处置效率和流程优化，为矛盾纠纷的及时应对和闭环管理提供有力科技支撑。展望未来，应当从建强配齐专职网格员队伍、强化镇（街）综治中心制度化保障、整合信息平台资源等方面继续优化新时代"枫桥经验"的创新发展路径。

关键词： 新时代"枫桥经验"　基层社会治理　治理单元重构　科技赋能

一　研究背景

作为党的群众路线在基层社会治理场域的生动体现，"枫桥经验"自从 1963 年得到毛泽东同志肯定批示，"要各地仿效，经过试点，推广去做"，[①] 60 年来一直是我们党在领导基层社会治理工作过程中，发动和依靠群众，就地化解人民内部矛盾，努力实现矛盾纠纷不上交的一大法宝，"并根据形势变化不断赋予其新的内涵，成为全国政法综治战线的一面旗帜"。[②] 因此，习近平总书记曾多次强调，"各级党委和政府要充分认识'枫桥经验'的重大意义，发扬优良作风，适应时代要求，创新群众工作方法，善于运用法治思维和法治方式解决涉及群众切身利益的矛盾和问题，把'枫桥经验'坚持好、发展好，把党的群众路线坚持好、贯彻好"。[③]

---

① 《习近平讲党史故事》，人民出版社，2021，第 247 页。
② 习近平：《把"枫桥经验"坚持好、发展好　把党的群众路线坚持好、贯彻好》，《人民日报》2013 年 10 月 12 日。
③ 习近平：《把"枫桥经验"坚持好、发展好　把党的群众路线坚持好、贯彻好》，《人民日报》2013 年 10 月 12 日。

不过，随着经济社会快速发展，我国的社会矛盾纠纷也呈现了一些新的特征和变化。正如习近平总书记所指出的，"过去，我们常常以为，一些矛盾和问题是由于经济发展水平低、老百姓收入少造成的，等经济发展水平提高了、老百姓生活好起来了，社会矛盾和问题就会减少。现在看来，不发展有不发展的问题，发展起来有发展起来的问题，而发展起来后出现的问题并不比发展起来前少，甚至更多更复杂了"。① 一方面，是"矛盾纠纷涉及的主体范围更加广泛，利益关系更加复杂，争议内容更加多样……且现实与虚拟交织、跨地域跨领域的矛盾纠纷显著增多"。② 另一方面，需要注意的是，各种风险往往不是孤立出现的，很可能是相互交织并形成一个风险综合体，"如果防范不及、应对不力，就会传导、叠加、演变、升级，使小的矛盾风险挑战发展成大的矛盾风险挑战……经济、社会、文化、生态领域的矛盾风险挑战转化为政治矛盾风险挑战，最终危及党的执政地位、危及国家安全"。③ 在这一矛盾纠纷多发、频发且极易转化、传导的基层社会态势下，如何在坚持发动和依靠群众的基础上，通过方式方法的适当更新和创新，继续将矛盾纠纷努力解决在基层、化解于萌芽状态，已经成为各界理论研究者，各级党委、政府及实务工作者们必须深入思考且着力回应的重大理论与实践问题。

面对上述"时代之问"，既有研究在治理资源、治理空间以及治理模式等维度提供了丰富开阔的提升思路。不过，现有研究在各维度上均存在一定的缺口，总体上对于如何强化矛盾纠纷集中化解的能力与水平建设缺乏针对性的探讨。因此对于新的矛盾纠纷态势下，新时代"枫桥经验"的系统性和制度化创新发展方向，我们仍然缺乏足够充分的认知。基于这一思路，广州按照省级层面部署落实推进的"1+6+N"基层社会治理工作体系（以下

---

① 习近平：《在党的十八届五中全会第二次全体会议上的讲话（节选）》，《求是》2016年第1期。
② 汪燕：《坚持和发展新时代"枫桥经验"》，《人民日报》2023年5月4日。
③ 《习近平在省部级主要领导干部学习贯彻党的十八届五中全会精神专题研讨班上的讲话》，《人民日报》2016年1月18日。

简称"1+6+N"工作体系）建设就进入了我们的视野。

作为超大型省会城市，广州在经济社会快速发展的同时，一直面临人口规模大、外来人口占比高且流动性强所带来的矛盾纠纷易发、多发、频发的社会态势和高度集聚的社会风险，社会治理任务极为繁重。为了以高水平的安全护航保障高质量的发展，广州各级党委、政府始终高度重视基层社会治理体系的建设和治理能力的提升，接续推进"中心+网格+信息化"工作体系建设、综合网格改革等工作。从2023年5月开始，广州聚焦"镇村（街道、社区）风险排查、就地矛盾化解、强化溯源治理、促进讲信修睦"的目标定位，以综治中心为枢纽，以综合网格为单元，以法院、检察院、公安、司法等基层政法力量为主体，以其他综治力量为补充，以"粤平安"社会治理云平台等信息化系统为支撑，在全市范围内大力推进"1+6+N"工作体系建设。这种全覆盖立体式智能化矛盾纠纷防范化解工作体系的建设，无疑为我们讨论上述话题提供了一个极具代表性的案例。

由此，本文将以广州"1+6+N"工作体系的推进建设为例，基于对这一工作体系内容举措、运行效果的梳理，分析防范化解基层社会矛盾纠纷的作用机理，进而探讨在新的矛盾纠纷态势下，创新发展新时代"枫桥经验"的方式方法，即继续探索将矛盾纠纷解决在基层、化解于萌芽状态的制度化方向和体系化路径。

二　文献回顾与分析框架

（一）文献回顾

针对如何创新发展新时代"枫桥经验"，既有研究从治理资源、治理空间以及治理模式等各维度提供了丰富开阔的提升思路。[①]

---

① 宋世明、程荃：《新时代创新发展"枫桥经验"的城乡比较——基于场域理论的分析》，《行政管理改革》2023年第9期。

一是治理资源维度，通过引入各方治理资源，培植多元主体，从而强化协同治理合力。在"社会管理"向"社会治理"转变的宏观背景下，治理主体的多元化作为核心理念，驱动着治理格局的大转型。① 尽管多元主体总体指向人民群众，但其具体引入存在着适用场域的差异。在乡村治理场域中，"乡贤调解"作为重要的传统文化资源构建了自治、法治、德治"三治融合"的乡村治理机制。② 而在城市社区场域中，"网格化管理"机制则能有效整合网格员等各级资源，就地化解矛盾纠纷。③

二是治理空间维度，应用信息化技术平台，提升数字化治理效能，联通"线上+线下"虚实治理场域。通过引入"党建1+N、放管结合、技术赋能"等现代信息技术治理工具，④ 与信息化、大数据互相融合，推动新时代"枫桥经验"与数字技术深度融合，⑤ 由经验治理走向整体智治，⑥ 推进基层治理手段从过度依赖传统模式的低效能向拥有现代技术支撑的高效能转型。与理念转型相呼应，创新探索亦在实践工作中点状显现。浙江省围绕矛盾化解、公共安全、执法司法、公共服务、网格管理与基层自治探索创新思路，构建六个"互联网+"新模式。绍兴市公安局深入推进数字化改革，紧扣三个目标、构建六大体系、健全五项机制，打造以全时空、全天候、全网络响应为重点的"365枫桥式"网络空间治理共同体。

三是治理模式维度，在"三治融合"的基础之上，模式创新强调提升矛盾纠纷预防化解法治化水平，将基层社会治理纳入法治化轨道。发展至今，新时代"枫桥经验"已从"四前工作法"、"四先四早工作机制"、大

---

① 北京师范大学"百村社会治理"调查项目组等：《新时代坚持和发展"枫桥经验"的启示》，《社会治理》2018年第8期。
② 刘树枝：《打造"枫桥经验"升级版——新时代"枫桥经验"内涵的思考》，《人民论坛》2018年第28期。
③ 王雨宾、权一章：《"枫桥经验"的杨凌实践——对杨凌示范区基层社会治理网格化的调研》，《新西部》2018年第31期。
④ 张爱民：《新时代"枫桥经验"的理论逻辑及其示范性价值》，《新视野》2021年第4期。
⑤ 杨安：《"枫桥经验"与乡村治理现代化——信息化、大数据在乡村治理中的应用》，《观察与思考》2015年第2期。
⑥ 李建宁、吕毅恒：《"枫桥经验"数字化转型的实践价值与行动策略》，《浙江警察学院学报》2022年第1期。

调解机制、网格化管理等矛盾化解模式，凝聚为"一体化""一站式"等多元矛盾纠纷调解机制。在调解实体层面，也已逐步形成"人大"及"法院"等实体与社区结合的特色实用模式。而在矛盾纠纷多发、频发且极易转化、传导的基层社会，为了进一步达成"活力与秩序相统一"的价值目标，研究者提出可从弹性治理要求出发创新发展新时代"枫桥经验"，以更强的治理弹性应对日益复杂化的社会风险，持续推动党领导法治化、社会自治规范化、政法机关权力配置优化。总体而论，即在法治框架内不断创新群众工作方式方法、柔性治理场景以及源头防范机制和科技工具。

综上所述，既有研究围绕治理资源、治理空间与治理模式总结归纳出了若干创新进路，但仍存在一定研究缺口，致使新时代"枫桥经验"的活力发挥受限。其一，治理资源所涉及的主体多元性囿于概念局限，选择性忽视基层综合治理力量，导致治理主体处于"多元却分散"的碎片化状态；其二，目前所应用的信息化技术平台在实际运行层面未能全然联通线上与线下，致使虚实治理空间相互隔阂，造成治理相对滞后；其三，治理模式停留于理念呼吁与点状探索，零敲碎打式预防化解矛盾纠纷，尚未形成全链条的集成化治理机制。由此，现有研究对于如何加强矛盾纠纷集中化解的能力与水平建设缺乏针对性探究。

有鉴于此，广州致力于通过深化综治中心建设、建强村居网格、强化科技赋能并整合公、检、法、司等多种政法力量，做到"一站式受理、一揽子调处、一条龙服务"，实现矛盾纠纷化解"只进一扇门、最多跑一地"，最大限度推动把基层社会各类风险防范在源头、化解在基层、消除在萌芽状态的"1+6+N"工作体系建设，无疑为我们思考如何系统性、制度化推进新时代"枫桥经验"的创新发展提供了一个极好的观察与讨论案例。

（二）分析框架

综观现有的实践经验材料可以发现，广州"1+6+N"工作体系的建设，实际上是以能力建设为出发点和落脚点，通过整合力量资源，完善工作机制，创新方式方法，加强科技支撑，初步构筑了基层社会矛盾纠纷"一站式集成化解"模式（见图1）。从建构逻辑看，这一模式至少包括三个相互支撑且环环相扣的功能模块，首先，村居综合网格的建强，细化了治理单元，有助于提升村居社会风险和矛盾纠纷主动排查、及早发现以及小微矛盾及时化解能力，从而为"微事不出格、小事不出村、矛盾纠纷不上交"的实现，奠定了必备的基础和必要的条件。其次，镇（街）综治中心的深化建设及以此为枢纽的力量资源整合，推动多部门、多主体"联合接访、联合调处、联合帮扶"，增强了镇（街）各部门协同处置相对重大风险和复杂矛盾纠纷的能力，为"大事不出镇"提供了有力的制度机制保障。最后，信息化平台构建的纵向联通、横向协同、智能管理、多级闭环工作体系，不仅提高了矛盾纠纷事件的采集、分拨、办理效率，也优化了基层党委政府风险处置流程，推动对矛盾纠纷事案件的闭环管理，实现全域感知、全时预警、全网指挥。三个模块有机结合、协同配合，共同构成了基层社会矛盾纠纷"一站式集成化解"模式。本文将从梳理广州各区"1+6+N"工作体系建设的实践和成效着手，剖析这一模式的运作机理及经验启示。

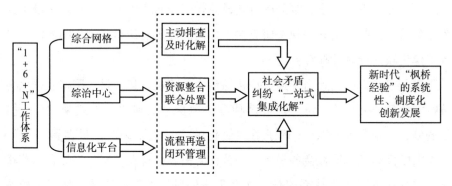

图1　广州基层社会矛盾纠纷"一站式集成化解"模式

三　广州"1+6+N"工作体系建设的实践与成效

广州作为实际管理服务人口超2200万人且外来人口呈逐年增长趋势的超大城市，社会转型快、流动人口多，压缩型现代化特点尤其显著，各种社会矛盾暴露得更早、更多、更充分。面对日益繁重的基层社会治理任务，省级层面早有部署，中共广东省委政法委于 2023 年 5 月印发《广东省开展"1+6+N"基层社会治理工作体系建设的指导意见》，要求全省主动适应矛盾纠纷调处化解的新形势新要求，加快推进乡镇（街道）"一站式"矛盾纠纷调处工作体系建设。依照省委政法委要求，广州在全市范围内普遍采取强化村居综合网格改革，深化镇（街）综治中心实体化、标准化及规范化建设，打造社会治理信息化平台等创新举措，整合公安、检察、法院、司法等基层政法力量，全面提升矛盾纠纷"一站式集成化解"工作能力和水平。

（一）综合网格改革

在治理结构整体松散、效率相对低下的传统基层社会中，原本以自然村（居）委会为基本单元的治理结构无力应对呈几何式增长的治理压力，面对日益复杂的基层社会矛盾更难以提出有效的消解方案，甚至导致"民不举，则官不究"的消极现象。为了从根源上减轻治理单元的管理负担，提升治理目标的针对性，广州发布《广州市来穗人员和网格化服务管理工作领导小组关于印发〈广州市综合网格划分工作规定〉等 5 份配套文件的通知》等系列文件，在全市范围内开展基层社会治理综合网格（以下简称"综合网格"）纵深建设，着力构建涵盖基层公共安全、城市管理、治安防控、矛盾化解和公共服务等网格管理服务事项的"多网合一"体系。

1. 精细化划分综合网格

综合网格作为基层社会治理的基本单元，承担着治理资源下沉与整合的基础功能，以一定范围地理空间和一定数量人口为对象对综合网格进行科学规划、精细划分是减轻治理压力、及时化解风险的重要依托，也成为广州基层治理体系建设的首要环节。2020 年，中共广东省委深化改革委印发《关于加强基层社会治理综合网格工作的指导意见》，规定了综合网格"属地管理、规模适度、标准统一、无缝覆盖、动态调整"的划分原则，拉开了广东省综合网格改革的序幕。依照这一重要指示，广州随即根据基层社会发展现状制定并实施相应划分细则，《广州市综合网格划分工作规定》以"城市社区"与"行政村"为区别划分综合网格。对于城市社区，"越秀、海珠、荔湾、天河等区原则上宜按照常住 200 户或 500 人左右划分为一个综合网格。可按辖区人口数量、工作便利性等情况适当调整"。而对于行政村，"白云、黄埔、花都、番禺、南沙、从化、增城等区除了城市社区综合网格外，在行政村可以将多个经济社、村民小组划分为一个综合网格，或将一个经济社、村民小组划分为一个或多个综合网格。出租屋密集区域，可以按 200 套出租屋或 500 名实有人口左右为单位，划分一个综合网格"。广州根据属地片区实情精细化划分综合网格的举措不仅推动了综合网格改革的持续深化，也大幅度减轻了基层社会治理负担，解决了基层社会治理的结构困境。

2. 以"事项入格"推动"多网合一"

面对既有治理架构不合理不规范的问题，如各部门网格林立，综治网格、警务网格及民政网格等网格叠床架屋、重复划分等，既造成治理资源浪费乱象，又导致治理效率低下。有鉴于此，广州综合网格改革将"加快实现'以块为主、条块结合''上面千条线、下面一张网'的基层社会治理新格局"作为总体要求，以"多网合一"打破各部门所设网格壁垒，进而整合分散的治理资源。

一个重要前提是，能否实现"多网合一"取决于辖区内事项是否合理入格。在建立"事项入格"机制方面，广州进行了诸多尝试性探索，《广州市综合网格入格事项管理规定》明确要求，各区建立网格工作事项入格审查制度，结合实际将城市管理、医疗卫生、劳动保障监察、消防救援、市场监管、生态环境保护、退役军人服务保障、民族宗教、信访等部门基层工作，以及市、区党委政府交办的其他重大社会治理工作事项纳入综合网格工作任务范围。通过事项分类入格的举措，破除了网格壁垒进而实现了多网合一，推动综合网格真正成为承担基层社会治理基础数据核实、信息采集、矛盾化解等多项职能的统一载体，为集中处置、就地解决各类矛盾纠纷提供了稳定高效的治理枢纽。

3. 专职综合网格员队伍建设

人才队伍始终是驱动治理体系有效运转的原动力，因而，建成与综合网格相匹配的高水平专职网格员队伍是发挥综合网格在基层社会治理中关键作用的重要举措。一方面，广州注重建章立制，夯实网格员队伍建设的制度保障，严格规范网格员队伍的组成结构及权责边界。出台《广州市综合网格员队伍管理工作规定》等规范性文件，明确提出以日常巡查、信息采集、问题报告、调处应急以及实际公共服务等内容作为综合网格员的主要职责任务，提升综合网格员队伍工作的规范程度。

另一方面，广州多措并举推动建立专职综合网格员队伍，通过强化基层党建、广泛动员、多部门协同等方式，以网格员队伍职业化、正规化建设支撑网格员队伍规范化、规模化建设工作。在实际推进过程中，广州各区结合自身网格划分情况和实际人力、物力、财力状况，或组建以专职为主的网格员队伍，或积极动员村居社区两委党员干部、专职工作者组成以兼职为主的网格员队伍，以及组建涵盖67万名"广州街坊"的群防共治队伍，身份包括但不限于社情民意"信息员"、社区安全"巡防员"、矛盾纠纷"调解员"、平安法治"宣传员"、应急处置"支援员"，数量众多、身份明确且功能齐全的"广州街坊"承担治理资源下沉的重任，能实时抵达应急处突的治理第一线化解矛盾纠纷，实现群防共治。

综上所述，广州所采取的精细化划分综合网格，以"事项入格"推动"多网合一"，同步建设一支专职综合网格员队伍的创新举措，精准实现了治理关口的前移以及治理重心的下沉，保证即时性、微小的矛盾可在综合网格内就地解决，达成"小事不出格，大事不出网"的治理目标，实现高水平精细化治理。对于综合网格层级无法解决的难题，则通过网格系统的垂直传导，上报到镇（街）一级综治中心寻求上级职能部门专业支持，为社会矛盾纠纷的及时识别处置提供了一套科学合理且高效运转的应对机制。

（二）镇（街）综治中心平台"三化"建设

传统基层社会治理以镇（街）作为主要阵地，治理资源相对分散且割裂，纵向层级的镇（街）以及横向平级的部门间均存在资源隔阂、信息共享机制不健全、部门联动机制不完善等情况。针对这一治理难题，广州以镇（街）一级综治中心实体化、标准化、规范化建设为主线建设基层社会治理体系，核心目的在于以镇（街）综治中心为"治理中枢"统合调配治理资源与信息，纵向承接更高层级的治理要求与治理资源，辐射综合网格等基层力量，横向联动公检法司及有关职能部门。

1. 平台阵地实体化

在综治中心设立之初，由于缺乏实体化阵地，社会治理的中枢功能并未实现向基层社会的完全嵌入，治理功能未能有效发挥，甚至处于"有名无实，形同虚设"的状态，部分地方所设综治中心仅在镇政府（街道办）挂牌，实际上由镇政府（街道办）兼任。市级层面对这一问题始终有着清晰的认知和实践探索上的改善措施，随着基层治理体系的不断完善，广州大力推动平台阵地实体化，为镇（街）综治中心配齐办公室、一站式窗口，优化规范场室等硬件设备，为综治中心社会治理功能的承接与发挥奠定阵地基础。目前，全市74%的镇（街）综治中心功能场室面积达到200平方米以上，接待和服务群众的环境不断优化。①

2. 平台功能标准化

在平台阵地实体化的基础上，广州进一步推动平台功能的标准化建设，以完善镇（街）综治中心的建设。根据镇（街）综治中心所承接的群众接访、矛盾调解、网格建设等主要功能，市级层面确立综治中心"一厅五室"建设标准，即"群众接访厅、矛盾纠纷调处室、监控研判室、网格管理工作室、'粤心安'心理服务室、入驻人员办公室"。其中，群众接访厅主要负责为来访的人民群众提供基础解答，为群众办事提供服务指引与便利，实现"一个窗口进，一个窗口出"；其余"五室"则主要负责为群众解决各类事项提供专业支持，一站式解决矛盾纠纷。为全面提升综治中心服务群众、

① 《筑牢平安基石，激发善治活力！广州全力推进综治中心提档升级》，广东政法网，2023年2月9日，https://www.gdzf.org.cn/zwgd/content/mpost_128393.html。

化解矛盾纠纷的能力水平，2023 年以来，广州以综治中心提档升级行动为主线牵引，制定《广州市推进综治中心提档升级行动方案》，将综治中心提档升级工作纳入市委、区委政法委书记和镇街党（工）委书记牵头的"书记项目"，成立综治中心提档升级工作协调小组，出台《广州市镇街综治中心等级评定管理办法（2023 试行版）》等一系列政策措施，加快综治中心标准化建设。目前，全市 176 个镇（街）综治中心全部完成提档升级工作，各区均建成 2~3 个综治中心示范点。① 在提档升级工作中，天河区前进街道综治中心成为全市首个按照最新标准完成提档升级的街道综治中心，其"一厅五室"配置一应俱全。

3. 平台运作规范化

随着实体基础的逐步建立和标准化建设的不断完善，广州同步铺开综治中心的规范化建设，向内完善矛盾纠纷调处功能，向外贯通部门协同运作机制，提升镇（街）综治中心的资源配置水平与实际作战能力。

在矛盾纠纷调处功能建设方面，广州尝试构建矛盾纠纷规范处置的闭环流程规则体系。由于镇（街）综治中心兼容指挥中心的事项汇总、分拨功能，因而，围绕治理事项、资源进行各方力量的统一调配成为矛盾调解机制建设的切入点。广州以常驻、轮驻、随驻及线上进驻等形式确保公检法司政法主体、各职能部门固定有序进驻镇（街）综治中心。天河区制定《"公检法司"进驻前进街道综治中心运行方案（试行）》，以"8+8"模式确保综治、司法、派出所、劳动监察等部门 23 人常态化入驻前进街道综治中心，综合执法、市场监管、公共服务、工会等 12 个部门则轮驻办公，便于群众"一站式"办理信访、矛盾纠纷调解、法律服务、社会心理服务等社会治理综合服务事项。②

在部门协同运作机制方面，广州以镇（街）综治中心为治理体系的

---

① 《广州建强做实基层综治中心　加快构建"1+6+N"工作体系》，广州市人民政府网站，2024 年 1 月 19 日，https：//www.gz.gov.cn/zt/jj2024gzlhzt/lhgjc/msbz/content/post_ 9450381.html。

② 《广州建强做实基层综治中心　加快构建"1+6+N"工作体系》，广州市人民政府网站，2024 年 1 月 19 日，https：//www.gz.gov.cn/zt/jj2024gzlhzt/lhgjc/msbz/content/post_ 9450381.html。

"指挥中枢",通过完善"中心吹哨,部门报到"机制,统筹调配各部门治理力量、信息资源,推动形成治理合力,保障镇(街)综治中心横向联通的有效性。对于超出基层处置权限的事项,通过"基层发令、部门执行"机制,镇(街)综治中心"吹哨派单",市、区两级职能部门"闻令而动"协同处置,推动专业力量下沉一线,及时就地解决群众合理诉求。为了确保部门联动机制畅通无阻,广州还对照《社会治安综合治理综治中心建设与管理规范》国家标准,制定综治中心建设与运行指引等"三张清单"和等级评定管理等"三套标准",确立镇(街)综治中心运行规范。

目前,广州综治中心建设已经实现全市 176 个镇(街)全覆盖,其所着力推动落实的平台阵地实体化、功能标准化、运作规范化的镇(街)综治中心"三化"建设,为"1+6+N"工作体系的进一步完善提供了"指挥中枢"的实体支撑,使得镇(街)综治中心能够有效有序统筹调配治理资源与信息并发挥基层社会矛盾风险处置的中枢功能。

(三)打造"粤平安"社会治理云平台

为了高效精准优化治理闭环体系整体效能,针对强化基层治理的稳定性和高效性,广州注重科技手段与社会治理体系的深度融合,以自身建设系统平稳对接省级"粤平安"社会治理云平台(以下简称"粤平安")。信息平台的衔接引入,既提升了事项流转分拨的效率,又推动了事项处置流程的优化。"粤平安"是由省委政法委、省政数局牵头,依托"一网统管"建设体系,以"一个平台管平安"为目标,建成的集维护政治安全、矛盾纠纷预防化解、立体化治安防控、公共安全风险防控、网格化服务管理、综合指挥调度于一体的社会治理云平台。"粤平安"建设共分为两期,首期包括"综合网格服务管理应用""群众信访诉求矛盾纠纷化解综合服务应用""态势展示分析应用"三个应用模块。[①] 通过上述三个模块的交互作用,"粤平

[①] 《广州建强做实基层综治中心 加快构建"1+6+N"工作体系》,广州市人民政府网站,2024年 1 月 19 日,https://www.gz.gov.cn/zt/jj2024gzlhzt/lhgjc/msbz/content/post_9450381.html。

安"在风险矛盾识别、事件采集及处置等环节构成治理闭环体系，同时与综合网格、综治中心互联互通，三位一体提高治理体系的运转效率与运作效能。

1. 事项处理模块

作为"粤平安"的重要组成部分，"综合网格服务管理应用"注重综合网格内事件的有效处置。在综合网格改革的背景下，综合网格内事项能够实时汇集上传。综合网格员在巡查过程中发现或接报的网格事件，根据事件性质和紧急程度，能处理的事件在处理完毕后，在"粤平安"综合网格服务管理系统综合事件模块新增事件并以自报自结的形式按要求填报。对于网格员无法处理并与网格长沟通后确定上报的事项，网格员可以通过"粤平安"综合网格服务管理系统上报镇（街）综治中心。镇（街）综治中心在"粤平安"综合网格服务管理系统接到上报的网格事件后，根据事件性质和管理权限，处理事权在本级的，通过系统流转镇（街）相关机构，镇（街）相关机构处置完毕，并在"粤平安"综合网格服务管理系统内反馈办理结果。2023 年 8 月，广州工单总数为 144166 件，工单总办结率为 94.37%，跨部门工单总量高达 92964 件，按时分派率、受理率、整治率以及办结率均为 90% 以上，居于全省前列。

2. 矛盾调解系统

在事项有效处置的基础上，矛盾调解系统即"群众信访诉求矛盾纠纷化解综合服务应用"的功能主要集中在通过部门协同多元高效化解矛盾纠纷。对于系统中存在的待处理矛盾纠纷，网格员可以通过系统将矛盾纠纷分发到相关部门，通过"中心吹哨，部门报到"的形式整合各相关职能部门，为矛盾调解提供公共力量的高效支持。截至 2023 年 8 月 31 日，广州新增事项数为 14774 件，办结事项数为 14349 件，整体事件办结率为 97.12%。

3. 态势感知系统

除了对已有社会事项的处理解决功能之外，"粤平安"还利用大数据优势开发建设态势感知系统，即"态势展示分析应用"。该应用功能主要是运用大数据精确感知、反映态势，对社会矛盾风险的发生趋势进行预判分析，为公共部门制定应急预案提供前期数据支撑。各相关部门能够通过对事项类别反映率、矛盾纠纷发生情形、事项办理类型等数据的分析，大致判定社会矛盾风险点，并及时准确进行事件风险的提前感知与分级预判，从而制定快速及时的应急预案，实现由"被动应对"向"主动预防"的转变，有效降低社会矛盾风险的爆发率。

截至2023年8月31日，以上三大典型应用已进入运营阶段，广州也已完成三大典型应用标准版的自建对接与上线运行工作。目前，"粤平安"的功能仍在不断完善中，广州已尝试在镇（街）综治中心内打造指挥中心，运用"粤平安"指挥综合网格员完成辖区排查、事件报送等本职工作，实现网格事件的集中汇总、统一调度以及指挥应对。

综观广州所着力构建的"1+6+N"工作体系，依托综合网格改革，精细化划分综合网格，以"事项入格"推动"多网合一"，同时建成专职网格员队伍，保障"小事不出格，大事不出网，矛盾化解于萌芽"。镇（街）综治中心平台的实体化、标准化、规范化"三化"建设，让"五个一"机制解决矛盾纠纷成为现实，群众诉求"一个窗口进，一个窗口出"，稳定保障"难事不出镇，平安不出事，服务不缺位"。广州落实推进的"粤平安"则应用三个模块完善网格事件处置、矛盾调解及态势感知的功能，有效提升治理体系运转效率，全方位、立体式巩固矛盾纠纷处置闭环机制，基本构建完整高效的基层社会治理体系。

（四）实践成效

广州通过"1+6+N"工作体系的建设，建强了村居综合网格，加强了基层社会治理队伍建设，深化了镇（街）综治中心建设，强化了以"粤平安"为支撑的信息化科技赋能，从而在矛盾纠纷的有效排查、就地化解、高效处置等方面取得了扎实的成效。

首先，通过建强村居综合网格，以网格员为治理主体实现对矛盾纠纷的提前排查、及时捕捉以及主动化解。在综合网格改革的背景下，细化网格划分有效提高了综合网格的精细化程度，"事项入格"的举措进一步推动了

"多网合一"格局的形成，从而有效降低了网格员的单位治理压力，提升了治理资源的单位集中度，能够有效保障各类风险隐患、矛盾纠纷在第一时间得到处置。截至 2023 年 8 月 31 日，广州专职网格员数达 13501 名，兼职网格员数为 8793 名，综合网格总数为 18884 个，2023 年 8 月网格事件办结率为 100%。在改造更新过程中，广州市荔湾区多宝街道累计排查化解矛盾纠纷 103 宗，实现 100%就地化解，基本实现"微事不出格、矛盾不上交"的治理目标。①

其次，通过深化镇（街）综治中心的实体化、标准化与规范化建设，有力提升了镇（街）综治中心的部门协调联动与资源整合能力。一方面，通过建强镇（街）综治中心的阵地枢纽功能，成功实现了融合引进公安、检察、法院、司法等政法力量共同解决矛盾纠纷的治理功能。黄埔区以建强区级综治中心引领镇（街）综治中心的能力建设，揭牌成立了广州首家区级行政争议调解中心工作站——"广州行政争议调解中心黄埔工作站"，形成实质化解行政争议的多元协作共治模式，确保最大限度把行政争议化解在基层。此工作站成立仅一个月后，黄埔区社会保险费征缴争议联合处置中心也正式进驻黄埔区综治中心，联动税务、人社、医保、信访、法院、公安等多部门联合处置争议问题。目前，已有 18 个职能部门入驻办公，日均受理 80 宗纠纷事件。截至 2024 年 1 月，黄埔区综治中心累计接待服务群众 121824 人次，受理各类事项 48115 件。② 另一方面，围绕镇（街）综治中心所建立完善的联合调处工作机制，通过实行"吹哨报到"制度，统筹协调基层职能部门，有效提高了矛盾纠纷调处的成功率。2023 年，天河区前进街道综治中心共接待群众上门来访 800 余人次，高效处理信访系统下达案件、网格事件、12345 工单等 1.3 万余件，全年未发生群体性事件，治安警

---

① 《守正创新！广州市荔湾区多宝司法所将矛盾纠纷一站式化解在基层》，广东政法网，2022年 6 月 20 日，https：//www.gdzf.org.cn/xbsy/gddt/content/mpost_ 112789.html。

② 《广州建强做实基层综治中心　加快构建"1+6+N"工作体系》，广州市人民政府网站，2024年 1 月 19 日，https：//www.gz.gov.cn/zt/jj2024gzlhzt/lhgjc/msbz/content/post_ 9450381.html。

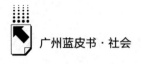

情下降 30%。①

最后，通过强化"粤平安"社会治理云平台的技术支撑，以信息化科技赋能基层社会治理，有效提升了矛盾纠纷处置效率，同时完善了矛盾纠纷化解的闭环流程体系。据统计，广州通过对"粤平安"社会治理云平台三大应用模块的运用，最大限度地缩短了各类事项办结用时，有效提升了各类矛盾纠纷的处置效率。在综合网格管理服务应用方面，截至 2023 年 8 月 31日，广州工单总数为 144166 件，工单总办结率为 94.37%，基本确保绝大多数矛盾能够在第一时间得到针对性与高效性处置。

四　经验启示：以能力提升为重心推进新时代"枫桥经验"创新发展

在基层社会矛盾纠纷日益复杂、多变的态势下，要想继续将矛盾纠纷化解在基层、化解于萌芽状态，就必须赋予基层必要的治理资源和治理能力，而这也应当成为新时代"枫桥经验"创新发展的着力点和落脚点。广州推进"1+6+N"工作体系建设的实践及取得的成效表明，基层矛盾纠纷多元化解工作能力和水平的提升，一是要以村居综合网格的建强等方式对治理单元进行重构与细化，提升基层主动排查社会风险和及时化解微小矛盾纠纷能力，为"微事不出格、小事不出村"的实现提供前提和基础；二是要通过深化综治中心建设，增强镇（街）层级的资源整合和联合多部门调处相对复杂矛盾纠纷能力，为"大事不出镇"的实现提供坚实保障；三是包括"粤平安"在内的社会治理信息化系统的运用，不仅能极大提高社会风险事件的采集、分拨、处理效率，也能有效助推矛盾纠纷处置流程的优化，从而为各种矛盾纠纷事件的及时应对和闭环管理提供有力的科技支撑。

第一，精细划分综合网格，细化治理单元，推动治理关口向基层社会扎

---

① 《广州建强做实基层综治中心　加快构建"1+6+N"工作体系》，广州市人民政府网站，2024年 1 月 19 日，https://www.gz.gov.cn/zt/jj2024gzlhzt/lhgjc/msbz/content/post_9450381.html。

实前移,有效提升了矛盾风险的感知捕捉和就地化解能力,是矛盾纠纷得以迅速排查和有效处置的前提与基础。面临散点分布、动态演变且难以识别的矛盾纠纷新态势,绝大多数风险矛盾爆发之前的弱信号都极具隐蔽性,不仅难以识别与捕捉,而且其爆发之后的极强危害性和复杂治理难度更将严重危害社会稳定,为各级治理主体造成几何级的治理负担,对新时代"枫桥经验"的创新发展也提出了严峻现实挑战。矛盾纠纷的识别与排查首先要求对矛盾风险的精准识别与捕捉,广州"1+6+N"工作体系通过精细划分治理单元,合理配置网格员队伍,深度嵌入多网合一格局,以保障社会矛盾纠纷能够在第一时间被捕捉,并得到及时识别与化解,为矛盾纠纷的时刻摸排与针对处置,为"微事不出格、小事不出村"的实现提供前提和基础。

第二,深化综治中心建设,增强镇(街)层级的资源整合和联合多部门调处相对复杂矛盾纠纷能力,是提升多元矛盾纠纷处置应对能力的关键与保障。作为基层社会治理的核心平台,广州"1+6+N"工作体系建设过程中针对传统社会治理资源分散而割裂、治理阵地规范化远远不足的状态,推动镇(街)综治中心的实体化、标准化、规范化建设。纵向上镇(街)综治中心双向贯通,作为镇(街)一级的枢纽平台,向上承接省、市、区的治理要求与治理资源,向下则统筹调度本辖区内的治理任务;横向上镇(街)综治中心协同联动,通过健全闭环工作机制、完善"吹哨报到"部门协同体系,统合各方力量。由镇(街)综治中心搭台,公检法司唱戏,充分发挥综治中心的枢纽作用和资源整合作用,打通部门壁垒,畅通信息传输渠道,为镇(街)综治中心处置矛盾提供有效运作的阵地、功能、资源与力量保障,使得各类社会矛盾纠纷能够及时处置在基层、有效化解于萌芽,实现了矛盾纠纷的及时采集分拨,推动了以综治中心为枢纽的部门纵横间贯通联动,为"大事不出镇"的实现提供坚实保障。

第三,包括"粤平安"在内的社会治理信息化系统的运用,不仅能极大提高社会风险事件的采集、分拨、处理效率,也能有效助推矛盾纠纷处置流程的优化,从而为各种矛盾纠纷事件的及时应对和闭环管理提供有力的科技支撑。较之"枫桥时代",当前的基层社会矛盾风险发生率与治理难度更高。广州"1+6+N"工作体系的建设始终注重与科技手段的有机融合，将信息技术作为基层社会治理效能优化的关键构件。一方面，"粤平安"通过事项处理、矛盾调解、态势感知等功能模块的配置，让事项数据在平台上高速流转，取代过往人力式的信息低速传递，从而使得各类矛盾纠纷及时采集分拨，实现了矛盾纠纷的事前有效预防、事中及时分拨以及事后高效解决的全流程覆盖，提升了各类矛盾纠纷的分拨处置效率；另一方面，有效推动了矛盾纠纷的闭环处置流程再造，同时实现了矛盾纠纷处理的全链条留痕，将处理过程中发生的全部细节记录在系统中，让后续跟进的反馈与评估流程有迹可循，重构"从巡查发现、事件上报、事项分拨到统一处置"的闭环管理体系，全面优化治理效能，为实现"矛盾不上交"的治理目标提供了驱动性的技术支撑。

五　结论与讨论

如何与时俱进、创新发展"枫桥经验"是在新时代社会矛盾纠纷易发、多发、频发且极易传导转化的态势下，理论与实务界都必须回应的"时代之问"。广州通过"1+6+N"工作体系的建设，形成基层社会矛盾纠纷"一站式集成化解"模式，为新时代"枫桥经验"的创新发展探索出了一套理论密切联系实践的系统化、制度化方案，同时创造性地贯彻落实了党的二十大报告提出的"完善网格化管理、精细化服务、信息化支撑的基层治理平台，健全城乡社区治理体系，及时把矛盾纠纷化解在基层、化解在萌芽状态"重要精神。

当然，在广州"1+6+N"工作体系的推进建设过程中，仍然存在一些客观问题有待进一步完善。一是专职网格员配置比例不足，专职网格员队伍有待配齐强化；二是镇（街）综治中心纵横协同贯通功能的制度化保障有待强化，枢纽作用发挥机制尚不健全；三是各区信息数据的共享互通机制不够完善，信息化平台整合略显不足。因此，面向未来，推进新时代"枫桥经验"的进一步创新发展，保证日益复杂多变的社会矛盾纠纷能够继续化解在基层、化解于萌芽状态，还有必要在建强配齐专职网格员队伍、强化镇（街）综治中心建设的制度化保障与资源整合能力，以及整合信息平台资源等方面持续优化，在理论和实践上积极探索资源均衡分布、平台资源整合衔接等方面的有益举措。

B.8
广州专业镇的新型城镇化路径研究

—— 以狮岭镇为例*

王　幽**

摘　要： 作为广州典型的依托传统轻工制造业起家的专业镇，狮岭镇的城镇化建设基本与皮革皮具产业的发展实现了对称互动。但狮岭镇在快速城镇化进程中也出现了要素集聚不同步、建设进程不合理、社会治理难度大、产业发展反受制约等问题。通过对城镇农民工代际差异与工作稳定性的影响关系研究，狮岭镇要建设以人为本的新型城镇化，首先应科学编制城镇规划、合理引领各项建设活动，重点是依托产业园区建设促进节约集约发展，并通过育才稳工夯实产业基础、推进全国百强镇建设。

关键词： 皮革皮具产业　新型城镇化　以人为本　城乡一体化

从工业化到城市化最终走向城乡一体化，是全球社会发展和城市建设的基本路径。走中国特色城镇化道路，是推进现代化建设的根本出路和战略举措。中国的城镇化历程，融入了中国经济体制的巨大变革、记载了社会空间结构的打碎和重塑，是农民向城市流动的历史，也体现了城乡一体化的进程。

从1978年实施家庭联产承包责任制，到1992年建设社会主义市场经济体制，乡镇、民营企业进一步发展，创造了全国生产总值的1/3，成为农村经济的主体力量，打破了农村搞农业、城市搞工业的二元结构。在这一过程中，以

---

* 本文系广州市哲学社会科学发展"十四五"规划2022年度课题（立项编号：2022GZGJ187）研究成果。

** 王幽，中共广州市花都区委党校高级讲师，研究方向为公共管理、基层治理。

经济发达地区乡镇和民营企业为代表的二次工业化，和以小城镇为代表的农村城市化，均成就斐然。位于珠江三角洲腹地的广州市狮岭镇，便是这一历程的典型。皮革皮具产业发展与地区城镇化进程紧密结合，形成专业镇①，构成了广东经济地理的典型景观，也是研究城镇化和城乡一体化的重要样本。

狮岭镇位于广州市花都区北部，南距广州中心城区约 34 千米，是广东省和广州市首批中心镇。镇域面积 136 平方千米，建成区面积约 37 平方千米，常住人口约 40 万人（其中户籍人口约 7.3 万人）。改革开放以来，狮岭镇由 1978 年前的传统农业乡镇，发展成为以皮革皮具为主导的产业镇，2023 年，全镇完成规上工业总产值 151.12 亿元，皮革皮具产业活力向好，"四上"皮具总产值达 93.96 亿元。狮岭镇拥有 8800 余家制造企业和 18600余家商户，年产皮具箱包超 7 亿只，从业人员达 20 万人以上，高峰期 70%以上产品出口欧洲、东南亚、美洲等的 140 余个国家，已成为全球皮革皮具产业集聚程度最高、产业链最完整、产业配套能力最强的产业基地，获评"中国皮具之都""国家外贸转型升级示范基地""国家市场采购贸易方式试点单位""中国轻工业特色区域和产业集群创新升级示范区"。

一　皮革皮具产业发展与狮岭城镇化的融合互促

狮岭镇皮革皮具产业的发展和城镇化进程互相推动，证实了城镇不是由无数小村庄机械集合而成的"大村庄"，而是从人的集聚、信息交流、商品交易、服务需要、资源分配等突变而来。城镇又会对人形成吸引、对资源进行吸纳，人和资源再推动城镇更新升级。

（一）狮岭镇皮革皮具产业的发展历程

一是 1978~1985 年的中小企业集聚阶段。狮岭镇的工业基础在 20 世纪50 年代萌芽，农民以家庭为单位经营副业；60 年代各大队办工业，"以副

---

① 专业镇一般指产业或产品能带动 60%以上农户参与生产，专业化的产业或产品收入占全镇农民人均纯收入 60%以上，并成为镇财政收入主要来源的乡镇。

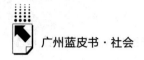

养农""农副双收"。到 20 世纪 80 年代中期，狮岭镇已创办约 2000 家民营皮具中小企业，基本形成皮具加工产业。

二是 1986~1995 年的专业镇形成阶段。数量众多的中小皮具加工企业形成集聚效应，推动原、辅材料供给和销售市场形成。20 世纪 80 年代末，狮岭镇皮革皮具中小企业超过 3000 家。20 世纪 90 年代初期，地方政府紧抓欧美皮革皮具制造业向全球转移的历史机遇，狮岭皮革皮具产业进入了快速发展的 OEM（贴牌生产）阶段，各个生产环节基本在本镇完成。到 20 世纪 90 年代中期，皮革皮具产业已成为镇主导产业，标志狮岭以皮革皮具为主导产业的专业镇的形成。

三是 1996~2002 年的专业镇快速发展阶段。皮革皮具制造业促进了相关配套产业以及服务业的发展。狮岭镇在镇区东南侧规划建设了全国最大的皮革皮具专业市场，到 2001 年，全镇汇聚了 4000 余家皮具企业，从业人员达 6.5 万人，产值达 40 多亿元。产品销往国内 20 余个省（区、市），并远销东南亚、欧美等地。2001 年狮岭镇被广东确定为首批专业镇，2002 年中国轻工业联合会和中国皮革工业协会授予其"中国皮具之都"称号。狮岭镇皮具从 OEM 的初级阶段，进入 ODM（代工设计）新阶段。

四是 2003 年至今的专业镇转型升级阶段。皮革皮具产业作为进入门槛较低的劳动密集型产业，狮岭镇主要为国际二三线品牌代工，产品的国际竞争力较弱。狮岭镇通过建构技术创新体系、联动支持企业创建自有品牌等举措，推动产业升级、开展产品换代。狮岭皮革皮具产业开始由 ODM 向 OBM（自有品牌）转型，在镇上注册了 4600 多个商标，培育了一批中国驰名商标和国内较有影响力的品牌。[①]

（二）立足产业发展的狮岭城镇化历程

城镇或城市形成主要基于三个条件：经济活动的密度提高，人物空间距离的缩短，作为一个整体的开放程度。另有一个重要条件是政府的政策，会

---

① 王俊、卢道典、黄金川：《狮岭皮具专业镇发展中面临的问题与对策研究》，《小城镇建设》
2010 年第 2 期。

影响前述三个条件的变化速度和变化方向，进而决定城镇化进程。现结合皮革皮具产业的四个发展阶段，分析狮岭城镇化的历程。

第一阶段主要靠家庭作坊对皮具原材料进行简单加工，家庭作坊规模小，产品也集中在中、低档次，主要靠皮具商肩挑手提、走街串巷进行销售。在这种小农分散型经济的主导下，产业在空间上散点分布，手工作坊之间没有形成生产联系，皮革皮具产业链条十分短小，集中在加工环节。皮革皮具产业在镇域空间上呈现各村几乎独立、平行的发展状态。"村村点火，户户冒烟"的分散化产业空间，加之规划管理滞后，导致城镇空间破碎化。

第二阶段建设了相当数量的正规皮具类生产及加工工厂，逐渐取代了家庭作坊式的生产组织形式。皮具生产作坊和中小型企业，开始从各个村向镇中心区域集聚。此时皮革皮具产业开始由"点"向"线"连接和延伸，以"前店后厂"的形式进行生产组织和销售，基本形成相对完整的皮革皮具产业链条。但当时的民营企业大多为小型加工企业，经济基础薄弱，向中心镇域靠近是为依托城镇的基础设施节省投资成本，虽相对集聚但用地上多选择房前屋后或现有闲置用地，很少有完整独立的工业用地，造成镇域空间形态混杂，主要有"城中厂"和"城中村"两种形式，城镇的生活、生产功能，以及城与乡的形态均高度混合。[①] 小城镇呈现前店后居、商住混合形态。

第三阶段皮革皮具产业的生产组织方式向规模化、大型化转变，产业空间布局也更趋合理。通过建设产业园区，将生产性企业集中，并且在销售中心——皮革皮具城，集聚了绝大部分皮革皮具原辅材料以及成品的交易活动。集约的工业园区成为空间上对抗产业分散的主要方式。此时的皮革皮具产业已由"线"向"面"跨越。皮革皮具产业大发展还推动了相关配套业态和服务业的进一步丰富，延长了产业链条。治理者也开始引入城市规划理念，对新建镇区按功能进行布局，如工业园区、商业区、仓储物流区、中心村、城市住宅区等。

---

① 梁励韵、刘晖：《工业化视角下的小城镇形态演变——以顺德北滘镇为例》，《城市问题》2014 年第 4 期。

在第四阶段，随着全国最大的皮革皮具专业市场形成，狮岭镇的产业空间呈现"城、园、节、网"形态，皮革皮具产业链条更趋完整，集合了设计、生产、加工、销售、物流及信息交流和科技服务业，教育培训、旅游、房地产等配套产业（见图1）。企业和人口的增加，催生了围绕狮岭（国际）皮革皮具城的新城镇空间，新镇区工业用地与生活空间分离，城镇功能布局更趋合理，形成纵横交织的网络式空间格局（见图2）。

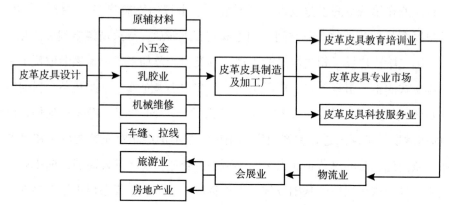

图1 狮岭专业镇转型升级阶段的皮革皮具产业链条

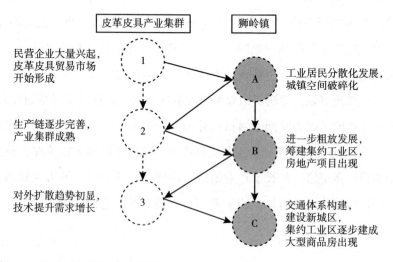

图2 狮岭镇皮革皮具产业与城镇发展关系

二 狮岭城镇化历程中呈现的主要问题

20 世纪 90 年代中期以来，中国的城镇化速度显著高于新中国成立以来的任何一个时期，中国进入城镇化的高峰期。2001 年，狮岭镇集聚皮革皮具企业 4000 多家，吸纳从业人员 6 万多人。如今皮革皮具产业发展历时 40 余年，已集聚生产型企业 8000 多家、经营性商户 18000 多家，皮革皮具行业从业人员达 20 万人以上。以狮岭镇为典型的中国城镇化进程是很快的，但在快速发展中不可避免地出现了一些问题。

（一）要素集聚不同步

"土地""人"两个要素与城镇化进展不同步，狮岭镇在早期依靠大量投入土地的粗放模式，来换取城镇化的快速进展，导致耕地面积急剧减少。2001 年，狮岭镇有耕地 2300 多公顷，到 2007 年底减少到 1500 多公顷，按当时户籍人口测算人均耕地为 0.31 亩，比全国人均耕地 1.4 亩以及联合国粮农组织确定的人均耕地面积 0.8 亩的警戒线，都要低得多。狮岭作为珠三角发达地区的专业镇，在城镇化进程中人（劳动力）这个要素的投入也是巨大的，甚至在后来的发展中快于土地要素的投入，导致非常突出的人地矛盾。

从城镇自身的微观形态看，狮岭镇南北部均为山地丘陵台地，山林地、水域等占总面积的约 60%。地形南北高中间低，城镇建设集中在中部带状区域，面积占比仅约 10%，约 50 平方千米，其中还包括较多不能用于建设开发的农业用地。因此广东省建设主管部门、国土资源主管部门以及发展改革主管部门曾于 2005 年共同确定狮岭镇到 2020 年城镇建设用地规模为 25 平方千米。在皮革皮具产业的带动下，狮岭镇建成区规模不断扩大，目前已达 37 平方千米，土地资源短缺已成为制约镇域经济发展、城镇建设的重要因素。

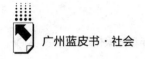

（二）建设进程不合理

狮岭民营产业集群与小城镇均脱胎于农村地区，在空间上是地域共存的实体。狮岭镇在城镇化进程中，早期缺乏前瞻性的城乡规划，规划引领与城镇建设、产业发展不同步，且长期规划建设的管理力量较为薄弱，这些因素导致城镇用地功能分区不够清晰，景观与城镇形态融合不足、品质欠佳。产业布局混乱的问题尤其突出，工业和居住用地犬牙交错，"城中村""城中厂"并存，呈现明显的半城镇化特征。

面对上述问题，地方政府启动了工业区建设，并对村级分散的工业用地进行整理，促进了沿皮具一条街的最初城镇空间的形成，人口、资本和土地集聚；后期在原镇区东南方位规划了大型产业园区，形成新的镇区，城镇化进一步发展。但由于规划不合理、建设不规范等历史遗留问题，镇中心区域仍存在村屋林立、低效违建遍布、工业园区交叉并存、城乡面貌杂乱、城中村治理混乱等问题。城镇空间功能的混乱，也造成了社会治安、交通拥堵等一系列问题，与建设现代化城镇尚有较大差距。

（三）社会治理难度大

狮岭镇域范围内外来就业人口约为户籍人口的 5 倍，是珠三角典型的人口倒挂镇，大量外来人口是从事皮革皮具制造加工活动的主要群体。狮岭镇"城乡二元"问题包含在"本外二元"问题中，即外地农业人口背井离乡在狮岭镇打工，这些"被城镇化"的外来人口并未真正均等地享受城镇公共服务。

狮岭镇从 2008 年全球金融危机后开始形成日薪制市场，即零工市场，在多个相对固定的场所，每天集结几百名甚至上千名零工，雇主骑着摩托车或开私家车到现场招人，一般只招 1 人或少数几人，直接带进厂里做工，按天结算薪酬。日薪制市场使工人养成对未来无规划、懒散的做工惯性，工人无法获得培训机会来提升技术，阻碍行业的标准提升和产业升级。零工也难以要求雇佣方为其购买五险一金，如遇工伤、劳资纠纷等易引发社会矛盾，退休后养老也易造成家庭负担。无序的日薪制市场，逐渐形成隐性的拉帮结派、地头蛇利益集团控制等恶劣行为，同时大量游民存在，管理成本高、安全隐患大，已成为地方政府的"老大难"治理雷区。[①]

狮岭镇优质医院、学校配套与镇人口规模不匹配，群众"看病难""上学难"问题突出。对于来穗人员，公立的教育资源只能尽量优先向企业中高端人才倾斜，近年来年均约千名来穗人员子女通过积分申请入读公办学校，在外来人口子女总数中占比太低。且公共服务配套设施建设较为滞后，道路交通、卫生环境、文体娱乐等民生事项较中心城区发展缓慢，缺乏足够的吸引力留住优质企业和高端人才。

（四）产业进一步发展受制约

不充分的城镇化也反过来制约产业的进一步发展。不规范的家庭作坊、小工厂在老镇区依然大量存在，它们租用民房作为生产车间，商住混用，存在极大的消防、环保和安全隐患。此外，由于珠三角不少制造业遭遇"用工荒""民工荒"，用工市场供大于求，日薪制市场抬高了工价却难以保证品质，给企业造成很大困扰。

狮岭镇缺乏大规模连片现代化产业园区，现有土地等要素资源无法满足存量企业增资扩产用地需求。一方面导致新品牌企业引入、总部企业落户困难重重，另一方面无法承接有工业厂房和用地需求的优质制造业企业，使得企业统一进入园区实现规范化管理难度大，不利于推动产业集群化发展。

三　农民工代际差异与工作稳定性的影响关系研究[②]

珠三角有不少类似狮岭镇的专业镇，要推动传统劳动密集型制造业转型升级，促进外来常住人口实现市民化，农民工稳定就业是前提。稳定的收入是进城定居的前提和保障，稳定的技工群体是企业转型发展的支撑。

---

① 王幽：《传统制造业的发展困境及原因分析——以 S 镇皮革皮具产业为例》，《中国集体经济》2020 年第 17 期。

② 王幽：《农民工代际差异与工作稳定性的影响关系研究——基于珠三角劳动密集型轻工制造业的抽样调查》，《农村·农业·农民》（B 版）2021 年第 7 期。

本部分以狮岭镇外来务工人群为总样本池，通过镇出租屋和流动人口管理部门随机抽样，共发放问卷800份，回收问卷800份，有效问卷736份，有效回收率92%。问卷采用SPSS软件进行录入、分析。选取在人口结构和个体特征中最能反映代际差异的年龄、文化程度和工龄三项指标，研究其对农民工工作稳定性的影响。通过文献回顾，提出研究假设：

H1：不同年龄段与农民工工作稳定性存在显著相关性。

H2：不同文化程度与农民工工作稳定性存在显著相关性。

H3：不同工龄与农民工工作稳定性存在显著相关性。

因变量为工作稳定性Y组。参考国内外既有研究的农民工就业稳定性测量指标[1]，确定"工作更换频率、工作份数、务工收入、收入阶层认同、务工地计划居留时长"五项指标。自变量为代际差异X组，分"年龄、文化程度、工龄"三个测量维度（见表1）。

表1 代际差异和工作稳定性的测量指标、维度、赋值和样本分布情况

单位：人，%

变量	测量指标	维度	赋值	样本人数	人数占比
自变量X：代际差异	X1 年龄	不到18岁	1	35	5.01
		18~30岁	2	285	40.83
		31~40岁	3	231	33.09
		41~50岁	4	110	15.76
		51~60岁	5	30	4.30
		60岁以上	6	7	1.00
	X2 文化程度	中学或小学	1	420	61.22
		中专、职高、技校	2	237	34.55
		大专	3	21	3.06
		本科及以上	4	8	1.17

---

[1] 李睿、田明：《进城农民工工作稳定性对收入变化的影响》，《北京师范大学学报》（社会科学版）2013年第5期；曹广忠、赵亚萍：《城市外来人口的就业稳定性及影响因素——基于我国4个典型区域12个城市调查的分析》，《人文地理》2016年第6期；谢勇：《基于就业主体视角的农民工就业质量的影响因素研究——以南京市为例》，《财贸研究》2009年第5期。

续表

变量	测量指标	维度	赋值	样本人数	人数占比
自变量 X： 代际差异	X3 工龄	不到 1 年	1	51	6.94
		1~3(含)年	2	186	25.31
		3~5(含)年	3	242	32.93
		5~10(含)年	4	177	24.08
		10 年以上	5	79	10.75
因变量 Y： 工作稳定性	Y1 工作更 换频率	每隔几天换一家 厂(单位)干活	1	98	15.12
		每隔几个月换一家 厂(单位)干活	2	159	24.54
		每年在春节后重新找工作	3	139	21.45
		常年固定一份工作	4	252	38.89
	Y2 工作份数	1 份	1	102	13.95
		2~5 份	2	435	59.51
		6~10 份	3	140	19.15
		10 份以上	4	54	7.39
	Y3 务工收入	不到 3 万元	1	199	27.37
		3 万~5 万元	2	373	51.31
		6 万~10 万元	3	138	18.98
		11 万~20 万元	4	13	1.79
		20 万元以上	5	4	0.55
	Y4 收入阶 层认同	贫困人群	1	214	29.81
		低收入人群	2	390	54.32
		中等收入人群	3	112	15.60
		高收入人群	4	2	0.28
	Y5 务工地计划 居留时长	不到 1 年	1	40	8.91
		1~10 年	2	311	69.27
		11~20 年	3	66	14.70
		20 年以上	4	32	7.13

首先采用 CCA 典型相关分析考察代际差异（X 组 3 个指标）与工作稳定性（Y 组 5 个指标）两者间的相关关系。如表 2 所示，共提取出 3 对典型变量，均呈现显著性（P<0.05），说明 X 和 Y 两组分析项之间有典型正相关关系。从方差解释率可知，共 3 个典型变量 X 累计可解释分析项

X（共 3 项）100.00%的信息量；共 3 个典型变量 Y 累计可解释分析项 Y（共 5 项）66.22%的信息量。下文将选取非常显著（P<0.01）的典型相关对 1 和 2 进行展示（见图 3、图 4），然后采用多元线性回归分析来检验代际差异（X 组 3 个指标）对工作稳定性（Y 组 5 个指标）的影响程度。如表 3 所示，VIF 值均小于 5，模型构建良好。其中 X1（年龄）在 Y1、Y2、Y3、Y5 上的 P 值大于 0.05，说明年龄不会对工作稳定性这 4 项指标产生影响关系。Y4（收入阶层认同）没有通过 F 检验（F=2.448，P=0.063>0.05），说明代际差异不会对收入阶层认同产生影响。下文将选取对 Y1、Y2、Y3、Y5 产生显著影响（P<0.01）的 X2、X3 进行展示（见图 5）。

表 2　代际差异与工作稳定性的 CCA 典型相关分析摘要

		典型变量 X1	典型变量 X2	典型变量 X3
典型载荷系数 loading：X 组	X1 年龄	-0.323	0.365	0.873
	X2 文化程度	-0.492	-0.869	0.053
	X3 工龄	-0.856	0.472	-0.211
典型冗余分析—方差解释率：X 组	—	35.97%	37.05%	26.98%
		典型变量 Y1	典型变量 Y2	典型变量 Y3
典型载荷系数 loading：Y 组	Y1 工作更换频率	-0.499	-0.588	0.049
	Y2 工作份数	-0.347	0.878	-0.237
	Y3 务工收入	-0.578	-0.384	-0.017
	Y4 收入阶层认同	-0.045	0.027	0.872
	Y5 务工地计划居留时长	-0.642	0.08	0.32
典型冗余分析—方差解释率：Y 组	—	22.34%	25.43%	18.45%
典型相关对：相关系数		0.425	0.192	0.132
典型相关对：P 值		0.000**	0.000**	0.012*

注：* 表示 P<0.05 有显著性，** 表示 P<0.01 非常显著。下同。

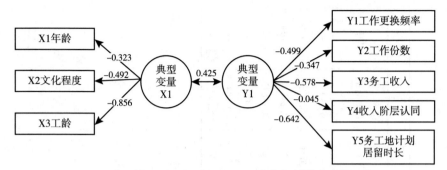

图 3　典型相关对 1 与 X 组和 Y 组各指标的载荷系数示意

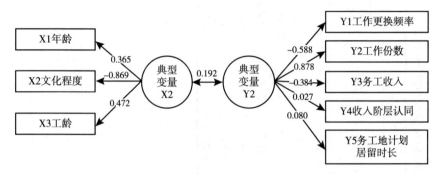

图 4　典型相关对 2 与 X 组和 Y 组各指标的载荷系数示意

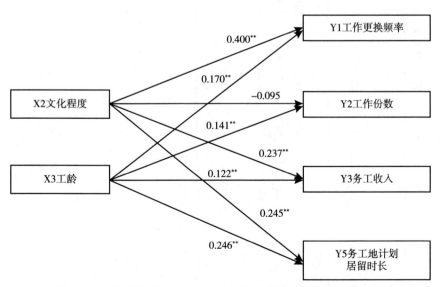

图 5　代际差异两项指标与工作稳定性四项指标间的回归系数示意

表3　代际差异对工作稳定性的多元回归分析摘要

项目	因变量									
	Y1工作更换频率	VIF	Y2工作份数	VIF	Y3务工收入	VIF	Y4收入阶层认同	VIF	Y5务工地计划居留时长	VIF
常数项	1.898**	—	1.857**	—	1.208**	—	1.691**	—	0.989**	—
X1年龄	-0.055	1.091	0.014	1.091	0.008	1.095	0.075**	1.098	0.050	1.136
X2文化程度	0.400**	1.012	-0.095**	1.016	0.237**	1.017	0.032	1.017	0.245**	1.014
X3工龄	0.170**	1.079	0.141**	1.075	0.122**	1.078	-0.025	1.080	0.246**	1.123
有效样本量	593	—	648	—	646	—	636	—	405	—
调整R^2	0.068	—	0.045	—	0.060	—	0.007	—	0.184	—
F值	3589**	—	3644**	—	3642**	—	3632	—	3401**	—

注：变量系数为回归系数B值。

显著性（P < 0.01）典型变量 X1、X2 与年龄的载荷系数绝对值为 0.323、0.365，表明关系不强；回归分析也显示年龄与工作更换频率、工作份数、务工收入、务工地计划居留时长 4 个指标没有显著相关性。调研样本农民工集中在劳动密集型制造业，流水线工人居多，可能是导致该相关性不显著的主要原因，此类工种对体力和技术要求较低，使得年龄未成为工作稳定性的促进或制约因子。年龄与收入阶层认同呈显著正相关，但收入阶层认同未通过模型检验，意义不大。因此假设 H1 不成立。

不同文化程度与工作稳定性各指标的相关性。典型变量 X1、X2 在 X 组更多提取文化程度的信息（loading = 0.492、0.869>0.4），即典型变量与文化程度的关系很强；典型变量 Y1 与工作更换频率（loading = 0.499>0.4）、务工收入（loading = 0.578>0.4）、务工地计划居留时长（loading = 0.642>0.4）关系很强，Y2 与工作更换频率（loading = 0.588>0.4）关系很强。回归分析结果也显示，文化程度与工作更换频率、务工收入和务工地计划居留时长呈显著正相关（P<0.01），表明学历层次越高，更换工作频率越低、务工收入增加、更愿意长期在珠三角发展；文化程度与工作份数无显著影响关系。综上，排除收入阶层认同，文化程度与工作稳定性 3 个指标均呈正相关，假设 H2 总体成立。

不同工龄与工作稳定性各指标的相关性。典型变量 X1、X2 在 X 组更多提取 X3（工龄）的信息（loading = 0.856、0.472>0.4），即典型变量与工龄的关系很强；Y2 与工作份数（loading = 0.878>0.4）关系很强。回归分析结果也印证了工龄与工作更换频率、工作份数、务工收入、务工地计划居留时长呈显著正相关（P<0.01），表明工龄越长，更换工作频率降低、尝试的工作越多、收入增加、更愿意在务工地长期发展。综上，排除收入阶层认同，工龄与工作稳定性 4 个指标均呈正相关，假设 H3 总体成立。

四　扎实推进以人为本的新型城镇化

人民群众是否为城镇化的积极参与者、真正受益者，应作为评判城镇化是否真正实现的重要指标。"以人为本"的中国特色新型城镇化，是推动城市管理现代化的根本指引，着眼于把城市建成创新、协调、绿色、开放和共享的发展中心。

（一）科学编制城镇规划，合理引领各项建设活动

面对人地矛盾问题突出的狮岭镇，以科学合理的规划引领城镇经济社会发展和建设活动，至关重要。一是遵循城乡统筹发展指导思想，按照大中城市的基础设施标准，超前、合理规划，有序推进城镇基础设施建设，预留商业服务发展空间。依托"工改工"试点项目，充分利用广州村镇工业集聚区政策利好，以点带面深化村镇工业集聚区更新改造，妥善解决历史欠账，盘活闲置土地资源。二是按地理地形和发展形态对镇域进行主体功能板块划分，南部、北部可作为生态涵养区，发展康养、旅游、培训等；东南部新镇区功能规划较为合理，可作为产业重点发展板块；中部老城区是改造难度最大的区域，利用村镇工业集聚区改造、城市更新等政策机遇进行优化更新。针对重点建设区域编制城市建设规划和产业发展规划，对城镇空间环境进行精细化设计和管理。三是借打造跨境贸易特色小镇之机优化产业布局、提升城镇品质。狮岭跨境贸易小镇通过整合狮岭镇各类特色资源，围绕"跨境贸易+旅游"的形式，以国家市场采购贸易方式试点为平台，以皮革皮具产业为支撑，以工业旅游和人文旅游资源、生态资源为依托，全面建设跨境贸易小镇。

（二）推进产业园区建设，促进节约集约发展

1. "关停并转"分步推进，优化产业布局

狮岭镇内"小作坊"企业的形成经历了相当长时间，并累积到一定规模，在皮革皮具产业链中占据一定的市场，政府在治理上应留足整改时间、杜绝"一刀切"方式。"皮具涉及40多种物料工程，有时一刀斩下去，斩死了供应商，也把我们这些生产商搞死了，我们工厂不稳定、关门，大批工人失业就会造成社会的不稳定。"① 因此整治"小、散、乱、污"问题，不

---

① 中共广州市花都区委党校联合广州市花都区狮岭镇政府对狮岭镇皮革皮具产业展开调研，文中内容引自调研组成员和企业主的访谈实录。

能一蹴而就，需打出"关、停、并、转"的组合拳，循序渐进分步推进。一是对无牌无照经营、违规经营等企业予以警告并预留整改期，采取相应措施督促整改。二是强制关停不符合环保标准要求又不愿进入园区的企业，依法对环保违法违规企业、拒不整改企业，按照有关标准进行整顿，并采取有效措施防止此类企业死灰复燃，形成对其他企业的震慑作用，控制"小、散、乱、污"企业遍地开花。三是全面整治出租屋改工厂的乱象，加强督导，逐步改善住改商、商住混用的产业形态。四是对小企业做好教育工作，集中分类、分区域管理，引导入驻规范园区，完善企业各项证照，纳入政府管理范围。

2. 摸查整合土地资源，规划产业园区建设

狮岭镇用地质量不高，尤其是老镇区，多为容积率较低的农民自建房和企业低矮工业厂房、仓库，创造的产值只有 2.53 亿元/千米^2，仅为全区平均水平的约58%，与珠三角其他先进地区水平差距很大。[①] 此外，全镇还有一定数量的已征用但由于历史原因无法开发的土地，经摸查有 55 宗共 2418.8 亩。下一步应整合零碎的土地资源、激活沉睡的未开发土地，按照分工合理、链条清晰、集聚有度的原则，规划建设工业园区和专业市场。一是建设（小作坊）工业厂房，将有污染的工段集聚生产、统一治污。分区域建立规范的"压铸（过胶）"、"压膜"和"油边"专属车间；根据专属车间的工艺特点，规范车间的环保设施，如通风、废气收集设施等；集中处置污染物，由专业的危废处理公司统一回收废气、废弃的化工垃圾（胶水、边油）；在园区内配置环保监测人员。二是设置一定的优惠政策、营造便利的营商环境，引导"小、散、乱、污"企业入驻工业厂房和园区，改变"二合一"和"三合一"现象[②]。建设"专业市场"，鼓励本地企业和外地外贸公司、厂商入驻"专业市场"集聚发展，规范园区经营环境，打造新

---

① 刘洁仪：《新型城镇化背景下中心镇社会矛盾纠纷调处化解问题研究》，硕士学位论文，吉林大学，2018。

② 指租用民房开设经营性档口，经营和居住功能"二合一"或经营、居住、仓储功能"三合一"。

的经济增长点和税源点，夯实经济发展基础。三是打造成品交易市场。狮岭镇位于珠三角腹地，凭借海上丝绸之路古往今来的优势，充分利用国家市场采购贸易方式试点，借助南邻融创文旅城项目、西邻清远长隆项目、依托空铁联运的地理优势，加快打造完善狮岭皮具成品展示、交易中心（圣地环球商品贸易港、富力·环贸港、阳光6号等），形成"国家市场采购贸易方式+成品市场+商贸旅游"的多车道发展格局。具体来看，根据面积大小，狮岭镇可将规划建设的产业园区及项目分为"1+2+5+N"四个层次，分层分次分批推进，为皮革皮具产业高质量发展提供更加优质的园区平台支持。"1"是指规划1个建筑面积超200万平方米的"广州花都时尚智造产业港"项目；"2"是指规划2个建筑面积超50万平方米的产业园区（中国花都临空经济服务港、广州花都时尚智造产业港一期）；"5"是指规划5个建筑面积超10万平方米的产业园区（凌云总部基地、远东工业园、擎天科技园二期扩建、军田村培正路以北173亩留用地统筹区、金狮大道西振兴村委旁雄炜公司地块等）；"N"是指多个中小型项目（包括汇龙皮件、新丰皮具、别格皮具等村镇工业集聚区升级改造）。

（三）育才稳工夯实产业基础，推进全国百强镇建设

1. 依托代际差异与工作稳定性的关系研究，优化人力资本管理

一是放宽年龄准入延长人口红利期。皮革皮具产业等劳动密集型轻工制造业，对工人的体能要求较低，可以放宽年龄准入条件，适当延长工人个体的用工寿命，从而延长轻工制造业工人的人口红利期，缓解"用工荒"。狮岭镇皮革皮具产业可将工人的学历、工龄等而非年龄作为招工的主要参考条件。二是着力提升工人技能水平，培育专业技工型人才。狮岭镇不少出口型皮革皮具企业虽然销售额可观但利润极低。在与粤东西北、大西南和东南亚的产业竞争中，珠三角的优势已不在于土地和人口数量，传统制造业应加强在专利、标准、品牌等方面的探索以实现转型升级，而这首先依赖相当数量的稳定的专业技工型人才。分析显示，学历相较于工龄对工人的稳定性影响更大，因此地方政府应联合企业、社会组织等强化狮岭镇皮革皮具产业的普

工技能培训、素质提升，为产业转型升级奠定人才基础。三是改革工人的薪资体系。调研发现，狮岭镇多数普通务工人员在城镇的生活质量，并未随着他们务工时间的增加而有显著改善，老一代务工群体多将收入用于家乡物质生活条件改善，这无法有效将农民工群体转化为稳定的新城镇人。除了公共服务体系的完善外，地方政府可为一线工人量身定制积分落户、入学等优惠政策，还可通过税收、社保、贷款等政策工具，引导企业实行区分度更高的薪资和福利体系，激励普工的自我提升，鼓励有意愿有能力的务工群体成为新狮岭人。

2.深化"百千万工程"，推动城村融合高质量发展

一是依托广东省"百县千镇万村高质量发展工程"，深化镇街体制改革。探索将狮岭镇作为扩权强镇推动镇级产业发展和管理体制改革的试点，破解"小马拉大车"的治理困局。充分考虑基层工作需要，在招聘时增加公务员、事业单位工作人员岗位数量，如增加执法队、综治办、应急办等机构岗位数量，并配优年龄、专业结构、基层经验等要素。在上级机构改革或事权下放时，同步对专业性人才和素质人才进行下放，加强基层与上级部门对接联系和业务推进。争取在年度超额完成经济指标任务时，给予一定财政返点返税支持。二是打造社会管理服务新亮点。用好"狮岭一家人"等党建品牌引领社会治理的影响力，发动各界人士参与狮岭共建共治共享。深化政务"三化"试点成效，打造省级镇域政务服务中心示范点。规范整治零工市场，逐步引导企业到合成村武广高铁旁示范点、阳光北路零工市场规范点等地规范化招工用工，完善灵活就业服务保障措施，支持劳动者多渠道灵活就业。三是建设绿美乡村。用好片区地理优势和"山水林田花"自然资源，以乡村振兴大项目建设、集体物业统包开发、"赤膊房"整治等工作为抓手，打造集"农业、文旅、科普、培训、住宿"等乡村生态旅游要素于一体的区"百千万工程"典型村，并以点带面深化新乡村示范带建设，打造"城乡产业协同发展先行区"，推动皮革皮具产业与乡村振兴协同互促、共赢发展。

B.9
广州志愿服务参与城市治理研究

——以越秀区为例

郑欣欣　李少欢*

摘　要： 本文以广州市越秀区为例，探讨了志愿服务参与城市治理多维提升中的问题，并进行未来展望。研究结果表明，越秀区志愿服务在经济、文化、社会和环境建设方面存在不足之处，主要有经费不足、管理力量不足、志愿者培训和保障机制不健全、缺乏有效的监督和评估机制、智能技术的运用不够充分等原因。为解决这些问题，本文提出了完善管理体制、加强对活动资金的管理、培养专业志愿者、加强与利益相关方的协调合作等建议。

关键词： 志愿服务　超大城市　城市治理　越秀区

习近平总书记指出，"志愿服务是社会文明进步的重要标志，是广大志愿者奉献爱心的重要渠道"，要为志愿服务搭建更多平台，更好发挥志愿服务在社会治理中的积极作用。① 广州市越秀区充分利用本地丰富的资源，推动志愿服务活动在社区基层治理中的发展，鼓励志愿者参与志愿活动并在其中长才干、做贡献，从而达到实践育人的目标。为了深入了解广州市越秀区志愿服务在城市治理多维提升中的作用，并推动越秀区志愿服务的高质量发展，越秀区志愿者行动指导中心、越秀区青年志愿者协会采用了问卷调查和访谈的方法，于2023年8月在越秀区18条街道面向志愿者群体开展调研，

---

* 郑欣欣，暨南大学公共管理学院/应急管理学院硕士研究生，研究方向为社会组织与社会治理；李少欢，越秀区志愿者行动指导中心主任，研究方向为社会组织治理。

① 杨宜勇等：《新中国民生发展70年》，人民出版社，2019，第39页。

共收集问卷 1165 份, 其中有效问卷 1103 份, 同时访谈了志愿服务队伍负责人、街道党工委书记和志愿者骨干 10 余人。

一 调研的整体情况

(一) 志愿服务活动的基本特征

1. 上班族参与志愿活动更为积极

志愿者中上班族的占比最高, 达 54.76%, 退休人员占比 24.03%, 学生占比 13.82%, 个体商户经营者或自由职业者占比 5.67% (见图 1)。

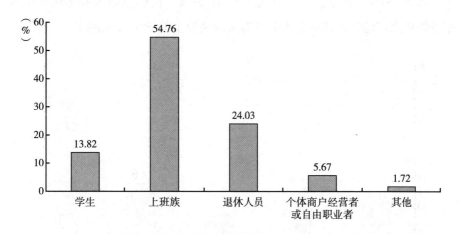

图 1 志愿者的身份分布情况

2. 46 岁及以上的参与者为主力军

年龄在 46 岁及以上的志愿者占比 35.79%, 36～45 岁的志愿者占比 17.42%, 26～35 岁的志愿者占比 23.52%, 18～25 岁的志愿者占比 15.02%, 18 岁以下的志愿者占比最少, 为 8.24%, 总体来看, 年龄分布比较广泛, 涵盖了各个年龄段的人群 (见图 2)。

3. 志愿者群体学历水平较高

本科及以上学历占比 48.76%, 大专学历占比 18.28%, 高中及中专学

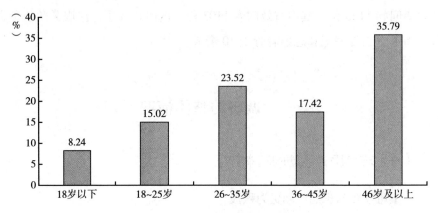

图2 志愿者的年龄构成情况

历占比21.37%，初中及以下学历占比11.59%，说明志愿者群体的学历水平整体较高，超过六成的志愿者具有大专及以上的学历（见图3）。

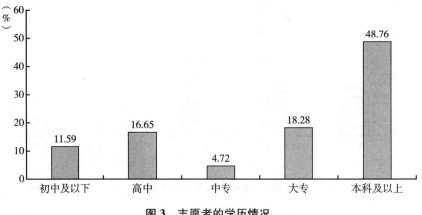

图3 志愿者的学历情况

4.志愿者的参与通常是偶发性的

不定时参与活动的志愿者占比43.16%，每月多次参与活动的志愿者占比38.62%，每月一次的志愿者占10.34%，总体而言，大部分志愿者参与活动频次和时间比较灵活，没有明确的规律，这与个人的工作、学习和家庭等因素有关（见图4）。

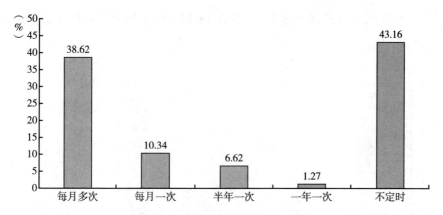

图4 志愿者参与志愿活动的频率

5.群众志愿者参与积极性较高

政治面貌为群众的志愿者参与热情较高,占比为45.84%,政治面貌为中共党员/预备党员的志愿者次之,占比为34.85%,共青团员占18.8%(见图5)。

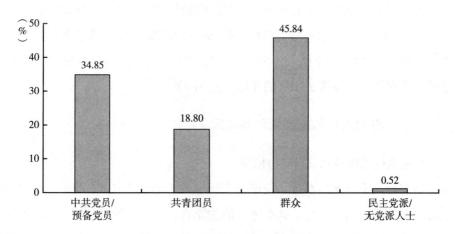

图5 志愿者的政治面貌分布情况

6.统筹型和实施型志愿服务组织是大部分志愿者所属的组织

志愿者所属的组织主要是统筹型组织,占比33.18%,其次是实施型组织,占比31.73%,另外两种类型的组织占比较少,分别为8.7%(支持型组织）和 7.52%（传播型组织），也有 18.86% 的志愿者没有加入志愿组织（见图 6）。①

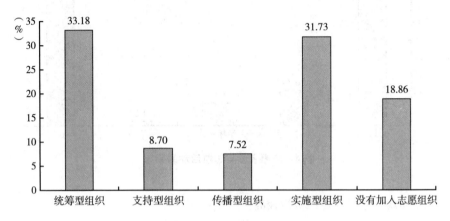

图 6 志愿者所属的志愿服务组织类型

7. 志愿者参与活动能较好发挥其专业性

志愿活动在发挥志愿者专业性方面作用较好，志愿者认为活动与其专业有关的占 55.31%（见图 7），其中，49.84% 的志愿者认为其专业很好地发挥了作用，37.54% 的志愿者认为较好地发挥了作用，大部分志愿者认为自己的专业在活动中发挥了积极的作用（见图 8）。

（二）志愿者参与志愿活动的情况

1. 越秀区志愿活动项目参与情况

参与过大型活动如春运、花市、广马等的志愿者占比 41.89%；参与过生态环保类活动如河小青、林小青等的志愿者占比 25.29%；参与过长者帮扶类活动如居家消防安全诊疗、"青"听老兵讲故事、探访长者等的志愿者占比 32.46%；参与过关爱青少年类活动如晨曦助学、防溺水宣传等的志愿

---

① 统筹型志愿服务组织主要是指市、区志愿者联合会，支持型志愿服务组织主要是指志愿服务的研究会、培训组织、促进组织等，传播型志愿服务组织主要是指文化、媒体志愿组织等，实施型志愿服务组织主要是指志愿组织协会、总队或团队。

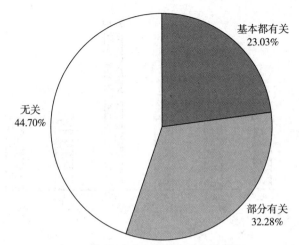

图7 志愿活动与志愿者专业相关度

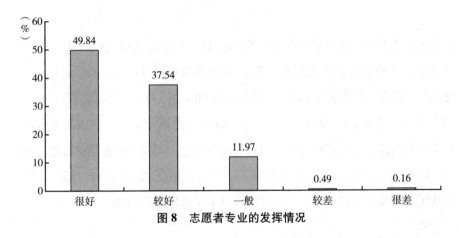

图8 志愿者专业的发挥情况

者占比25.48%；参与过社区治理类活动如社区志愿服务集市、文明交通引导等的志愿者占比64.64%；参与过文化传承类活动如讲好广州故事、红色场馆讲解等的志愿者占比24.66%；参与过专业志愿服务如应急救援、心理辅导等的志愿者占比26.11%（见图9）。

2. 获取志愿服务活动信息的途径和方式

78.79%的志愿者通过志愿时/i志愿平台获取志愿服务活动信息，42.34%的志愿者通过公众号平台了解信息，一些组织或机构会通过i志愿平台、公众号平台发布活动信息，志愿者可及时获取最新的志愿活动信息；50.77%的志

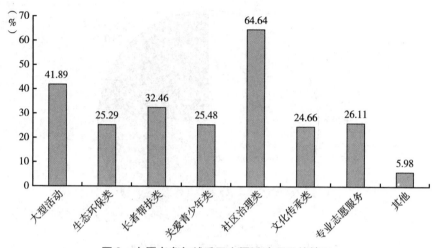

图9 志愿者参与越秀区志愿活动项目的情况

愿者通过志愿者微信群聊招募了解活动信息，有些志愿组织或团队会通过创建微信群聊的方式招募志愿者；30.1%的志愿者通过微信朋友圈了解信息，志愿组织可以通过在微信朋友圈发布相关信息和活动招募来吸引志愿者；22.67%的志愿者是通过家长/朋友/同学告知了解到志愿活动信息，身边的人可以互相告知和推荐，从而获得可靠的信息和参与机会；25.2%的志愿者通过志愿活动的线下宣传点了解志愿活动信息，一些志愿组织或机构会在社区、学校、公共场所等地设立宣传点，志愿者可以获取志愿服务的信息（见图10）。

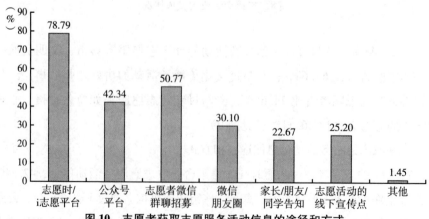

图10 志愿者获取志愿服务活动信息的途径和方式

通过志愿者身份与其获取志愿服务活动信息的途径和方式的交叉分析可以发现，不同群体获取志愿服务活动信息的途径和方式大多是志愿时或 i 志愿平台，除了志愿时/i 志愿平台，对于学生和上班族群体，公众号平台和志愿者微信群聊招募是主要的获取志愿服务活动信息的途径。组织通过微信群聊与志愿者进行互动，可以更好地与年轻人群体进行沟通和互动，提高志愿服务活动参与度。对于退休人员群体，志愿者微信群聊招募也是重要的获取志愿服务活动信息方式（见图 11）。这是因为退休人员更习惯使用微信，并且志愿者微信群聊可以提供一个相对亲密的交流环境，有助于吸引他们参与志愿服务活动。总之，了解不同群体获取志愿服务活动信息的渠道差异，并有针对性地选择信息发布途径，可以更好地吸引和招募志愿者，推动志愿服务活动的发展。

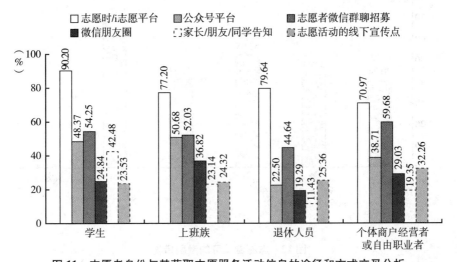

图 11　志愿者身份与其获取志愿服务活动信息的途径和方式交叉分析

3.对志愿者的激励措施

70.08%的志愿者认为社会认可更能激励他们，社会认可包括媒体报道、颁奖典礼等方式，能够让志愿者在更广泛的社会范围内得到认可和赞誉，提升他们的社会声誉和形象。52.95%的志愿者认为荣誉证书和称号更能激励他们，颁发荣誉证书和授予称号可以肯定志愿者的贡献和成就，这种方式能够满足志愿者在社会中获得尊重和认可的需求。43.43%的志愿者更喜欢交通食宿补贴的激励方式，由于志愿活动需要志愿者投入大量时间和精力，提供交通食宿补贴可以减轻志愿者的经济负担，增加他们参与活动的积极性。41.52%的志愿者更认可情感关怀带来的激励作用，给予志愿者情感支持和关怀，可以增强志愿者的归属感和满足感。40.34%的志愿者更喜欢实物奖励的激励方式，实物奖励通常是一些物质性的奖品，这种方式可以直接给予志愿者物质回报（见图12）。选择其他激励措施的志愿者主要是认为其在参与过程中更看重的是自己在活动中的收获。综合来看，不同类型的激励措施对不同的个体有不同的吸引力。在设计和实施志愿活动时，需要考虑到参与者的多元化需求，以及各种激励措施的实际效果。

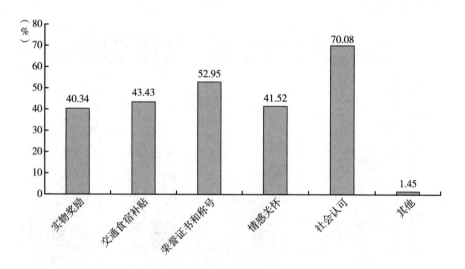

图 12　志愿者认可的激励措施

通过志愿者身份与志愿者认可的激励措施的交叉分析发现，社会群体在参与志愿服务活动时普遍看重社会认可的激励方式。除此之外，学生群体重视荣誉证书和称号、实物奖励及交通食宿补贴，分别占比73.20%、54.25%和50.33%；上班族重视荣誉证书和称号，占比54.22%。退休人员十分重视社会认可，占比83.57%，远超其他激励措施，这是因为一些老年人在退休后会感到失去了工作和社会角色，参与志愿服务可以重新找到自己的价值和存在感，社会的认可会让他们感到自己的付出是被尊重和重视的，从而增强自尊心和自信心（见图13）。

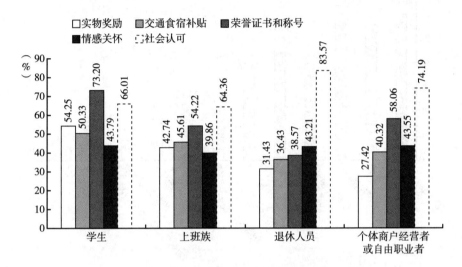

图13 志愿者身份与志愿者认可的激励措施交叉分析

4. 参与志愿服务的动机

从数据可以看出，志愿者参与志愿服务的动机多种多样，社会责任感驱使和锻炼个人能力是主要动机，在所有选项中，"锻炼个人能力"和"社会责任感驱使"的占比最高，分别为59.93%和60.47%，这表明许多志愿者将参与志愿服务视为一种提升自我、锻炼能力、实现个人成长的机会。从"相关组织号召/动员"和"学校有相关志愿要求"两个选项分别占比21.76%和12.51%，可以看出，志愿服务不仅是个人自愿参与的活动，也常常受到组织或学校的推动。从自身体验出发，"热爱志愿活动"和"体验生活"分别占比50.41%和34.36%，这类志愿者主要是对志愿活动本身抱有浓厚的兴趣，享受其中的乐趣和满足感，希望通过志愿活动接触不同的社会群体和环境，丰富自己的生活经历，开阔眼界。也有从个人需求出发的动机，"为简历添彩/增加职业竞争力"和"增加综测分数"分别占比9.07%和8.43%（见图14）。

参与志愿服务的动机在一定程度上会影响志愿者的行为和态度,进而影响志愿服务的效果。

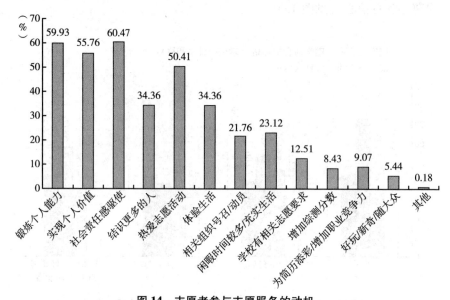

图14　志愿者参与志愿服务的动机

5.参与志愿服务遇到的困难

有48.69%的志愿者在参与志愿服务过程中没有遇到困难,但大部分志愿者遇到的困难各有不同,服务对象不配合占比为34.63%,这涉及沟通、理解、信任等多个方面因素,需要考虑提供更多的培训和支持。11.51%的志愿者认为自身才能得不到发挥,在某些方面缺乏相关技能或经验,导致无法充分发挥自己的才能,从而面临难题和挑战。24.84%的困难源于周围的人不理解,会遭遇周围人对活动的怀疑或冷漠态度(见图15)。总的来说,志愿服务中的困难是多方面的,需要政府、社会和志愿者共同努力来解决。

(三)越秀区志愿服务参与城市治理的现状

52.49%的志愿者认为越秀区现有的志愿服务对城市治理非常有作用,35.27%的志愿者认为比较有作用,这说明志愿者认可越秀区志愿服务对现代化城市治理的积极贡献(见图16)。

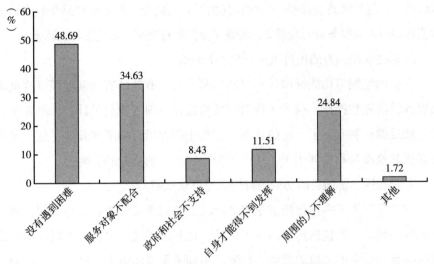

图15　志愿者参与志愿服务遇到的困难

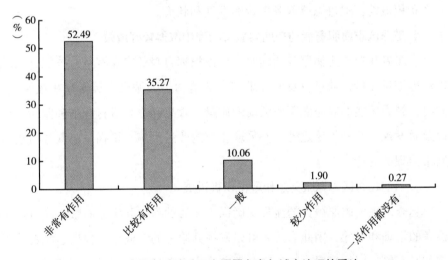

图16　志愿者对越秀区志愿服务参与城市治理的看法

1. 志愿者参与越秀区志愿服务有较好的体验感与收获感

越秀区为志愿者提供了良好的志愿服务环境和支持体系，志愿者能够充分发挥他们的能力，参与符合自身价值观和兴趣爱好的项目，并且志愿者与被服务对象之间的互动和情感交流也为他们带来了丰富的人际关系拓展和心灵

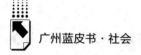

成长机会。越秀区通过表彰、奖励和其他形式的鼓励，使志愿者感受到自己的价值和参与志愿服务活动的意义，增强了他们的自豪感、归属感和成就感。

2.越秀区组织方的项目组织管理能力较好

良好的组织机构能够确保项目的顺利运行，有效的管理制度可以规范志愿服务的流程和操作。越秀区在组织机构建设、项目规划设计、志愿者培训指导和反馈机制上下了一定的功夫，有助于确保项目的顺利开展，使志愿者能够更好地参与和发挥作用，从而提升志愿服务的质量和影响力。

3.越秀区志愿服务活动的内容形式受群众欢迎

越秀区提供了多样化的志愿服务活动，志愿者可以选择参与不同领域的志愿服务活动，既包括传统的线下活动，也新增了线上平台。创新的活动形式能够吸引更多的志愿者参与，并满足不同志愿者的需求。同时，活动的灵活性使志愿者能够根据自己的时间和能力安排参与频次，提高了志愿者的参与度和积极性，促进志愿服务事业的发展和壮大。

4.越秀区志愿服务活动在助力城市治理中取得较好成效

志愿者在参与志愿服务活动时，可以根据自身的专业背景和技能，为城市治理提供支持，通过自身的贡献和专业能力，为城市发展带来积极影响。同时，越秀区能够对志愿服务活动的质量、效果和影响进行评估和监测，可以及时发现问题和不足之处，并采取相应的改进措施，增强志愿服务活动对城市治理的支持。

5.当前越秀区志愿服务工作取得积极进展

越秀区规范志愿服务的流程，确保志愿者的参与和服务质量，注重对志愿者的培训和引导，因此志愿者可以发挥其服务的专业性。根据志愿者的兴趣和时间等方面的情况，越秀区合理安排志愿者参与的项目内容和时间，这种个性化的安排可以激发志愿者的积极性和热情，提高志愿服务的质量和效果，为社区和社会做出积极贡献。

志愿者们对越秀区志愿服务活动给予了积极的评价（见图17），这表明越秀区志愿服务工作得到了广泛的认可和支持。但在一些具体方面仍存在不足，随着城市规模扩张和人民需求增加，越秀区需要弥补当前存在的不足以满足人民群众日益增长的对美好生活的需要，推动越秀区志愿服务活动高质量发展。

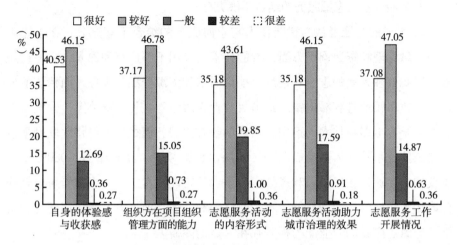

图 17　志愿者对越秀区志愿服务活动的评价

二　越秀区志愿服务参与城市多维治理存在的不足

（一）经济方面

1. 对志愿驿站和志愿者的补贴较少

超过五成的志愿者认为当前存在对志愿驿站和志愿者补贴较少的情况，这是越秀区志愿服务存在的一个明显不足之处。有不少志愿者指出驿站的设施过于简陋，较少的补贴限制了志愿驿站的运营和发展。志愿驿站作为提供公益服务的重要场所，需要支付人员工资和日常运营费用等，而缺乏足够的补贴会导致其经费来源不足，难以维持正常运转。某组织负责人指出："全市关于志愿者的补贴需要有统一的标准，区与区之间的差别不小，标准不统一会阻碍志愿者的成长。要给予志愿者足够的后勤保障，这样志愿者才能有归属感。"（访谈编号：08161135）志愿者在提供服务

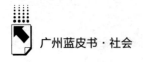

时投入了时间和精力，但得不到补贴，会致使其积极性下降，影响服务的质量和效果。

2. 智能技术与志愿服务的结合不够充分

42.52%的志愿者认为智能技术与志愿服务的结合不够充分，在志愿服务的信息管理和资源调配方面，智能技术的应用不够广泛和深入，志愿组织通常需要处理大量的志愿者信息、项目需求和资源分配等事务，而传统的处理方法效率较低且容易出错。某项目负责人表示："进入新时代，大城市的发展需要有更多新技术的运用，从而创新志愿服务模式，如何将互联网平台及新媒体技术等融入活动需要进一步探讨和思考。"（访谈编号：08091530）不仅如此，通过在线学习和虚拟实践平台等智能技术工具，志愿者可以轻松获取相关领域的知识和技能，不受时空限制，但目前这方面的应用还比较有限，导致志愿者的专业能力提升存在一定的障碍。

（二）文化方面

1. 文化辅导和教育服务功能的提供相对有限

接近一半的志愿者认为当前志愿服务提供文化辅导和教育服务的能力相对有限。目前，志愿者的文化辅导和教育服务缺乏对多样化文化需求的覆盖，导致许多文化活动无法得到充分的关注和支持。某志愿者骨干表示："我们志愿者更多是一个辅助的角色，发挥的作用更多是业余的。"（访谈编号：08091140）"当下志愿服务的培训课程受限、体系不完善等，可能导致志愿者的素质和能力参差不齐等问题。"（访谈编号：08211409）尽管志愿者热心于分享自己的兴趣和经验，但他们往往缺乏系统性的教学知识和专业技能，无法满足居民对于专业性指导的需求。志愿者文化辅导和教育服务的开展也面临各种资源的不足，如教材、设备和场地等不足，限制了他们提供更全面、丰富的文化辅导和教育服务的能力。

2. 骨干和专业化志愿者较少

骨干志愿者是组织中非常重要的一支力量，然而，目前面临的问题是骨干志愿者数量有限，难以满足社区居民对于高质量、专业化服务的需求。访谈中多位人员表示："在志愿服务过程中，往往存在服务专业性不明显，专业化志愿者较少且专业化的培训较少的情况。"（访谈编号：08211409）"人人都可以做志愿者，但不可否认，一些涉及专业知识的志愿服务项目需要更多的专业志愿者来支持。"（访谈编号：08080930）由于缺乏专业志愿者，文化辅导和教育服务往往无法提供精细、深入的指导和支持。而目前的培训和发展机会相对有限，缺乏系统性和针对性。

（三）社会方面

社区活动的开展存在形式主义倾向。近40%的志愿者认为志愿活动确有形式主义现象存在，在活动策划阶段将重点放在了外在的活动形式、礼仪和程序上，而忽略了活动的核心目的和实际效果，这导致一些社区活动缺乏深度和内涵，无法真正满足居民的需求。某群众指出："志愿服务不宜搞太多形式的活动，还是要关注我们群众的需求再来开展。"（访谈编号：08171030）活动执行中过于注重形式化的程序和仪式，使得活动僵化和刻板，参与者无法真正融入活动，缺乏参与感和互动性，此外，活动评估偏向形式化的标准和指标。在评估社区活动时，主要关注的是活动的规模、参与人数和宣传效果等表面指标，而对于活动的实际效果、社区居民的参与程度和满意度等因素关注较少，导致对活动质量的评价存在片面性，不足以真实反映活动对社区的实际影响和改善效果。

（四）生态文明方面

1. 环境保护宣传覆盖范围较小

56.3%的志愿者认为越秀区环境保护宣传在覆盖范围方面存在不足，目前的宣传工作主要针对特定的受众群体，如学校、社区或企业等，而与其他一些群体和人群的接触面相对有限，导致了环境保护宣传的信息无法全面传达给更广泛的人群，阻碍了环境保护观念的普及和践行。此外，环境保护宣传的渠道有限。目前的宣传主要通过媒体、学校等固定渠道进行，缺乏创新和多元化的传播手段。

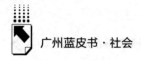

2. 生态恢复和保护志愿服务活动规模相对较小

50.68%的志愿者认为生态恢复和保护志愿服务活动规模较小，体现在生态恢复和保护活动的范围有限，当前的活动通常只集中在一些特定的区域或景点，缺乏对整个区域甚至整个生态系统的全面覆盖，限制了生态恢复和保护的整体效果。生态恢复和保护活动需要社会广泛参与，但目前参与活动的人数有限，活动的规模相对较小，难以有更大的影响力和更好的效果。志愿者通常是非专业人士，只能起到辅助作用，因此，在实际操作中，志愿者的能力受到限制，影响了治理效果的达成。

三　越秀区志愿服务参与城市多维治理的问题成因

（一）志愿服务活动经费不足

越秀区人口众多、社区复杂，需要开展大量的志愿活动来满足居民的需求，然而现有的经费无法满足这一需求，导致活动的规模和质量受到限制。而为了激励志愿者积极参与，必须提供一定的福利和保障，志愿者组织在经费有限的情况下难以给志愿者提供足够的福利待遇。此外，经费有限也给志愿服务组织和驿站带来运行上的麻烦，限制了志愿服务的实际效果。

（二）志愿服务管理力量不足

越秀区志愿服务存在管理制度规范不健全的情况，志愿服务组织往往缺乏完善的管理制度和规范，导致管理工作的效果和规范性有待提升。某组织负责人表示："现在的志愿者有点偏向于功利化，青少年志愿者蹭志愿时、志愿时达到要求后就不再参与等情况也频繁出现，学校应当引导组织好学生，对接相关团体项目，让同学们了解志愿、参与志愿、热爱志愿，而不是为了分数、时数而被迫参加。"（访谈编号：08161135）在志愿者队伍的组成方面，由于缺乏针对性的招募策略和激励机制，志愿者往往是临时性参与，缺乏持续参与和长期承诺，而缺乏明确的引领策略也无法有效引导志愿者的工作方向和目标，志愿者难以找到适合自己的志愿服务项目，无法将个人能力与社区需求相匹配。

（三）志愿者的培训和保障机制不健全

志愿者的培训和保障机制不健全是越秀区志愿服务存在问题的原因之一，培训时间存在不合理的情况，使志愿者难以参与其中。某驿站站长提出："今年（2023 年）志愿者培训经常是在工作时间开展，但是骨干志愿者基本不能参加，因为骨干志愿者也需要上学或者上班。"（访谈编号：08081541）志愿者的培训机制不健全，目前的培训方式较为简单和零散，缺乏系统性和持续性，限制了志愿者在实践中的工作效果，影响工作的质量和效益。某组织负责人表示："我们现在面临一个问题就是志愿者骨干很少，各个驿站及社区队伍基本上老龄化很严重，一个健康的队伍除了年长者指导方向外还需要中青年担任中坚力量。"（访谈编号：08080930）此外，志愿者的权益保障不够。志愿者参与志愿活动是出于公益和社会责任的考虑，但在实际操作中，他们的权益得不到保障。志愿者劳动权益、人身安全、隐私保护等方面的问题未能得到充分重视和保障，这使志愿者产生一定的顾虑和担忧，也会限制更多社会积极力量的加入。

（四）缺乏有效的监督和评估机制

首先，缺乏对志愿者工作的实时监督。目前，志愿服务中缺乏有效的监督机制，无法及时了解志愿者的具体工作情况和工作效果，导致工作中存在的问题得不到及时解决，影响整体的工作效果。其次，缺乏全面的评估机制，在志愿者工作结束后，缺乏完善的评估机制对志愿者的工作进行综合评价，因而无法对志愿者的工作贡献进行全面、客观评估。最后，缺乏对志愿者培训效果的跟踪评估。没有对志愿者在培训后所掌握的知识和技能进行有效检验和评估，就无法确定培训的实际效果以及对志愿者工作的影响，限制了培训的持续改进和提升志愿者能力的效果。

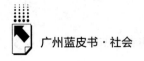

（五）智能技术与志愿服务的结合不够充分

首先，智能技术在志愿服务中的应用并不普遍，特别是在信息管理和资源调配这两个关键领域。志愿服务组织往往需要处理大量的志愿者资料、项目需求等复杂事务，但基本还停留在传统的处理方式上，这不仅效率低下，而且容易产生错误，阻碍了工作的高效开展。其次，智能技术在数据分析方面的潜力巨大，但在志愿服务中，对数据的收集、分析和应用可能并不充分，导致志愿者的匹配度和服务的有效性无法最大化。最后，随着智能技术的使用，数据安全和隐私保护变得尤为重要，但志愿服务组织可能缺乏足够的技术和专业知识来确保这些问题得到妥善处理。

四　越秀区志愿服务参与城市多维治理的未来展望

（一）完善志愿者管理制度

首先，建立全面的志愿者培训机制。志愿者在参与具体项目之前，应接受相关培训，包括志愿者精神、工作职责、沟通技巧等方面的知识。合理开设相关培训课程，提高项目的运作效率和成果。其次，建立科学合理的志愿者考核评价机制。通过定期对志愿者进行评估，了解他们的服务情况、工作态度和效果，并及时给予反馈和奖励，激励志愿者更好地投入志愿服务，提高整体服务质量。最后，建立志愿者信息保护制度是保护志愿者合法权益和个人隐私的重要措施，确保信息安全和隐私保护。

（二）统筹谋划志愿服务资金来源与管理策略

首先，积极争取社会资源和企业捐赠，扩大志愿服务的资金来源，与社会组织、企事业单位建立合作伙伴关系，引导他们积极参与志愿服务，鼓励企业开展企业社会责任项目，形成共赢局面，实现资源共享和优势互补。其次，加强对志愿服务经费的管理和监督，确保经费使用的透明和效益。建立健全的财务管理制度，加强对经费使用情况的监督和审计，防止资源浪费和滥用。最后，建立多元化的资金激励机制，通过政策引导和税收优惠鼓励社会各界投入志愿服务。定期评估和表彰优秀的志愿服务项目和个人，吸引更多的社会关注和资金支持。

（三）培养并壮大具有专业能力的志愿者队伍

首先，注重专业培训和技能提升。通过建立全面系统的培训计划，为志愿者提供相关领域的专业知识和技能培训。同时，与高校、研究机构等合作，开展专家讲座和学术交流，提供更深入的学习机会，提高志愿者的专业素养和实践能力。其次，建立志愿者评价和认证体系。通过制定评估标准和程序，对志愿者的专业能力和服务质量进行评价和认证。最后，建立完善志愿者参与决策和管理的机制。鼓励志愿者积极参与志愿服务项目的规划、组织和评估。此外，建立志愿者队伍管理体系，包括建立志愿者档案、定期沟通和回访等，使志愿者成为可持续的资源，并为他们提供更好的支持和关怀。

（四）加强志愿服务组织与政府、企业等利益相关方的协调合作

首先，政府部门在志愿服务发展中扮演重要角色。政府应加强对志愿服务活动组织和管理的引导，提供必要的政策、资源和支持，确保志愿服务工作的安全、有效和可持续，促进志愿服务事业的健康发展。其次，企业是志愿服务的另一重要利益相关方。企业可以通过赞助、捐赠或提供技术支持等多种方式参与志愿服务工作，履行社会责任。志愿服务活动也可以为企业提供人才招聘、品牌传播的新领域，实现企业与社会的双赢。再次，社会组织和志愿者是志愿服务的核心力量。社会组织可以发挥桥梁纽带的作用，在政府与企业之间协调沟通，引领志愿服务的创新和发展。志愿者则是志愿服务工作的基础和动力，为社会和谐进步做出了不可替代的贡献。最后，志愿服务发展需要各利益相关方共同参与，多元结合、商社联动，从而形成合力。政府、企业和社会组织应该加强沟通和协调，志愿者应发扬志愿奉献精神，共同推动志愿服务事业的持续发展。

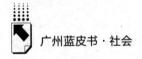

（五）将智能技术与志愿服务充分结合

首先，创建虚拟现实体验场景。利用虚拟现实技术为志愿者提供培训，让他们在参与实际志愿服务之前，能够在虚拟环境中模拟各种场景，如紧急救援、灾害应对等。其次，推进智能技术在志愿服务中的应用创新。结合人工智能、物联网、虚拟现实等技术，开展创新型项目，智能技术的应用不仅能够提高志愿服务的效能和质量，还能为志愿者提供更多创新性的服务方式和体验。最后，利用人工智能和机器学习算法，对志愿者服务数据进行分析和挖掘，发现潜在需求和问题，为政府和社区提供决策参考。

B.10
广州社保费争议联合处置机制
创新实践研究[*]

社保费争议联合处置机制研究课题组**

摘　要： 近年来，广州社保费争议数量持续快速攀升，相关部门坚持和发展新时代"枫桥经验"，通过建设处置新体系、探索处置新模式、推进处置新方法和构建处置新格局，打造社保费争议联合处置机制。相关实践通过优化引领、贯通、联合、参与环节，完善了社会治理体系；在便利、增效、维稳等方面，提升了社会治理能力。广州社保费争议处置的主要问题在于：因相关改革顶层设计不完善导致处置难度较大，因征管职责分散导致处置流程复杂，回应征管要求标准提升的技术手段信息化建设滞后。以上问题在广州的体现相对突出，广州的回应要求也相对迫切。当前广州应当立足"税务部门统一征收"社保费实践，推进社保费联合处置机制的法治化、协同化、信息化建设，在防范重大风险、解决突出问题、提升技术能力、优化工作机制、探索创新突破、提炼先进经验等方面推进社保费争议联合处置机制深化建设。

---

* 本文数据均来自国家税务总局广州市税务局社会保险费处工作资料。

** 课题组组长：赵竹茵，博士，广州市社会科学院城市治理研究所副所长、研究员，研究方向为城市治理和地方法治；卢民勇，国家税务总局广州市税务局社会保险费处处长，研究方向为当代社会保险制度与实践。课题组成员：彭林，博士，广州市社会科学院城市治理研究所副研究员，研究方向为国家社会关系、流动社区治理；陆闯，博士，广州市社会科学院城市治理研究所助理研究员，研究方向为央地关系和基层治理；胡彦涛，博士，广州市社会科学院城市治理研究所副研究员，研究方向为城市治理法治化；孙占卿，博士，广州市社会科学院城市治理研究所副所长、副研究员，研究方向为基层治理、新型社会问题和社会风险；葛松晖，国家税务总局广州市税务局社会保险费处科长，研究方向为当代社会保险制度与实践；夏文玲，国家税务总局广州市税务局社会保险费处四级调研员，研究方向为当代社会保险制度与实践；姜海军，国家税务总局广州市税务局社会保险费处主任科员，研究方向为当代社会保险制度与实践。执笔人：赵竹茵、姜海军、陆闯。

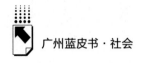

关键词： 社保费争议　枫桥经验　联合处置

我国经过近 30 年努力，建成了世界上规模最大的社保体系。与此同时，部门间职责的不协调、不配套等问题，影响了社保费争议处置质效，成为基层社会治理的潜在隐患。2023 年是毛泽东同志批示学习推广"枫桥经验"60 周年暨习近平总书记指示坚持发展"枫桥经验"20 周年。4 月中旬，广东省召开多元共治推进基层社会治理、发展新时代广东"枫桥经验"现场会，对相关工作进行部署。当前我们要从党和国家领导人的批示、指示中深刻领会"枫桥经验"的历史内涵，根据高质量发展要求探索其新时代导向，将创新的社会治理方法、方式和理念逻辑框架贯穿社保费争议处置实践，找到化解矛盾的有效手段，在高质量发展中不断追求、揭示和笃行社会治理时代价值。

一　广州创建社保费争议联合处置机制的背景

（一）社保费争议数量持续上升、处置难度大

党的二十大提出要以社会保障的高质量发展服务中国式现代化的实现。提高社会保障发展质量，推进社保费治理能力现代化是服务中国式现代化的重要方面。广州的参保规模庞大，目前有 100 多万户缴费企业、1400 多万名缴费自然人。2019～2022 年，广州通过"12345 市民热线"、"12366 纳税服务热线"和"互联网+督查"等渠道反映的社保费争议案件（含投诉、举报、信访）分别为 3008 宗、3670 宗、4477 宗和 4704 宗，年均增速达 15%以上（见图 1）。投诉举报人多为一线生产工人等较低收入群体，或临近退休人员，引导带动性强，容易形成集聚效应，处理不当易激发群体性矛盾。社保费争议解决链条长，往往需要税务、人社、医保、司法等部门介入，其中引发的群访维稳等事件，还需要信访、公安、政法

等部门处理，各部门之间的协调难度较大，争议处置往往进展缓慢、久拖难决。

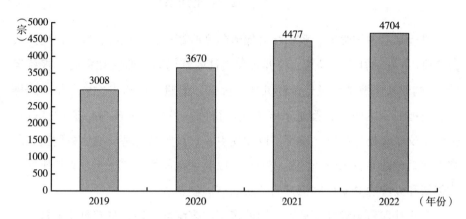

图1 2019~2022年广州市社保费征缴争议案件（含投诉、举报、信访）数量

（二）广州努力创新探索新时代"枫桥经验"

随着时代变迁，"枫桥经验"不断被赋予新的内容。2003年11月，习近平同志在浙江纪念毛泽东同志批示"枫桥经验"40周年大会上明确提出，要牢固树立"发展是硬道理、稳定是硬任务"的政治意识，充分珍惜"枫桥经验"，大力推广"枫桥经验"，不断创新"枫桥经验"，切实维护社会稳定，[①] 这为我们在新的历史时期推进和创新社会治理指明了方向。遵循"枫桥经验"历史内涵的逻辑框架，广州社保费争议联合处置机制在社会治理方法、方式和理念方面不断实践创新，力求坚持和发展新时代"枫桥经验"。在治理方法上，通过坚持传统服务方式和智能化服务方式创新并行，实现治理手段数字化创新；在治理方式上，通过不同部门合作促进体制内从以职权为边界向以问题为导向的工作模式转化，实现治理方式合作化转型；在治理理念上，强调调动多元力量恢复社会内生秩序处置争议，实现治理理念的转型。

---

① 《习近平讲党史故事》，人民出版社，2021，第250页。

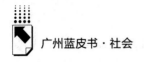

二 广州社保费争议联合处置机制的创新实践 与社会治理价值

习近平总书记强调,我国社会保障制度改革已进入系统集成、协同高效的阶段。① 针对社保费争议,广州社保费征收部门以"坚持和发展'枫桥经验',构建社保费争议联合处置机制"思路,按照"边试点、边总结、边推广、边提升"的策略,推进系统集成、协同高效的创新实践。通过打造社保费争议联合处置机制,实现了以党建引领资源整合为特质的体系创新、以多方联动调处并行为特质的模式创新、以数字赋能线上线下结合为特质的方式创新和以资源共享协同治理为特质的格局创新。

广州社保费争议联合处置机制的多层次多维度创新,具有重要的社会治理价值:通过优化引领、贯通、联合、参与环节,完善了社会治理体系,在增效、便利、维稳等方面,提升了社会治理能力。

(一)党建引领,整合资源,建设社保费争议联合处置新体系

一是强化党建引领,依托各级党组织整合资源。坚持党建引领、系统施策的工作思路,把党建工作有机嵌入联合处置工作各环节。其一,坚持把党的领导摆在联合处置工作的首要位置,推动地方党委政府主导建立社保费争议联合处置机制,构建党委领导、政府负责、社会协同的党建引领联合处置工作新体系。其二,通过各级党组织在社会治理中的引领带动、调解平衡作用,在"全市一盘棋"指导思路下,实现各方治理主体紧密地通过党组织推进工作,通过党组织统筹、协调各职能部门参与社保费争议联合处置工作。

二是坚持以人民为中心,打造"一站式"便利化流程。针对社保费争议时常与劳动争议并发,群众因流程不清存在"多头跑""多次跑"现象,搭建"由街道负责争议受理和部门召集、税务部门负责征缴和社保费征收政策解释、人社部门负责协助处置和劳动争议调解、医保部门负责医保待遇

---

① 《习近平谈治国理政》(第四卷),外文出版社,2022,第345页。

政策解释、司法部门负责人民调解"的工作职责架构。将社保费争议联合处置机制融入地方平安建设体系，以综治中心为平台、综治信息系统为支撑、线上办理为方向，借助基层调解队伍力量，按照"1+6+N"基层社会治理工作体系①要求，打通争议受理、调处、防范全链条，"一站式"解决群众"急难愁盼"问题。

广州社保费争议联合处置新体系的社会治理价值在于，在体制内建立纵向贯通、横向联合的联动、联防、联控机制，优化了社会治理体系，为在增效、便利、维稳等方面提升治理能力奠定了基础。在纵向上，以社保费征缴争议联合处置工作为主轴，以维护辖区稳定为目标，建立"市—区—镇（街）—联合处置中心"的纵向联动体系；在横向上，加强税务、信访、人社等相关职能部门联系，建立"多部门参与"的社保费舆情维稳联防联控体系。

以从化区和增城区为例，两区通过区委政法委牵头建立了多部门参与的联合处置机制，开展重大争议的联处联调。从化在此基础上，先行构建完善了"税务主导征收，人社、医保主责管理，司法、信访、维稳等职能部门协同共治"的"1+3+N"社保费争议联合处置机制（见图2）。

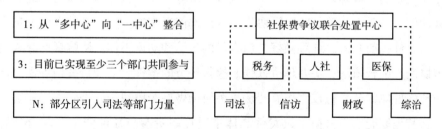

图2　"1+3+N"社保费争议联合处置机制

---

① "1+6+N"基层社会治理工作体系是由广东省提出的矛盾纠纷多元共治工作体系。"1"指综治中心，"6"指综合网格、法院、检察院、公安、司法以及"粤平安"社会治理云平台，"N"指其他政法、综治和社会力量。"1+6+N"基层社会治理工作体系建设，即在党委领导下，以乡镇（街道）为重点，以"1+6+N"工作体系为重要抓手，聚焦"镇村（街道、社区）风险排查、就地矛盾化解、强化诉源治理、促进讲信修睦，围绕形成矛盾纠纷"发现—研判—流转—处置—反馈"工作闭环，做到"矛盾纠纷多源收集、综治中心一站式统筹、专业队伍多元调处、工作流程闭环管理"，最大限度将各类矛盾风险防范在源头、化解在基层、消除在萌芽，努力打造新时代"枫桥经验"样板。

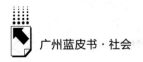

（二）多方联动，调处并行，打造社保费争议联合处置新模式

一是拓展多方联动工作新模式，构建高水平闭合处置链条。其一，整合受理渠道。科学梳理社保费争议受理渠道，将税务部门办税服务厅、辖区税务所、"12345"、"12366"、书信传真、互联网以及镇（街）综治中心整合纳入争议受理环节。其二，分类联合处置。甄别情况复杂、劳动关系不确定或者存在较大舆情、容易引发群体性维稳风险的复杂争议，通过镇（街）综治中心统筹调度，启动多部门联合处置机制化解争议纠纷。其三，闭环反馈结果。争议案件联合调处后，镇（街）综治中心将处置意见告知当事人和相关职能部门，相关部门按照处置意见开展后续执行程序。

二是创新调处并行工作新模式，以促进矛盾源头化解。其一，推动政法部门统筹协调。统筹组织建立本区域社保费争议联合处置机制，协调社保费争议矛盾纠纷排查化解和指导处置信访维稳问题。其二，落实税务、人社、医保部门主责。税务部门协调做好社保费争议不同渠道受理汇总、甄别研判、普通争议办理、复杂争议发起联合处置等工作；人社部门负责争议案件劳动关系的仲裁确认、调查核实和联合调解等工作；医保部门参与会商和联合调解。其三，相关部门协同协作。信访部门对影响重大、人数众多的集中上访案件提前介入，统筹做好上访人员的息访和劝返工作。法院提前介入调解协商，配合依法尽快办理进入强制执行环节的案件。公安机关协助做好涉访涉稳群体的疏导稳控工作。司法机关协助做好矛盾纠纷调处及人民调解工作。其他职能部门根据争议案件具体情况按职责参与社保费争议联合处置工作。

社保费争议联合处置新模式的社会治理价值在于，通过优化相关部门的工作流程，在处置效率方面提升了社会治理能力。在社保费争议联合处置中心，争议事项平均办理时间减少3.75个工作日、单件疑难事项处置平均总时长减少40%，处置成功率和缴费人满意率实现"双100%"，切实提升了人民群众的获得感、幸福感。

在近期的实践中，南沙区东涌镇社保费争议联合处置中心接到某橡胶制品有限公司 160 余名员工停工聚集到镇政府要求企业补缴社保的预警后，一方面立即通知公安、综治等部门，成功阻止了部分员工到人员密集地区聚集上访；另一方面立即启动行业商会、行政机关、司法部门的多元快速调解机制，促成劳资双方达成调解协议，企业按时间节点有序补缴，员工正常返工。

（三）数字赋能，"线上+线下"，推进社保费争议联合处置新方式

一是开拓"线下中心+线上平台"，打造便捷的争议处置流程。其一，为了方便广大市民群众，在科技园区等争议高发地设立税费矛盾纠纷多元化解工作站，以"工作站"为载体，打造多元服务示范区，为民营企业提供近距离、智能化、规范化服务，让企业足不出园即可解决社保费争议。其二，积极探索"V-Tax 远程可视化办税平台""矛盾纠纷多元化解平台"等非接触式办税缴费渠道与线下联合处置工作的结合应用，推进征缴争议案件实现"云端受理、线上调解、资料审核、补缴办理"，以信息"通"替代群众"跑"，提高处置效率。

二是实现"线下一站式、线上一码通"，推动争议的快速调解。在社保费争议处置的核心环节调解机制中，结合职能部门工作实际和缴费人的需求，着力推进争议在线下、线上的快速调解。企业、缴费人、职能部门通过小程序、公众号、网页等掌上、线上、网上端口登录线上平台，运用手机、电脑等视频功能即可实现在线申请、在线调解、在线确认、在线送达的"一站式"调解目标。在具体案件的调解中，通过建立调解工作群等方式，使各方主体可以实时掌握工作进度。

社保费争议联合处置新方式的社会治理价值在于，通过深入贯彻以人民群众为中心的理念，在为缴费人提供便利方面提升了社会治理能力。通过"只进一扇门+争议一站结"、"法院+税务"矛盾纠纷多元化解工作站等方式，为民营企业和广大人民群众提供近距离、智能化、规范化服务。针对特殊群体，组建社保业务"我帮你"服务队，为残障、重病、失能、年迈等群体提供上门服务，解决特殊人员涉社保业务"急难愁盼"的问题。

越秀区通过将联合处置机制与"越秀先锋"基层智慧治理平台深度融合，建立跨部门实时沟通联络工作群，打通各部门信息壁垒，群组成员在处置全过程可实时查询和了解各部门的办理意见和进度，实现了社保费争议处置"零延迟交互、扁平化处置、统管型指挥"。

（四）资源共享，协同治理，打造社保费争议联合处置新格局

一是主动对接基层社会治理部门。充分利用基层社会综合治理部门的场地、人员、信息和工作流程资源，依托各镇（街）综治中心这一实体，落实社保费争议联合处置机制的运行。通过设置在全市各镇（街）的综合治理维稳中心，把社保费争议化解服务送到基层群众的"家门口"，打通服务群众"最后一公里"，实现矛盾争议网格内就地化解。通过联合处置与劳资纠纷预防工作联动，对违反社保费缴纳相关规定的用人单位进行联合处置。

二是充分发挥社会力量积极作用。对于涉及劳动、医保和社保费争议等复杂纠纷和涉及人数众多、舆情维稳风险高的纠纷，充分利用行业协会（商会）、公职律师团队和工会等社团力量，搭建政府、企业、职工和社团多方沟通平台调和矛盾。通过行业协会（商会）促进用人单位依法履责，通过代表职工利益的各级工会调和职工诉求，再由律师提供法律宣传辅导队进驻社保费争议联合处置中心，形成多方协同调处矛盾纠纷的共治新格局。

社保费争议联合处置机制的社会治理价值在于，通过合作共建形成社会力量积极参与的多元共治格局，提升了维护稳定的社会治理能力。以"集中民智、维护民利、凝聚民心"为原则，建立社保费征缴争议调处工作机制，引导行业协会自治管理，发挥公职律师调解优势，争取基层组织和社会力量多元协同参与调解工作，致力于争议事项就地及时化解，推动构建全民共建共治共享的社保费治理格局。

一个典型的事例是广州市番禺区税务部门在全市首创了社保费争议调处联络员机制，引入社会力量协同共治参与社保费争议处置。首批受聘的16

位社保费征缴争议调处特邀联络员，包含区人大代表、政协委员、行业协会会长等，通过这些"守法表率、普法先锋、解纷能手"的社会影响力和服务企业的优势，助力社保费征管部门与涉事企业负责人精准对接，共同参与争议调解，引导用人单位主动配合征缴工作，自觉履行依规参保的义务，助力争议矛盾快速解决。

三　广州社保费争议联合处置机制的主要问题及成因分析

社保费争议联合处置机制，针对具体问题完善了广州的社会治理体系，提升了社会治理能力。但是，对标坚持和发展新时代"枫桥经验"的更高标准，当前这一机制仍然存在亟待改革的问题，还需要进一步深入贯彻习近平总书记关于社保工作重要论述，针对社保费争议处置面临问题的根源、形式以及突出表现进行深入分析，为进一步深化推进相关工作提供思路。

由于广州从改革开放早期开始经济活动就相对繁荣，因此相关改革顶层设计不完善、征管职责分散、技术手段信息化建设滞后带来的社保费争议处置问题在广州体现得较为突出。关于历史遗留问题、灵活就业问题、主动清欠实践的问题，是广州当前迫切需要解决的问题。同时，由于广州是在全国较早实施社保费"税务部门统一征收"的城市之一，因此征管职责分散给广州带来的争议处置影响相对较大。而且，由于争议数量多、处置难度大，广州市社保费征管执法对技术手段信息化建设的需求相对较大。

（一）社保费改革顶层设计不完善导致争议处置难度较大

社保费争议处置面临问题的根源在于相关改革的顶层设计虽然在不断推进，但不够完善。由于时代政策差异较大，历史遗留问题逐渐凸显，对于这些问题现阶段的相关法律法规建设滞后，相关处置措施的制度基础不足。

一是关于历史遗留的社保费参缴率低问题，现行政策指引不明确。在我国构建社会保障体系早期，尤其是2019年1月1日由税务部门统一征收之前，社保费参缴率相对较低。由于成本问题和意识落后，在相当长一段时间内有相当多的企业和职工参缴不积极：企业少缴情况相对普遍，也有很多职工为了追求短期利益，情愿到名义工资稍高的未参保企业就业。随着早年就业的劳动者进入退休年龄，历史上的不积极参保成为引发现阶段社保费争议的根源，现行政策关于社保费追缴时效、欠缴定性程序等问题的规定有待进一步明确。

二是关于当前部分灵活就业的社保费征缴依据，相关法律法规建设滞后。我国现行的社保制度主要由《社会保险法》做出原则性规定，由国务院、人社部出台相关规范性文件加以具体明确和调整。但由于我国经济社会发展迅速，经济制度和社会保障制度经历了重大的改革，原有制度和现有制度衔接不够通畅。在社保费问题上，这种制度衔接问题突出体现在部分农民工、新业态从业人员以及其他灵活就业人群没有充分纳入社会保障体系，存在"漏保""脱保""断保"情况，相关部门在社保费争议处置工作中缺乏充分的法律依据，极大地提升了处置难度和处置风险。

三是关于引导企业主动清欠的现有政策，有待结合实际情况予以调整。由于历史原因，部分企业的早期社保欠缴情况较为普遍，欠缴额度大。在现阶段处理社保费欠缴工作中，在企业主动清缴社保费时，需要一并清缴历史欠费，包括单位缴费部分、个人缴费部分以及社保费欠费滞纳金。但随着缴费基数与费率逐年上调以及2023年4月广东社保费滞纳金暂缓加收政策到期，大额的欠费本金及滞纳金给企业带来较大的缴费压力，这不仅使得企业配合清缴欠费的主动性降低，而且给企业的生产经营存续带来一定挑战，给社保费争议处置及经济持续稳定运行带来潜在风险。

（二）社保费征管职责分散导致争议处置流程复杂

同样，由于我国经济社会的快速发展，以及社会保险制度的转轨，我国的社会保险费征管机制发生过重大的调整，征管机制涉及的部门多，新的征管机制很多细节仍然在磨合，存在很多模糊空间。以上原因导致现阶段的社保费争议处置相关部门的职责范围以及协作机制不够明确，带来争议处置工作流程复杂，实际工作中可能出现推诿扯皮、数据相互矛盾、"走回头路"等现象，极大地降低了社保费争议处置的效率和相关群众的实际体验。

一是社保费征管工作涉及部门职责范围不明确，协作机制不完善。现行的《社会保险法》规定社保行政部门、卫生行政部门、社保经办机构、社保征收机构等对属于本部门、本机构职责范围的举报、投诉，应当依法处理。但由于各部门之间的职责范围没有清晰规定，在税务部门完成社保费征收工作后，面对社保费缴纳的相关举报投诉，特别是有关补缴社保费的举报投诉，各部门应当在社保争议处置工作中起到何种作用、负责哪些工作并不清楚，不同部门时常会出现相互推诿现象。同时，由于税务部门尚未实现与法院、劳动仲裁机关的相关信息充分共享，很多争议事件的处理效率降低、工作量增加，延长了争议处理链条，增加了争议事件演变风险。

二是社保费征管相关部门内部的分工合作机制不科学。以现阶段社保费征管工作的主责部门——税务部门为例，其内部尚未健全与"税费皆重"的税费征收现状相协调的体制机制，社保费征收相关业务集中于内设的社保管理部门，其专业化分工程度不够，人手和经费也相对不足。另一个社保费征管的重要机构——人社部门长期以来按照险种设置相应管理部门，此外另设法制、信息、财务和经办机构等多个部门。社保费征管重要部门各自沿用自成体系的机构设置逻辑，使得在面对具体争议纠纷时，税务、人社和其他相关部门如果需要进行跨部门协调，其中一个部门往往需要协调对方部门的多个内设机构，从而使得协调成本大大增加，阻碍了社保费争议联合处置跨部门协调机制的构建和磨合。

（三）回应征管要求标准提升的技术手段信息化建设滞后

在经济社会飞速发展、社会保障机制发生重大变革的背景下，我国社保费征管的顶层设计尚未成熟，社保费征管的具体执行机制尚未理顺，而在具体的技术手段层面，现阶段社保费征管工作在面临要求和标准提升的同时，

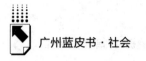

能够予以回应的信息化建设仍然滞后,使得征管工作在实际运行中"负重累累"。

一是现阶段社保费征收的相关要求相对较高,给执法工作带来一定困难。近年来,人社部门多次发文调整一次性补缴政策口径,随着劳动者的社会保险缴费维权意识增强,社会上对应参未参、应缴未缴等社保遗留问题的诉求越来越多、越来越强烈。国务院常务会议于2018年强调,在机构改革中确保社保费现有征收政策稳定,严禁自行对企业历史欠费进行集中清缴。这些社保费征收要求和标准的升级,确保了在社保费征收职责划转改革中"总体上不增加企业负担",具有重要的正面意义,但在社保费的实际征管工作中,在一定程度上增加了税务部门执法工作的难度和风险。

二是社保费征管工作的信息化建设相对滞后,信息技术支撑不够和信息共享程度不足。现阶段税务部门正在推进的"金税四期"工程在社保费征管工作信息化方面仍存在诸多难点。一方面,目前的社保费征收系统主要聚焦生产交易型业务,分析功能较少,再加上全国数据尚未统一归集整合利用,这使得社保费征收部门现在还难以通过数据分析为风险管理和决策提供精准支持。另一方面,虽然目前人社、医保和税务部门均已上线全国统一的信息系统,但各个部门的数据质量标准、采集校验标准等尚未统一,这使得社保费相关的数据清理工作还远远不能结束,从而极大地影响了社保费征管相关数据的交换质效。

四 深化广州社保费争议联合处置机制建设的建议

基于"枫桥经验"关于社会治理创新的逻辑框架,广州社保费争议联合处置机制面临的问题整体反映出提升相关工作的法治化、协同化、数字化水平需求。社保费征缴顶层设计问题集中体现了治理方式法治化的需求,征管职责分散问题反映出治理机制需要遵循协同治理理念进行转型,治理手段问题指出了数字化发展的具体要求。针对当前存在的主要问题,广州应当从以下几个方面深化社保费争议联合处置机制建设。

（一）加强顶层设计，以法治思维推行服务广州高质量发展的社保费清欠辅助政策，防范重大风险

一是通过地方立法，确定社保违规行为查处追溯时效。由人大等相关部门参考深圳立法确定 2 年法定追缴时效实践，提请上级立法机关修订《广东省社会保险基金监督条例》，明确社会保险费的追缴时效限制，以确定性的追缴时效和可预期的追缴金额，消除历史追缴问题对企业特别是民营企业扎根广州投资的负面影响。二是延续社保欠费滞纳金暂缓征收政策，助力群体性清欠事件快速解决。由税务、人社等相关部门提请上级主管部门制定出台文件，延续 2018 年社保费滞纳金暂缓加收政策，对于存在困难的企业，允许其通过申请暂缓加收滞纳金的方式先清缴本金，推动历史清欠问题快速解决，保障群众的社保权益。对于新兴业态、灵活就业形式的社保费追缴和企业清欠争议，参照本项建议予以处置。

（二）推进机制创新，统筹健全不同层面的常态化部门协调协作机制，解决突出问题

在社保费征收和争议处置中，由政法委牵头进一步强化常态化协作机制的部门主体责任，落实法定职责。一是建章立制，明确工作职责，尽快统筹社保费争议联合处置机制各参与单位，制定印发全市深化社保费争议联合处置机制建设工作方案。二是加强保障，加快推进协调综治部门，利用综治中心提档升级行动的契机，将联合处置机制建设工作纳入综治中心提档升级行动一并进行部署，落实场地、人员、设备和经费等保障。促进税务等部门运用镇（街）综治中心管理指挥系统推动"线上+线下"双通道联合处置，促进争议就地受理、就地化解。此外，在常态化协调协作机制中，要求各成员单位确定一个内设机构统一代表本单位参与相关工作，避免单位内部政出多门。

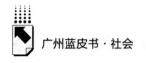

（三）力推"以数治费"，通过推进数字化手段应用解决社保费征收及处置中的信息联动问题，提升技术能力

由税务、人社、医保、财政等部门合力推进以下信息联动：一是在社保费征收环节，针对单位缴费人税费征收依据、管理方式趋同等特点，落实数据要素思维，建立社保费与税收的智能化数据调用、校验以及业务关联规则，实现税费"一户式"协同征收、服务和分析，提升征管效率，降低征纳成本。在终端拓展上，注重引入标准化应用框架，实现多终端便捷接入，多渠道规范一体服务。二是在社保费争议处置中，基于税费大数据运用，在前端构建社保费与所得税协同管理机制，依托风险预警指标体系，加强事前服务提醒、事中辅助校验、事后管理查处。三是对于社保费相关信息跨部门联动，推进人社、税务、医保、财政等部门常态化、制度化信息共享机制建设，统一平台数据交互标准，持续扩大部门信息共享范围。

（四）开展先行先试，在社保费争议联合处置实践相对成熟的区域深化改革，创新工作机制

在从化区等基层税务部门探索以下创新：一是优化税务部门内部职责分工，将社保费征收工作与税收同部署、同管理、同稽查、同考核，确保各项征缴措施落实到位。在进行日常检查、纳税评估时，将社保费征缴情况纳入检查、催缴范围，实行税费同管同查，督促缴费人及时、主动、足额申报缴纳社保费，从源头上减少社保费争议。二是探索由税务部门承担社保登记职责的做法，在税务部门做好审核（核定）的基础上，传达给人社、医保等部门，减少缴费人的法律遵守成本，促进税务部门履行社保费源监管职责。三是借助现有的税务稽查资源，由税务部门履行"用人单位和个人遵守社会保险法律、法规情况的监督检查"职责，充分发挥税务部门税费统管"大数据"优势，提高征管效率。

（五）破解重大难题，充分结合推进《南沙方案》实施、优化营商环境等城市发展契机探索企业欠费清缴等新实践，实现创新突破

综合贯彻落实《南沙方案》的便利性及区域内市场主体活跃程度等因素，在南沙等基层税务部门探索以下实践：一是针对企业历史欠费问题探索处置创新实践。针对企业历史欠费问题，由人社、医保和税务部门协同合作，共同做好数据收集、核实、整理。针对非主观逃避缴费义务的情况，在企业渡过难关之后，综合考虑法律法规和企业社保欠费的实际情况等因素，按照"从轻"原则制定追缴方案，以新的降低的社保费率清缴并减免滞纳金，妥善解决社保历史欠费，避免过度加重企业负担。二是针对企业破产重整等特殊情形，进一步加强税务、人社等部门与人民法院协调联动，充分征询破产管理人以及破产企业债务人、劳动者的意见，制定优化社保费清缴方案，使社保费征收争议处置围绕优化营商环境获得政策资源。

（六）加大宣传力度，系统总结推广广州社保费争议联合处置的成功做法，提炼先进经验

一是加强官方推广传播。由政法等相关工作负责部门通过全国市域社会治理现代化试点工作、"中国法治政府奖"等项目渠道申报案例参评，提升广州社保费争议联合处置机制的辨识度，扩大影响力。二是加强工作机制推广。通过党政信息报送系统推广社保费争议联合处置机制，进一步完善社保费争议联合处置机制的跨部门衔接，通过机制调整、机构改革，优化相关工作机构设置。三是加强新闻媒体宣传。打造立体式宣传思路，由宣传部门通过报纸、广播、电视、网络，结合纪念毛泽东同志批示学习推广"枫桥经验"60周年暨习近平总书记指示坚持发展"枫桥经验"20周年、学习习近平新时代中国特色社会主义思想主题教育内容，对社保费争议联合处置进行系统宣传。四是加强学术理论研究。针对社保费争议联合处置机制带来

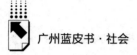

的社会治理创新，实务部门与科研部门加强联系，通过合作调查研究、理论研讨，提炼、总结其中蕴含的社会治理、制度创新意义，以坚持和发展新时代"枫桥经验"为视角，讲好在中国式现代化建设大局中发挥排头兵、先行地和实验区作用的"广州故事"。

B.11
提高广州人口吸引力集聚力的对策研究

——以南沙区为例

练庆凤*

摘　要： 人口规模和增速是影响城市发展的重要因素，特别是在新城发展初期阶段，需要较高的人口增速来推动人口基数扩大以支撑基础设施、产业布局、公共服务等方面的建设。本文通过调研问卷和对重点人群、企业的深度访谈等方式摸查广州南沙人口总体情况，深入分析制约广州南沙人口增长的因素，同时对比研究天津滨海新区、杭州、合肥等地区在提高人口吸引力集聚力方面的创新做法，为广州南沙提高人口吸引力集聚力提出对策建议。

关键词： 城市吸引力　城市集聚力　城市发展动能

　　南沙地处大湾区地理几何中心，在国家、省、市发展大局中的战略定位不断提升，承担多重战略使命和任务。但同时，作为新城，人口导入一直是制约南沙发展的短板，人口规模小、增速慢、总体质量不高等问题难以支撑城市高质量发展。在当前我国生育率持续走低以及人口迁徙路线正在改变的背景下，要深刻认识到强化人口导入对落实《南沙方案》和推动南沙快速发展的紧迫性和重要性，着力解决人口吸引力集聚力不够的问题。

---

　　* 练庆凤，广州南沙开发区政研室研究员，研究方向为青年创业就业、人才政策。

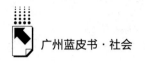
一 南沙人口总体情况分析

随着产业持续导入及政策红利倾斜，近年来南沙人口保持增长态势，总体呈现以下特点。

（一）人口增速态势较好，但基数偏小，人口密度较低

"十三五"期间，南沙常住人口年均增长率为5.10%，2020年突破80万人，截至2023年10月户籍人口同比增长4.11%，位列全市第二。但从人口基数看，截至2023年10月，南沙区常住人口和户籍人口分别为96.19万人、56.02万人，均仅占全市人口的约5%，常住人口数量仅高于北部外围的从化区（见图1）。2022年，南沙区人口密度仅1368人/公里^2，居全市倒数第三，与越秀区（42582人/公里^2）、天河区（24895人/公里^2）存在较

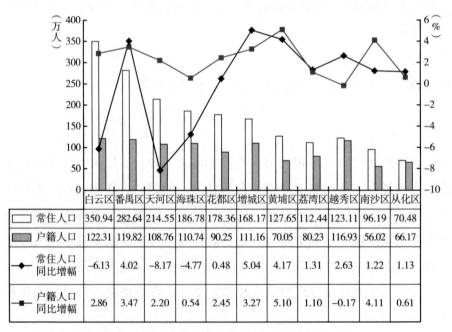

	白云区	番禺区	天河区	海珠区	花都区	增城区	黄埔区	荔湾区	越秀区	南沙区	从化区
常住人口	350.94	282.64	214.55	186.78	178.36	168.17	127.65	112.44	123.11	96.19	70.48
户籍人口	122.31	119.82	108.76	110.74	90.25	111.16	70.05	80.23	116.93	56.02	66.17
常住人口同比增幅	-6.13	4.02	-8.17	-4.77	0.48	5.04	4.17	1.31	2.63	1.22	1.13
户籍人口同比增幅	2.86	3.47	2.20	0.54	2.45	3.27	5.10	1.10	-0.17	4.11	0.61

图1 截至2023年10月广州市各区人口变化情况

资料来源：广州市人口大数据监测系统。

大差距，与同为外围区的番禺区（5580 人/公里²）、黄埔区（2858 人/公里²）相比，差距亦比较明显。较低的人口密度容易导致市场需求不足，难以支撑消费扩张和基础设施及公共服务设施的供应，劳动力不足影响产业发展等，不利于释放经济发展潜力。

（二）就业机会是吸引人口流入南沙的核心因素，优质教育资源汇聚逐渐成为吸引外来人口的一大优势

数据显示，2020~2022 年南沙区外来务工人员占流入人员比重平均高达 90%，且形成以制造业为主的劳动力结构，依据手机信令数据测算，2022 年南沙从事制造业人数占比过半（53.1%），批发和零售业占 16.8%，房地产业占 10.7%，租赁和商务服务业占 5.4%，科学研究和技术服务业占 4.8%，高新技术产业、信息产业和服务业从业人数占比相对较低。[①] 此外，以"借读培训"为由的流动人口占比呈逐年增长趋势（见图 2），说明南沙优质教育资源汇聚逐渐成为吸引外来人口的一大优势。

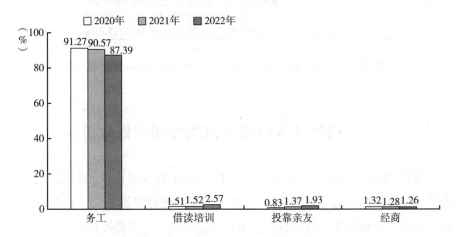

图 2　2020~2022 年南沙区流入人口居住事由（排名前四）

资料来源：2020~2022 年南沙区来穗人员居住事由统计报表。

---

① 数据来源于南沙区发展改革局。

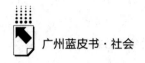

（三）高学历群体增幅领跑全市，但区域整体学历偏低，仍有超五成人口为初高中学历

2010~2020年，南沙每10万人中拥有大学文化程度人口以超150%增幅领跑全市[①]，高学历人群来南沙发展意愿增强。但从总体人口学历分布来看，2020年南沙大学学历人数占比处于全市最低水平，而小学学历人数占比高居全市第二位，仍有超五成人口仅为初高中学历，人口整体文化程度有较大提升空间（见图3）。

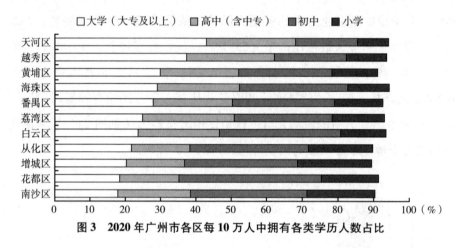

图3　2020年广州市各区每10万人中拥有各类学历人数占比

二　南沙区人口吸引力优势和短板分析

通过3258份调研问卷和对重点人群、企业的深度访谈[②]发现，南沙在吸引人口方面虽具备生活居住性价比高、优质教育资源集聚、自然环境优越、战略定位攀升等比较优势，但短板亦较明显，尤其是人口导入等特定政策缺乏、交通医疗等配套不完善问题直接制约南沙人口增长。

---

① 根据第六次、第七次全国人口普查数据整理。
② 南沙区政研室于2023年8月面向公众和企业发放回收共3258份调研问卷，并组织12家人力资源与房地产相关企业及一批重点人群代表开展座谈调研和深度访谈。

（一）吸引人口的四大优势

1. 区域战略定位攀升

南沙作为广州的开发区，近年来战略定位不断攀升，从经济开发区到国家级新区、自由贸易试验区，再到粤港澳全面合作示范区，具备多重战略叠加优势，在国家、省、市多次出台规划政策的精准统筹下，南沙迎来了更多的发展机遇，也增强了人口吸引力。

2. 南沙生活成本低，居住性价比高

研究表明，居住性支出与人民生活水平和幸福感密切相关。[①] 相较于其他区，南沙租购房价格具备较大竞争优势，仅略高于花都、增城、从化。[②] 问卷调查结果显示，人们选择在南沙租购房的主因是南沙"房价相对广州其他区域较低"（见图4）。

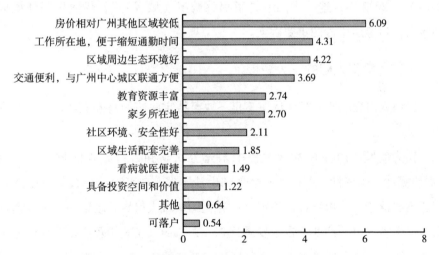

图 4　在南沙租房、购房的原因（综合得分）

资料来源：南沙区提高人口吸引力集聚力调查（企业版）问卷结果。

---

① 以北欧为例，较低的居住性支出占比及舒适、安全、健康、环保的居住环境，极大地提高了北欧人民的身心健康和幸福感。根据联合国 2019 年发布的《世界幸福报告》，北欧五国中有四国进入全球前十。

② 根据城市房网（2023 年 7 月）、乐有家研究中心（2023 年 3 月）数据整理。

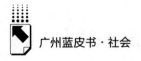

3. 优质教育资源加速人口落户南沙

子女教育越发成为城市留住人口的重要因素。近年来，南沙按照"存量提质、增量提速"的思路，通过引进、建设新学校及集团化办学等方式不断扩充优质教育资源，2022 学年共有学校、幼儿园 239 所，拥有市教研院、执信、市二中、广铁一中、广大附中等优质教育品牌 13 个，可提供优质学位 6 万余个，已成为全市汇聚最多优质基础教育资源的区域。调研发现，来南沙购房的绝大部分群体来自番禺，且主要为解决子女教育问题。

4. 自然生态环境良好，居住幸福感强

问卷调查结果显示，区域周边生态环境好成为人们选择在南沙租购房的第三位因素，南沙以水为脉、以山为屏、以田为底，各项环境指标均居全市前列，2011 年荣获联合国"全球最适合居住城区奖"D 类金奖，并相继在2019 年、2022 年入选"中国最具幸福感城市（城区）"，优质生态环境成为吸引人口定居南沙的重要因素。

（二）吸引人口的三大短板

1. 对人口导入的重要性认识不足，缺乏特定政策的有效支持，可调用资源不足

作为新城，南沙在发展过程中未充分认识到人口导入的重要性，对"需要哪些人来南沙""哪些人会来到南沙""人来南沙干什么"等问题认识还不够清晰。且由于各种原因，差异化的新城人口导入政策一直未能出台实施，南沙人口长期处于自由发展状态，人口导入实效相较广州其他区差距较大，2012~2023 年，南沙设立新区以来新增的 30.23 万人明显低于同一时期同为外围人口流入地的番禺（108.24 万人）、黄埔（76.44 万人）、花都（68.92 万人）（见图 5），2022~2023 年人口增速更是下跌至 3%左右。另外，自 2023 年底番禺及周边市县陆续解除房产限购后，购房群体被进一步分流，南沙居住人口增长后劲不足的同时，还将面临由于人口导入不足新房去化压力持续增大的隐忧。

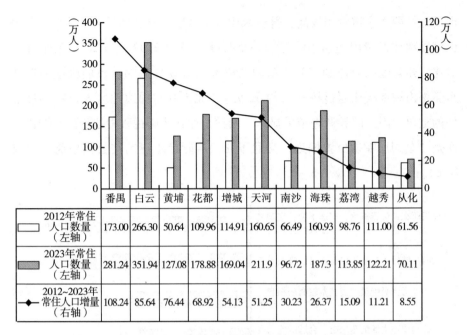

图5 2012~2023年广州市各区常住人口数量及增量情况

2. 交通配套难以满足出行及通勤需求，影响居住人口、工作人口流入

公交方面，供给不足与高空载率并存，南沙目前已有公交线路103条（辖区陆域面积570平方公里），相比黄埔区运营公交线路404条（辖区面积484.17平方公里）差距较大。且存在乘客密度大的区域车辆运力不足，班次不够密集，而乘客稀少的区域车辆空载率高，运营间隔时间较长，部分线路间隔时间甚至长达1小时，同时与地铁接驳的线路多为长线，时效无法保障等问题。轨道交通方面，4号线车速较慢，难以承担南沙往返广州中心城区的通勤任务；18号线不经过人口最稠密的南沙街（22万人）、东涌（18万人）、黄阁镇（10.4万人），且无法与贯通南沙的4号线换乘，只能通过自驾或者公交换乘的方式前往，以乘坐公交从横沥地铁站到蕉门地铁站为例，至少需耗时25分钟，自驾则面临地铁站附近停车难问题。快速道路方面，当前南沙的快速路入口离配套成熟人口密集片区较远，以蕉门片区为例，上虎门大桥就需花费至少20分钟，且联通深圳、东莞等地的南沙大桥、

虎门大桥两大主道费用较高，普通家用汽车从区政府经虎门大桥前往东莞松山湖单次往返费用高达 100 元，一个月路费就要 2200 元（22 个工作日），对比广州其他区域通勤东莞、深圳的成本相对较高（如从黄埔区政府前往东莞松山湖单次往返过桥费仅约 42 元），成为制约周边地区人口在南沙居住的重要原因。问卷调查结果显示，南沙企业在招聘过程中遇到的首要困难便是"公司所在地位置偏远，交通不便，应聘者不愿前往公司应聘"（见图 6）。

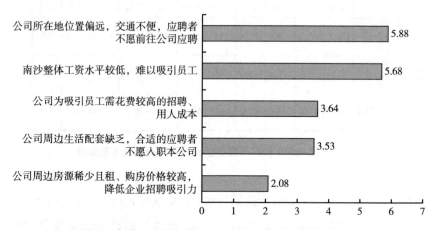

图 6 南沙企业在招聘过程中遇到的困难（综合得分）

资料来源：南沙区提高人口吸引力集聚力调查（企业版）问卷结果。

3. 优质医疗资源未充分释放，难以满足居民日益增长的医疗服务需求

调研中发现 50.47% 的受访居民认为南沙医疗资源丰富度、就医便捷程度急需改善。原因在于，南沙虽已引进中山一院（南沙）、广东省中医医院南沙医院等 7 家高水平医院，但目前仅中山一院（南沙）开业，且自 2023 年 3 月启用以来并未充分释放优质医疗资源效能，院内大部分医生是从本部轮流到南沙院区上班，并未真正将优质医疗资源导入南沙分院。以就诊需求较多的儿科门诊为例，网络挂号平台显示总院共开设了 11 个门诊，但南沙院区只有 2 个门诊，且可选择医生较少，远不能满足南沙居民就医需求，更无法实现预期的辐射湾区效果。此外，南沙现有区属医院存在医疗服务水平不高、硬件设施陈旧等问题，无法为居民提供优质医疗服务。调研中较多居民反馈宁愿舍近求远，前往番禺甚至市区医院就医，严重影响居住满意度。目前南沙流入人口中逾八成为中青年（见图7），广州市妇女儿童医疗中心南沙院区自 2017 年 4 月开工建设至今仍未开业，几乎每年都成为当地居民关心的热点问题，妇儿医疗服务资源紧缺的问题若无法得到较好的缓解，将大大削弱南沙人口吸引力和集聚力。

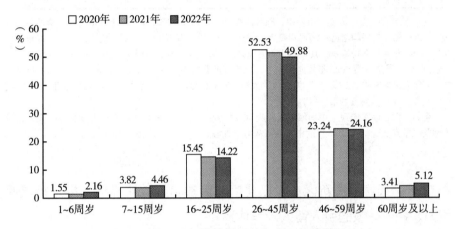

图 7　2020～2022 年南沙区流入人口年龄分布

资料来源：2020～2022 年南沙区来穗人员年龄分布情况统计报表，中大咨询项目组整理分析。

三　吸引人口成效显著地区的成功经验

综合地区人口增速、人口活力指数、人才吸引力指数等指标，笔者重点选取深圳、成都等 19 个城市（区）开展标杆研究，综合来看，上述地区吸引人口的关键因素主要包括人口政策、特色产业、住房保障、教育医疗、商业配套及城市营销等，其中又以天津滨海新区、深圳、成都、杭州、合肥的常住人口增速较快（见表1）。为充分了解不同区域人口发展成功经验，分别从国内其他城市中选取吸引人口成效显著、对南沙提高人口吸引力具备可借鉴经验的地区开展深度研究。

表1　标杆城市（区）选择及依据

标杆城市（区）	常住人口增速（%）	户籍人口增速（%）	人口活力指数	人才吸引力指数
天津滨海新区	9.00	2.71	/	/
深圳	6.28	5.11	72.31	87.7
成都	5.43	1.26	72.02	70.5
杭州	4.77	-2.60	72.88	73.1
合肥	3.56	1.09	/	39.6

注：①"常住人口增速"指标中，除各区级单位为2018~2021年4年平均增速，其他城市均为2018~2022年5年平均增速；②"户籍人口增速"指标中，除南京、西安、杭州以及各区级单位为2018~2021年4年平均增速，其他城市均为2018~2022年5年平均增速；③"人口活力指数"与"人才吸引力指数"为2022年数据；④"人口活力指数"由"人口吸引力指数"与"人口聚集指数"2项关键指标构成；⑤"/"为无相关数据；⑥标杆城市（区）的排序主要依据常住人口增速，简洁起见，仅列出前五城市（区）。

资料来源：泽平宏观《中国城市人才吸引力排名：2022》；百度地图、自然资源部陆表系统与人地关系重点实验室《2022年度中国城市活力报告》。

（一）天津滨海新区：紧抓北京非首都功能疏解机遇，构建极具吸引力、系统有效的引人留人政策体系

宽松的落户、购房政策是城市"引人"的重要手段，《京津冀协同发展规划纲要》印发后，天津滨海新区抢抓北京非首都功能疏解窗口期，从2018年开始精细服务北京人口疏解，构建极具吸引力、系统有效的引人留人政策体系，截至2022年底集聚海内外人才总量超85万人（约占2020年滨海新区常住人口的41%）。其主要做法：一是不断放宽落户条件，降低落户门槛，深化户籍制度改革。2018年推出"租房落户"、突出贡献企业纳税落户、"优秀外来建设者"落户和双创"就业即落户"等多种特色落户政策，同时在全市率先推行京津冀异地就医普通门诊直接结算"免备案"，减轻异地就医办理手续负担，1年成功吸引6.2万余人落户"滨城"。从2020年开始陆续印发了海河英才计划、鲲鹏计划、《滨海新区落实支持"滨城"建设若干政策措施的工作方案》、《滨海新区户籍制度实施细则（试行）》等文件政策，对高校毕业生和在校生、产业工人、京津冀协同重点企事业单

位员工等人群，分别提供了相对便利的低门槛甚至无门槛落户渠道。引进了一大批技术骨干、管理人才和能工巧匠。二是重点在产业园区附近提供保障性住房并向上级争取进一步放宽购房限制。天津滨海新区根据人口分布和产业布局，着力推动在产业园区周边、轨道沿线等租赁需求旺盛区域筹集保障性租赁住房，契合区域产业发展的目标，提升产业工人的居住满意度，进一步推进"职住平衡"。并且天津市在2020年出台《支持滨海新区深化改革开放加快推动高质量发展具体落实举措》，明确将房地产市场调控权责全部下放到滨海新区政府，落实调控政策向滨海新区倾斜，并在2021年进一步完善调控政策，提出"津城""滨城"自有住房分开计算的限购措施，满足"滨城"职工在双城的合理居住需求。

（二）杭州市：聚焦青年群体构筑就业创业良好生态，成功吸引35岁以下大学生超150万人

得青年者得未来，青年是城市发展的长期战略性要素。不同于其他城市仅专注于招引顶尖高层次人才，杭州市将青年引育置于与高层次人才招引同等战略高度，通过给予就业创业保障，吸引大量人口集聚杭州，2020年以来成功吸引35岁以下大学生超150万人。[1] 一是通过大力发展软件与信息服务、数字内容、电子商务等对年轻人有大量需求的数字产业，打造青年群体"强磁场"。2022年杭州共有数字企业142383家，[2] 吸纳数字经济就业人口总量超300万人，[3] 其中信息传输、软件和信息技术服务业就业人口增速最快，从1.8%升至6.0%。[4] 二是从制度顶层设计到配套保障措施全面支持

---

[1] 《杭州举行青年人才迎新活动　推出首批500套"青荷驿站"》，《杭州日报》2023年8月28日，https://hzdaily.hangzhou.com.cn/hzrb/2023/08/28/article_detail_1_20230828A018.html。

[2] 《从数字产业化到产业数字化：杭州案例的实践》，"经济地理"微信公众号，2023年4月24日，https://mp.weixin.qq.com/s/uFW1YXhvfox9TQxsngTeYA。

[3] 《杭州今年计划引进35万35岁以下大学毕业生，以数字经济人才为主》，浙江在线，2023年2月26日，https://zjnews.zjol.com.cn/zjnews/hznews/202302/t20230226_25466049.shtml。

[4] 《"杭州吸走北京上海人才"，不信你可以看数据》，哔哩哔哩网站，2023年3月2日，https://www.bilibili.com/read/cv22145108/。

青年人创业,通过创业的成功进一步刺激青年人口集聚。自2008年以来先后制定实施6轮大学生创业三年行动计划,构建大学生生活补贴、创业项目资助、场地补贴和创业担保贷款等"一条龙"的政策扶持体系,着力破解大学生初创企业"无资金、无场地、无经验、无人脉"的"四无"难题,[1] 15年来累计资助大学生创业项目1万个,发放大学生生活补贴50余万人,资金逾70亿元。[2] 目前杭州共建立26家市级大学生创业园,全市备案大学生创业企业3.2万余家,集聚创业大学生5.5万余人,带动就业11.8万人。[3]

(三)合肥市:前瞻布局"链式"战略性新兴产业集群,激活近40万用工需求

战略性新兴产业处于快速发展期,吸纳就业能力强。数据显示,芯片、新能源汽车、新材料等新兴领域新发应届生职位需求增幅均超100%。[4] 近年来,合肥常住人口增长率高达13%,GDP在2022年突破万亿,成为新一线城市中的黑马,这得益于其抓住了战略性新兴产业快速发展的窗口期。早在2008年合肥便开始前瞻布局显示面板、芯片、新能源汽车等链条长、相关性强的战略性新兴产业集群,以产能增长带动巨大的用工需求,成功集聚相关产业就业人员近40万人。[5] 一是早期大力布局战略性新兴产业生产环节,由此创造了充足的就业机会,吸引大量劳动人口前来就业。以合肥下塘比亚迪生产基地为例,仅零部件工厂工人就达1.7万人,[6] 用工高峰时,每

---

① 《打造创新创业新天堂——杭州全力促进高校毕业生就业创业》,杭州市人民政府网站,2023年5月29日,https://www.hangzhou.gov.cn/art/2023/5/29/art_1256357_59081058.html。

② 《又是一年"潮创季" 杭州再次"放大招"了》,"浙里杭州"微信公众号,2023年8月30日,https://mp.weixin.qq.com/s/P9yj1fZcZVT4WfS-Vlsudw。

③ 《又是一年"潮创季" 杭州再次"放大招"了》,"浙里杭州"微信公众号,2023年8月30日,https://mp.weixin.qq.com/s/P9yj1fZcZVT4WfS-Vlsudw。

④ 《〈2022全国青年人才就业趋势洞察〉:求稳成择业趋势》,"第一观察"微信公众号,2022年8月18日,https://mp.weixin.qq.com/s/0fZKjtNc2Fumif1JLmhypw。

⑤ 《实有人口突破1234万,合肥人口为何能持续逆势增长?》,澎湃新闻,2023年8月22日,https://www.thepaper.cn/newsDetail_forward_24318846。

⑥ 《合肥比亚迪工厂零部件厂环评曝光,仅零部件厂工人人数17000人》,懂车帝,2022年1月5日,https://www.dongchedi.com/video/7049724397879296542。

月有 7000 个岗位需求。① 二是利用大院大所集聚优势，为战略性新兴产业提供丰富高适配人才的同时吸引并留住高素质人才，持续为产业发展壮大输送人才，推动形成产业集聚人才、人才支撑产业的互动发展局面。数据显示，合肥现有高校 60 所，研发机构 21 家，已集聚各类专业技术人员超 100 万人，② 2022 年主导产业、战略性新兴产业吸引各类人才超 40 万人，新招引高校毕业生首超 30 万人。③

四 提升南沙人口吸引力集聚力，增强城市 动能的政策建议

（一）加强谋划工作，打好政策组合拳，快速扩大南沙人口规模

一是做好人口顶层设计，加强人口导入规划的制定和实施。据悉，《广州市差别化市外迁入管理办法》即将出台实施，为抓住政策机遇，南沙应提前做好谋划，吃透用好市级政策，制定本区相应的人口导入计划，明确人口导入的目标、方式和时间表。可参考天津滨海新区，设立人口管理服务中心，形成面向常住人口、流动人口、特殊人群等群体，融合指挥、服务、研究功能的人口服务管理体系。二是争取试行"粤港澳大湾区 9 市的人才入户积分，在南沙可获累计认可"，扩大南沙湾区人口吸引辐射范围。南沙可以推动落实《中共中央 国务院关于构建更加完善的要素市场化配置体制机制的意见》中关于"探索推动在长三角、珠三角等城市群率先实现户籍准入年限同城化累计互认"的任务要求为契机，向上级部门争取在南沙试

---

① 《一年吸引 30 万高校毕业生，合肥靠啥》，央视网，2023 年 7 月 1 日，https：//news. cctv. com/2023/07/11/ARTIfmp5v86ZxqJZyLei9Klb230711. shtml。

② 《无中生有：战略性新兴产业 如何在合肥精准落子》，"宜宾日报"微信公众号，2022 年 5 月 5 日，https：//mp. weixin. qq. com/s/_ Ss1FiWzPLYdYXcDlTcgzA。

③ 《聚才 留才 用才》，合肥市人民政府网站，2023 年 2 月 3 日，https：//www. hefei. gov. cn/ ssxw/ztzl/zt/zxjpxsdzgtsshzysxzyx－－－xsdxzwxpz/108558339. html？eqid = ba6babd300002fe800000 00664672544。

行湾区积分落户互认机制，实现"粤港澳大湾区9市的人才入户积分，在南沙可获累计认可"，通过政策破除湾区人口流动的落户机制障碍，促进粤港澳大湾区其他城市的人口流入，扩大南沙湾区人口吸引辐射范围。三是立足区域发展需求，争取设置多样化落户方式，让更多在南沙创业就业人口成为新市民。户籍制度是吸引人口的重要环节，近年来多地密集推出户籍改革新政，拓宽落户渠道，降低落户门槛，人口吸引成效显著。南沙可以《广州市差别化市外迁入管理办法》实施为契机，向上争取依据自身发展需求探索投资落户、购房落户、居住证落户、就业落户、技能落户等多元化落户途径，吸引一批在南沙创业就业人口落户。

（二）产业支撑叠加政策优势，打造青年流入"强磁场"

一是善用中小企业吸纳就业作用，大力引进高成长性中小企业，为青年提供更多就业机会。争取对中小企业在政策上给予公平待遇，建立中小企业专业技术人员职称评定绿色通道和申报兜底机制，健全职业技能等级（岗位）设置，落实科研项目经费申请、科研成果等申报与国有企事业单位同类人员同等待遇，增强就业人口在中小企业就业的获得感，充分释放中小企业对于就业人口的吸纳优势。二是瞄准大学生群体，做好港科大（广州）和大学城毕业生就业创业资源对接服务工作，吸引和留住更多大学生在南沙就业创业。推动重点企业、合作中介服务机构走进港科大（广州）和大学城高校，深度挖掘企业需求和大学生创业项目，建立企业需求库和技术资源库，推动港科大（广州）和大学城创业青年携相关项目与重点企业建立共享机制。另外，面向港科大（广州）、大学城和全国大学生群体，畅通用人企业和高校毕业生的招聘就业通道，组织区内重点企业到高校参加招聘会和校企洽谈，开展如政校企合作洽谈会、重点高校巡回引才、民营企业引才服务月等专场招聘活动，打通用人单位与求职者之间的信息壁垒，吸引和留住更多大学生在南沙就业。三是做好政策多样化宣传和兑现服务，充分释放人才引进政策效应，争取吸引一批基础性青年人才扎根南沙。通过多元化的宣传渠道、高校和职业机构合作、一站式政策兑现服务、营造良好的人才生态环境、青年人才培养计划以及人才反馈机制等措施，用足用好《广州南沙国际化人才特区集聚人才九条措施》《广州南沙优化人才服务保障实施细则》等人才引进政策，争取吸引一批基础性青年人才扎根南沙，为区域的经济和社会发展提供持续动力。

（三）紧抓交通，打造湾区1小时通勤圈，拉近与南沙的时空和心理距离

一是优化公交线路，增加公交客流量。针对南沙目前短期内无法实现4号线与18号线换乘、18号线站点远离人口密集区的问题，加快优化中心城区、人口密集区、产业集聚区到18号线的公交线路，增加早晚高峰的短线接驳公交或地铁专线公交，解决居民的"最后一公里"交通问题。二是探索路桥差异化收费，降低市民交通成本，提高居民出行满意度。积极向省级政府部门争取通过政策性减免、企业自主降费、政府购买服务等方式，降低虎门大桥、南沙大桥及尚待开通路桥线路交通费用，同时联合市交通部门从路段、车型、时段、对象等维度开展南沙辖区内各路桥差异化收费研究，进一步降低交通成本，增强周边区域人口吸引力。三是修建"短平快"高快速路出口，提高跨区域长距离通行速度，增强对深圳、东莞及中山等地的人口吸引力。优化南沙高快速路出口布局，借鉴华南快速路穿过天河区的经验，会同国土、规划等相关单位开展研究，针对区中心、产业园集聚地等人口密集片区，争取多修"短平快"小型出入口及相关立交匝道，高效衔接虎门大桥等通道，争取实现任意一点3~5公里以内出高快速路，缩短时空距离。四是谋划有轨电车，加快推动与广州中心城区的地铁轨道交通建设，吸引更多人口来南沙居住。借鉴海珠、黄埔有轨电车建设经验，结合片区发展规划、人口和就业岗位密度、交通需求等因素，谋划建设有轨电车连接4号线和18号线，满足人口密集片区的通勤需求，改善居民交通出行质量的同时打造南沙新风景线和地标。向广州地铁集团争取适时适当加密4号线发车频率，加快地铁15号线、22号线南延段、26号线等轨道交通线路的前期研究工作，力争早日开工建设。

（四）以中山一院为抓手，释放医疗资源优势，提高医疗服务水平，吸引更多居民来南沙就医

一是加强南沙区对中山一院（分院）的绩效及结果应用，加速优质医疗资源导入，提高湾区人口就医辐射力。对照"全国三级公立医院绩效考核"体系，构建以医疗质量、运营效率、持续发展、满意度评价为主要维度，涵盖医生出诊效率、技术空白增补、专家下沉、服务品质和专科声誉等核心指标的绩效考核指标体系，同时，将绩效考核结果作为公立医院发展规划、重大项目立项、财政投入、经费核拨、绩效工资总量核定的重要依据。另外，进一步丰富开诊科室，尤其增加妇产科、儿科、呼吸内科、感染病科等就诊人数多的科室，推动中山一院优质医疗资源导入提质增效，打通群众看病"最后一公里"。二是加强区属医院特色专科建设，配套设备补足及人才梯队培育，提升南沙居民就医获得感及满意度。加大对区属医院发展的支持力度，充分挖掘各医院的优势医疗专科，与区内三甲医院组建专科医疗联盟，打造南沙医疗品牌。通过专项贷款与财政贴息配套重点更新诊疗、临床检验、重症、康复和科研转化等医疗设备，补齐医院各常规检查项目短板，提升医院诊疗水平，提高本地居民就医满意度。

（五）多渠道满足民众住房需求，满足新市民住房需求

一是以政策利好吸引更多人口来到南沙居住。争取试行湾区内跨城使用公积金在南沙购房，同时结合南沙人才引进政策推出优惠购房方案，实施人才在规定范围内购房享受团购价、装修折扣等优惠，已领取南沙人才卡的可享受低贷款利率、贷款期限延长、人才优先选房等优惠。另外，基于目前入学需人户一致的现状，南沙可提供"购房+教育"组合权益，探索在学位相对宽裕的片区试行只要提供购房合同就能正常申请入学，依托教育资源优势吸引更多年轻家庭来南沙购房安居。二是多渠道盘活存量住房，增加保租房与人才房供给，发挥对新市民的吸纳作用。积极引入开发运营企业参与公共住房建设，探索开展保障性租赁住房 REITs 以及"以租换购"，以筹集更多

房源，并面向普通新市民供应。探索将现有部分商品房房源转化为人才房，鼓励房地产开发企业、经纪机构采取"卖旧换新"模式，为参与"换新购"的购房者提供专属房源和优惠方案，同时将"卖旧"的房屋作为临时人才房使用，以盘活闲置资产。三是打造"青年驿站"，增强青年归属感和幸福感。为充分解决来南沙的毕业生求职难、住宿难问题，借鉴深圳、杭州做法，为来南沙求职的应届毕业生免费提供短期住宿，打造留住青年人口的"第一站"。

（六）加强城市品牌打造，实现城市与人口情感共鸣，吸引人口自发集聚南沙

目前南沙城市品牌不鲜明，缺少地标性形象，与周边地区相比城市显示度不高，导致强有力的人口吸引力和集聚力尚未形成。建议成立区域形象宣传团队，充分挖掘南沙本土资源禀赋，打造独具南沙特色的现代化城市IP，吸引人口自发集聚南沙。一是以高人气活动赛事为突破口，打造"运动南沙""活力之城"等主题IP地标，吸引大量年轻游客。充分利用亚热带季风性海洋气候和丰富自然地貌优势，积极培育或承办帆船、皮划艇、马拉松、公路自行车、网球等年轻人热衷的户外活动，推动南沙299.36公里滨海绿道、南沙游艇会、皮划艇基地等建设成为主题IP地标，吸引更多年轻游客。二是依托永久会址和全民文化体育综合体项目，打造南沙地标性建筑。借鉴杭州世界互联网大会经验，充分利用现有国际金融论坛（IFF）永久会址和大湾区科学论坛永久会址（在建）以及全民文化体育综合体项目，提前谋划布局高端商业、酒店集群、国际办公、文化旅游等多种业态，提高商务接待、国际化服务保障能力，争取举办国际影响力强、与城市战略性新兴产业发展关联度高的经济、科技、文化、旅游等高端活动，输出南沙产业发展金名片，提升国际影响力和传播力，持续打造城市磁极。三是激发现有商业综合体活力，打造"年轻人最爱"的体验式商圈。番禺区凭借"年轻+创新"长隆万博商圈每年吸引客流量高达1.5亿人次，南沙可以打造重点商圈为抓手，在满足消费需求的同时实现城市品牌"出圈"。如可通过引导

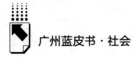

现有商业综合体围绕年轻人喜好，打造"社交+游玩"模式、"第三空间"，引进赛博朋克、元宇宙等多种主题街区、新潮消费热点和网红打卡点，丰富消费者的体验。同时，强化流量思维，多途径开展创意营销，引入地方类、生活类网红在重点商圈/景区打卡，链接抖音、小红书等渠道全方位推广南沙，借助音乐MTV、城市主题挑战、抖音达人深度体验、抖音版城市短片等热门视频与挑战活动，让南沙形象深入人心，增强城市吸引力，打造人口"引力场"。

社会调查篇 ❀

B.12
2023年广州社会心态调查报告

苗兴壮　张颢瀛*

摘　要： 2022年末国家对疫情防控政策进行了调整，2023年的经济形势也发生了一定的变化，这些变化都会在居民社会心态上有所体现。准确把握社会心态可为相关社会政策的制定和调整及工作重点的确定提供参考。调查结果表明，当前广州社会心态总体上呈现积极乐观态势，收入及生活质量方面的获得感明显回升，人身及财产安全感较高，对未来的预期总体上较为乐观。调查结果也反映了社会心态方面的某些问题，主要包括：第一，食品安全感和个人信息安全感相对较低，尤其是个人信息安全感有所回落；第二，学生群体的幸福感分数及排名有明显下降，对未来预期的信心相对较低；第三，交通顺畅方面的获得感有所下降；第四，失业群体与就业和收入问题相关的焦虑情绪较高。

---

* 苗兴壮，广州市社会科学院研究员，研究方向为社会心态理论；张颢瀛，北京承脉中医研究院工作人员，研究方向为时尚传播。

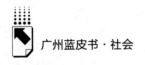

关键词： 幸福感　获得感　安全感　社会心态

社会心态与人们的社会行为密切相关，会直接或间接地影响人们的经济活动、社会交往等诸多方面，并对经济发展和社会稳定产生影响，所以及时、准确、全面地了解社会心态状况及其发展趋势是非常必要的，可以为相关社会政策的制定、调整以及工作重点的确定等提供参考。对于发现的社会心态方面的问题应该积极采取措施加以应对，对引发负面心态的因素加以治理。2022 年末国家对疫情防控政策进行了调整，2023 年的经济形势也发生了一定的变化，这些变化都会在居民社会心态上有所体现。为及时掌握其动态变化情况，笔者开展了这次社会心态调查。

一　调查的基本情况

本次社会心态调查主要采用结构化问卷形式，同时结合一些个案访谈调查的资料作为参考。因网络在线调查成本较低、效率较高，因此本次调查通过"问卷星"网络平台进行。抽样方法是简单随机抽样，即网络调查系统向其样本库中符合条件的样本随机发送答卷邀请。这是自 2017 年以来第五次通过网络平台进行广州居民社会心态的问卷调查。其中 4 次是在同一网络调查平台上进行的，数据具有较高的可比性，因而可以进行一些纵向的趋势分析。本次网络调查的周期是 2023 年 6 月 15 日开始，2023 年 7 月 6 日结束。调查对象既包括广州本地户籍居民，也包括常住非户籍居民。本次调查内容包括三个方面，一是居民的获得感、幸福感和安全感，二是居民的社会情绪情况，三是居民的社会期望和未来预期情况。本次调查总计得到有效问卷 2200 份。

样本的构成情况如下。性别构成：男性为 45.8%，女性为 54.2%。职业构成：专业技术人员为 20.9%，党政部门、企业、事业单位负责人为

3.1%，职员、办事员为 35.0%，商业服务人员为 8.4%，公务员为 1.8%，工人为 3.5%，退休人员为 0.5%，在读学生为 18.1%，失业人员为 2.0%，其他职业人员为 6.7%。户籍构成：广州户籍为 44.4%，非广州户籍为 55.6%。从样本构成来看，与当前广州常住居民整体人口结构存在一定的偏差，在进行数据分析时将视情况进行加权处理。

二　广州居民幸福感、获得感与安全感情况

（一）广州居民幸福感情况

本项调查以直接询问被调查者生活幸福程度的方式来测量其幸福感，结果分为 5 个等级。为能够进行定量比较，分析时将每个幸福程度的选项转换为幸福感分数，最高等级选项"很幸福"转化为分数后为满分 10 分，最低等级选项"不幸福"为 2 分。这样既可以通过对比不同年份的幸福感分数来发现幸福感的变化情况，也能够比较不同群体的平均分数来分析幸福感的群体差异情况。

1. 居民幸福感基本情况

2023 年的调查结果显示，广州居民的幸福感平均分数是 6.83 分。被调查者在回答"总的来说，您觉得自己的生活幸福吗"问题时，选择"很幸福"的占 7.5%，选择"比较幸福"的占 40.6%，选择"中等"的比例是 39.2%，回答"不太幸福"和"不幸福"的比例合计仅有 12.7%，较 2022 年的 13.1%下降了 0.4 个百分点（见图 1）。

2. 幸福感的群体差异情况

对 2023 年调查数据的统计结果表明，不同群体居民的幸福感存在一定程度的差异。幸福感得分相对较高的是专业技术人员（7.01 分）和退休人员（7.00 分）；处于中等的是职员、办事员和商业服务人员，得分分别为 6.88 分和 6.73 分；幸福感分数较低的是工人和失业人员，得分分别为 6.34 分和 6.14 分。

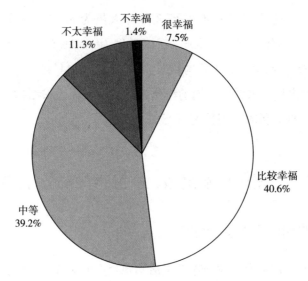

图 1　2023 年广州居民幸福感情况

（1）专业技术人员幸福感较为稳定

幸福感变化较小的是专业技术人员。2023 年专业技术人员的幸福感得分与 2022 年只相差 0.08 分，与 2020 年只相差 0.06 分，而比 2018 年提高了 0.19 分。职员、办事员群体的幸福感得分变化也相对较小。

（2）失业人员幸福感一直较低，但有所提高

失业人员总的幸福感变化并不明显，但与 2022 年相比，2023 年上升了 0.47 分。尽管如此，无论哪个年份其幸福感都是相对较低的，失业本身对其幸福感的影响要大于其他因素。因此，解决失业问题是提高该群体幸福感的关键。

（3）学生群体的幸福感下降较为明显

学生群体的幸福感在以往的调查中一直处于相对较高水平，在 2020 年和 2022 年的调查中均处于各类职业群体中的第一位。但在 2023 年的调查中，学生群体的幸福感分数排在了第六位（见图 2）。幸福感分数较 2020 年下降了 0.90 分，较 2022 年下降了 0.61 分。由于本次调查并未特别关注学生的问题，因此暂时还无法对学生群体幸福感下降的原因进行深入分析。但

近期青年失业率较高，2023 年上半年全国城镇 16～24 岁人口调查失业率达到 21.3%①，这也导致应届生就业率比较低，或许这些因素影响了学生群体的幸福感。

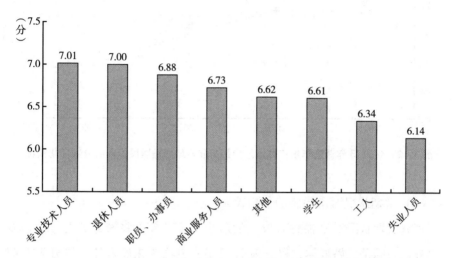

图 2　2023 年广州各职业群体幸福感分数

（4）女性幸福感略高于男性

在性别差异方面，2023 年的调查结果显示女性的幸福感略高于男性，女性分数为 6.86 分，男性分数为 6.79 分。这种差异与前几次调查的结果是一致的。

（5）本地户籍居民比外地户籍居民幸福感更高

不同户籍类型居民的幸福感存在一定的差异，拥有广州本地户籍的被调查者的幸福感分数高于外地户籍居民，2023 年二者幸福感分数分别是 7.14 分和 6.58 分，前者高出后者 0.56 分。从之前的几次调查结果看，这种差异是一直存在的，但差异程度有扩大的趋势，如 2018 年相差 0.17 分，2020 年相差 0.33 分，2022 年相差 0.34 分（见图 3）。

---

① 《上半年国民经济恢复向好》，国家统计局网站，2023 年 7 月 17 日，http：//www.stats.gov.cn/sj/zxfb/202307/t20230715_ 1941271.html。

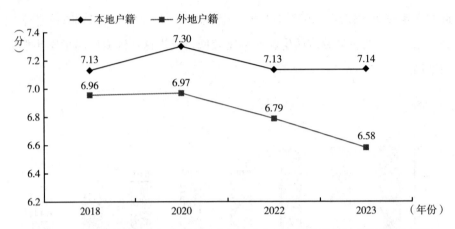

图 3 2018~2023 年调查年份广州本地户籍与非本地户籍居民幸福感分数变化情况

（6）婚姻状况对幸福感的影响较大

家庭婚姻状况对幸福感有较大的影响，2023 年的调查结果显示，幸福感得分最高的是已婚群体，得分为 7.13 分；其次为未婚群体，得分为 6.61 分；离异和丧偶群体的得分都比较低，分别为 5.64 分和 3.60 分。这一结果与前几次调查的结果是一致的。

（二）广州居民获得感情况

"获得感"的调查方法是让被调查者回答和一年前相比，以下各个方面得到改善的情况，具体包括"收入状况"、"生活质量"、"交通状况"、"医疗服务质量"和"环境质量"。测量结果转化为分数后满分是 10 分，最低分是 2 分。

1. 各方面获得感基本情况

2023 年广州居民获得感得分在不同方面存在差异，分值最高的是"医疗服务质量"，平均得分 6.84 分。在回答"和一年前相比，您觉得医疗服务质量是否有所提高"这一问题时，回答"明显提高"及"有些提高"的比例分别是 7.1% 和 37.2%；觉得医疗服务质量"没有变化"的比例是 48.0%；感觉"有些下降"及"明显下降"的比例分别只有 5.9% 和 1.8%。

获得感得分排名第二的是"环境质量",分值为 6.67 分;处于第三位的是"生活质量",分值为 6.59 分。"交通状况"和"收入状况"两个方面的获得感得分相对较低,分值分别是 6.34 分和 6.18 分(见图 4)。

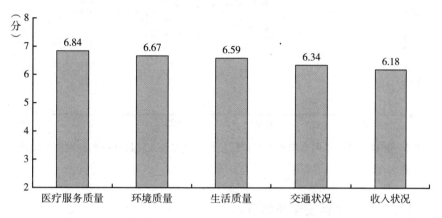

图 4　2023 年广州居民不同方面获得感得分

2. 居民获得感变化情况

与 2022 年相比,广州居民两个方面的获得感有所提高(生活质量和收入状况),两个方面基本持平(医疗服务质量和环境质量),另有一个方面有所下降(交通状况)。

(1)收入状况和生活质量获得感明显回升

将 2018~2023 年的调查数据统计结果加以比较可以看出,由于受疫情的影响,广州居民的生活质量和收入状况在 2020~2022 年出现了一个低谷,2023 年这两个方面的获得感都出现了明显的回升(见图 5)。这种变化表明,疫情防控政策调整后,随着人们的社会、经济活动增加,人们的收入状况和生活质量都得到了改善。

(2)交通状况获得感有所下降

2023 年的交通状况获得感得分为 6.34 分,较 2022 年的 6.88 分下降了 0.54 分,但较 2018 年的 6.10 分和 2020 年的 6.30 分有所提高。造成 2023 年交通状况获得感得分较 2022 年下降的原因可能是经济恢复,车流和人流增加。

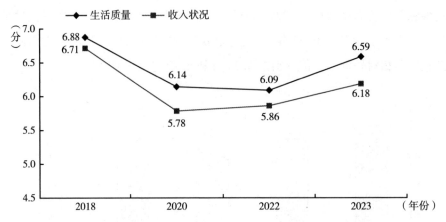

图5　2018~2023年调查年份广州居民生活质量和收入状况获得感分数变化情况

（三）广州居民安全感情况

本次调查测量了广州居民六个方面的安全感，分别是：人身安全、食品安全、财产安全、交通安全、环境安全及隐私安全。安全感的测度分为5个等级，由低到高分别是"很不安全"、"不太安全"、"中等"、"比较安全"和"很安全"。转换为分值后最高分为10分，最低分为2分。

1. 居民的人身安全感得分最高

在六个方面的安全感中，人身安全感得分最高，分值为7.85分。财产安全感、环境安全感和交通安全感得分也比较高，分值分别为7.33分、7.32分及7.00分。得分较低的是食品安全感及隐私安全感，分值分别为6.03分和5.77分（见图6）。

被调查者回答"您觉得您的人身安全情况怎样"这一问题的结果是：回答"很安全"及"比较安全"的比例分别是22.7%和51.6%，二者之和为74.3%。回答"不太安全"及"很不安全"的分别仅占3.1%和0.6%（见图7）。

2. 隐私安全感与食品安全感得分仍相对较低

2023年安全感调查数据分析结果表明，隐私安全感和食品安全感得分

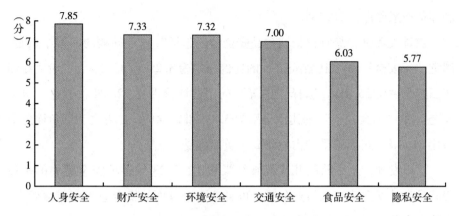

图6　2023年广州居民六个方面安全感分值

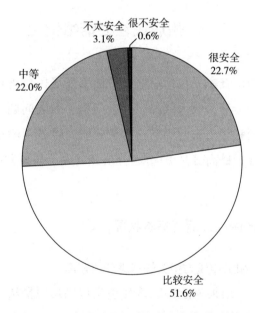

图7　2023年广州居民对人身安全的感受情况

相对比较低。被调查者对"您觉得个人隐私安全情况怎样"这一问题的回答结果是：感觉"很安全"和"比较安全"的比例分别为5.8%和25.3%，两者之和即正面感受占比31.1%。回答"中等"的中性评价占比30.8%。回答"很不安全"和"不太安全"的比例分别为10.0%和28.1%，两者之

和即负面感受占比 38.1%。

被调查者对"您觉得目前食品安全情况怎样"这个问题的回答结果是：感觉"很安全"和"比较安全"的比例分别为 3.2%和 32.2%，二者之和即正面感受占比 35.4%。选择"中等"的中性评价占比 32.8%。感觉"很不安全"和"不太安全"的比例分别为 5.4%和 26.4%，二者之和即负面感受占比 31.8%。正面感受的占比略高于负面感受。

可以发现，与之前的几次调查结果相比，2023 年各项安全感中的短板仍然是食品安全感和隐私安全感，可见这两个方面的安全感提高难度较大，有待社会各方的进一步努力。

三 广州居民社会情绪情况

对社会情绪的调查主要包括一些有可能引发居民焦虑情绪的事项，包括物价上涨、房价上涨、收入状况、健康问题、养老问题、工作压力、社会治安、就业问题和对未来的预期。定量分析时将各项测量结果转化为分值，最低分是 2 分，最高分是 10 分，分值越高表示与该方面相关的焦虑情绪越高。

（一）广州居民社会情绪基本状况

1. 与收入状况和工作压力相关的焦虑分值较高

调查数据的分析结果显示，2023 年引发居民焦虑情绪最主要的事项是"收入状况"，该项分值为 7.31 分，另外两项焦虑分值较高的事项是"工作压力"和"物价上涨"，分值分别为 7.11 分和 6.95 分（见图 8）。与"收入状况"相关的焦虑分值较高与上文"收入状况"方面的获得感分值较低的结果是一致的。

2. 社会治安方面的焦虑分值最低

焦虑分值处于中等的事项是"未来预期"、"房价上涨"及"就业问

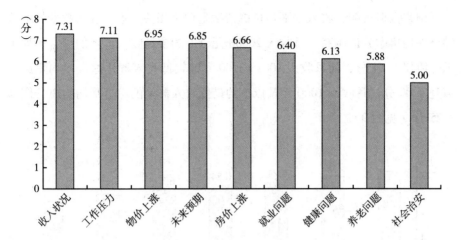

图8　2023年可能引发居民焦虑情绪的各种事项得分

题"，分值分别为6.85分、6.66分和6.40分。焦虑分值相对较低的事项是"健康问题"、"养老问题"和"社会治安"，分值分别为6.13分、5.88分和5.00分。"社会治安"相关的焦虑分值最低，这与安全感分析中"人身安全"得分最高的结果也是一致的。

（二）不同群体焦虑情绪的差异

1. 不同群体综合焦虑程度的差异

通过对调查数据的分析发现，不同群体的焦虑程度存在差异。在性别方面，女性的焦虑程度略高于男性，二者各事项的综合平均焦虑分值分别为6.60分和6.34分。在居民户籍方面，非广州本地户籍群体焦虑程度略高于广州本地户籍群体，综合平均焦虑分值分别为6.56分和6.37分。在婚姻状况方面，未婚群体的焦虑程度高于已婚群体，综合平均焦虑分值分别为6.70分和6.22分。从职业类型方面看，焦虑程度较高的是失业群体，综合平均焦虑分值为7.00分；其次为商业、服务业人员，综合平均焦虑分值为6.78分；退休人员焦虑程度最低，综合平均焦虑分值只有5.96分；专业技术人员的焦虑程度也较低，综合平均焦虑分值为6.26分。

调查数据表明，收入水平与焦虑情绪呈现负相关关系，收入越低的群体综合平均焦虑分值越高。月收入20000元以上的最高收入群体的综合平均焦虑分值仅5.44分，而月收入1001~3000元的较低收入群体综合平均焦虑分值是7.00分，月收入1000元及以下的最低收入群体的综合平均焦虑分值为7.25分（见图9）。

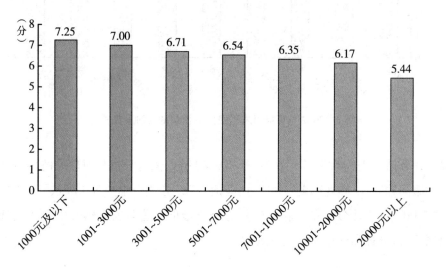

图9　2023年广州不同收入水平群体的综合平均焦虑分值

2. 不同群体的焦虑事项存在差异

引发失业人员焦虑分数较高的事项是就业问题和收入相关问题，焦虑分数分别为7.95分和7.77分，分别较两项的平均焦虑分数高出1.55分和0.46分；学生群体分数最高的焦虑事项是未来预期和就业问题，这两项焦虑分数都是7.38分，分别较两项的平均分数高出0.53分和0.98分。商业服务人员及工人群体焦虑情绪最高的事项都与收入状况相关，该方面的焦虑分数分别为7.78分和7.79分，分别较该项平均分数高出0.47分和0.48分。对于退休人员，引发焦虑情绪的主要事项是健康问题和收入相关问题，两项焦虑分值均为7.00分，分别较两项的平均分数高出0.87分和0.69分（见表1）。

表1　2023年广州不同职业群体各方面相关焦虑情绪分数

单位：分

职业群体	未来预期	物价相关	房价相关	工作压力	健康问题	收入相关	养老问题	就业问题	社会治安
专业技术人员	6.46	6.70	6.62	6.97	6.10	7.05	5.89	5.87	4.73
职员、办事员	6.89	7.02	6.67	7.25	6.10	7.46	6.01	6.22	4.89
商业服务人员	7.13	7.20	6.92	7.43	6.18	7.78	6.36	6.86	5.18
工人	7.08	7.37	6.84	7.26	6.00	7.79	5.95	6.13	4.58
退休人员	6.40	6.00	6.00	5.40	7.00	7.00	6.40	5.20	4.20
学生	7.38	7.22	6.62	6.98	6.21	7.23	5.41	7.38	5.51
失业人员	7.44	7.40	6.84	7.53	6.46	7.77	6.42	7.95	5.21
其他职业	6.70	6.73	6.61	6.99	6.40	7.43	5.84	6.62	5.19
平均分数	6.85	6.95	6.66	7.11	6.13	7.31	5.88	6.40	5.00

四　广州居民社会期望与未来预期情况

对居民期望的调查包括了十个方面的内容，分别是："收入增加""身体健康""事业发展""改善交通""拥有自己的住房""环境更好""获得他人认可""拥有更多朋友""艺术欣赏、创作、慈善""其他"。调查方法是让被调查者只选择其中"最渴望"的事项。

（一）广州居民社会期望基本情况

1. 社会期望最高的选项是"收入增加"和"身体健康"

在供被调查者选择的10个选项中，多数人的选择集中在"收入增加"、"身体健康"、"事业发展"和"拥有自己的住房"，选择比例合计达到91.4%，而其余6项的选择比例合计只有8.6%，并且6项的选择比例均在2.0%及以下。可以看出，"收入增加"和"身体健康"是被调查者选择比例最高的两项，占比分别为40.5%和25.0%；处于第三位的是"事业发展"，14.2%的人选择了该项；第四位是"拥有自己的住房"，选择该项的

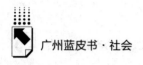

比例是 11.7%（见表 2）。

从以上结果可以看出，目前居民最期望的事项仍然关系其最基本需要，"收入增加"、"拥有自己的住房"和"事业发展"等几个选择比例较高的事项主要与满足基本生活需要密切相关，"身体健康"这个选择比例较高的选项更涉及最基本的生理需要。属于相对较高层次需求的几个事项选择比例都不高。

表 2　2023 年广州居民各种社会期望的选择比例

单位：人，%

期望事项	样本数	选择比例
身体健康	551	25.0
收入增加	890	40.5
拥有自己的住房	257	11.7
事业发展	313	14.2
获得他人认可	39	1.8
拥有更多朋友	39	1.8
改善交通	16	0.7
环境更好	44	2.0
艺术欣赏、创作、慈善	26	1.2
其他	25	1.1
合计	2200	100.0

2. 社会期望的群体差异

从数据统计结果可以发现，2023 年不同群体的社会期望存在一些差异，这与其自身的社会、经济状况有密切关系。

（1）不同职业群体的社会期望存在较大差异

在各类职业群体中，工人群体和失业人员选择"收入增加"的比例最高，选择该项的受访者都超过了半数，比例分别是 55.3% 和 51.2%，均较该项的整体选择比例高出 10 个百分点以上。职员、办事员群体选择该项的比例也比较高，为 46.3%，比该项的整体选择比例高出 5.8 个百分点。最渴望"事业发展"的是商业服务人员，选择该项的比例是 20.1%，较该项整体选择比例高出 5.9 个百分点。最渴望"身体健康"的是退休人员，选择该项的比例达到 60.0%，比该项的整体选择比例高出 35.0 个百分点（见表3）。可见随着年龄的增长，退休人员对自身的健康状况最为关注。

（2）性别差异不大，不同户籍性质群体的社会期望存在一定差异

不同性别群体的社会期望差异不明显，但不同户籍性质群体的社会期望存在一定的差异。例如，具有广州本地户籍的选择"身体健康"选项的比例更高一些，占 28.7%，较非广州户籍者选择该项的比例 22.1% 高出 6.6 个百分点；非广州户籍者选择"收入增加"的比例更高一些，达 41.2%，比具有广州本地户籍者选择该项比例 39.5% 高出 1.7 个百分点；非广州户籍者期望"拥有自己的住房"的比例为 13.5%，较本地户籍居民的 9.4% 高出 4.1 个百分点，表明前者现在的住房条件与后者还有一定的差距。

表3 2023 年广州不同职业群体对期望事项的选择比例

单位：%

期望事项	专业技术人员	职员、办事员	商业服务人员	退休人员	工人群体	学生群体	失业人员	其他职业	整体选择比例
身体健康	29.8	22.0	22.3	60.0	22.4	22.6	20.9	23.6	25.0
收入增加	36.7	46.3	39.1	10.0	55.3	33.2	51.2	42.6	40.5
拥有住房	11.3	12.1	10.9	0.0	10.5	13.6	11.6	8.1	11.7
事业发展	12.2	14.3	20.1	0.0	9.2	16.1	11.6	15.5	14.2
他人认可	2.2	0.9	1.1	0.0	0.0	4.3	0.0	0.7	1.8
更多朋友	2.0	1.2	1.6	0.0	1.3	3.3	0.0	1.4	1.8
改善交通	0.7	0.9	0.0	0.0	1.3	1.3	0.0	0.0	0.7
环境更好	2.6	1.3	4.3	20.0	0.0	1.8	2.3	2.0	2.0
艺术慈善	2.0	0.4	0.5	10.0	0.0	2.0	0.0	0.7	1.2
其他事项	0.7	0.6	0.0	0.0	0.0	2.0	2.3	5.4	1.1

注：由于小数点后第二位四舍五入，有些列的百分比合计与100%有正负0.1或0.2的差异，这种情况是正常的。为便于表示，表中及下文对期望事项表述进行简化。

（3）不同收入水平群体的期望存在差异

收入水平的差别也会造成社会期望的明显差异，例如本次调查中，最高收入群体（月收入 2 万元以上）是唯一一个选择"身体健康"的比例高于

"收入增加"的群体,两个期望事项的选择比例分别为37.5%和31.8%。前者高出整体选择比例11.7个百分点,后者低于整体选择比例10.3个百分点。① 月收入1000元及以下的群体选择"身体健康"的比例最低,只有14.0%,较该选项的整体选择比例低11.8个百分点。

(二)社会期望的变化情况

1.四个主要期望事项的位次没有变化

从2018~2023年四次调查中人们选择的各项最期望事项的比例来看,选择比例较高的始终是"收入增加"、"身体健康"、"事业发展"及"拥有住房"4项,而且这4项的位次始终没有变化②(见图10)。

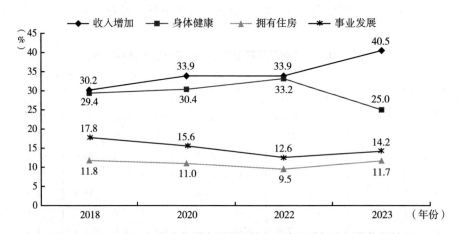

图10 2018~2023年调查年份广州居民最期望事项选择比例的变化情况

2.一项期望由稳转升,两项期望由降转升,一项期望明显下降

虽然4个主要期望事项的位次没有发生变化,但其选择比例的高低却呈现不同的变化趋势。"收入增加"期望由稳转升,2018~2020年选择比例整体呈现上升趋势,升高了3.7个百分点;2020~2022年呈现平稳状态,选择比例

---

① 按收入情况分析各期望事项选择比例差异时未将学生群体纳入。
② 其他6个期望事项历次调查选择的比例都很低,样本较少,进行比较分析的显著性不高,因此这里主要分析前4项的变化情况。

没有发生变化；2023年出现了明显上升，较2022年上升了6.6个百分点。

2018~2022年"事业发展"和"拥有住房"两项期望选择比例呈现持续下降趋势。"事业发展"的选择比例从2018年的17.8%下降到2020年的15.6%，到2022年下降到12.6%。"拥有住房"的选择比例从2018年的11.8%下降到2020年的11.0%，到2022年下降到9.5%。但在2023年这两项期望的选择比例出现了由降转升的情况，2023年这两项期望的选择比例分别比2022年升高了1.6个百分点和2.2个百分点。

2023年"身体健康"的选择比例出现明显回落。2018~2022年"身体健康"的选择比例呈现持续上升的趋势，但2023年该项期望的选择比例出现了明显下降，由2022年的33.2%下降到2023年的25.0%，下降了8.2个百分点。出现这种情况的主要原因可能是人们已经从对新冠疫情的担忧中恢复过来，对自身健康情况的担忧明显减轻。

（三）对未来预期信心情况

本次调查包括了两项对未来预期信心的内容：一是对未来几年生活变得更好的预期，二是对未来几年收入增加的预期。

1. 对未来预期信心的基本情况

统计结果表明，广州居民对这两项预期都相对比较乐观，对未来几年生活会变得越来越好表示"很有信心"和"比较有信心"的比例分别是6.9%和38.1%，二者之和即正向预期比例为45.0%；表示"不确定"的比例为31.5%；表示"不太有信心"和"完全没信心"的比例分别为19.0%和4.5%，二者之和即负向预期比例为23.5%。正向预期比例较负向预期比例高21.5个百分点。

对未来几年收入增加表示"很有信心"和"比较有信心"的比例分别是6.7%和29.5%，二者之和即正向预期比例为36.2%；表示"不确定"的比例是33.3%；表示"不太有信心"和"完全没信心"的比例分别是23.8%和6.7%，二者之和即负向预期比例为30.5%。正向预期比例较负向预期比例高5.7个百分点（见表4）。

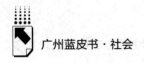

表4　2023年广州居民对未来预期信心的选择比例情况

单位：%

选项	生活变好	收入增加
完全没信心	4.5	6.7
不太有信心	19.0	23.8
不确定	31.5	33.3
比较有信心	38.1	29.5
很有信心	6.9	6.7

为了对不同群体对未来预期信心的差异进行定量分析，将调查结果转换为分数，"很有信心"为最高分10分，"完全没信心"为最低分2分，得分越高表明信心越高。从分数统计结果来看，广州居民对未来几年生活变好的信心比收入增加的信心更高一些，平均得分分别是6.48分和6.11分。从这种差异可以推断出，人们对于生活变好的期望并没有完全寄托在收入增加上，而是更多寄托在政府提供的社会公共服务水平提高上。

2. 对未来预期信心的群体差异

从职业类别来看，对于未来几年生活变好信心较高的是专业技术人员和工人群体，得分分别为6.66分和6.53分；职员、办事员群体信心也相对较高，得分为6.44分。信心最低的是失业人员，得分为5.53分。学生群体的信心也相对较低，得分为6.31分。对于未来几年收入增加信心较高的是商业服务人员和专业技术人员，得分分别为6.32分和6.20分；其次是职员、办事员，得分为6.14分。信心最低的仍然是失业人员，得分只有4.93分。"其他"职业群体和学生群体对收入增加的信心也相对较低，得分分别为5.85分和5.90分。

在性别差异方面，无论是对生活变好还是收入增加，男性的信心都略高于女性。男性对未来生活变好的信心平均分为6.50分，女性为6.46分；男性对未来收入增加的信心平均分为6.18分，女性为6.06分。不同户籍性质居民群体对未来预期信心的差异比不同性别群体的差异更为明显一些。广州本地户籍居民对两个方面的未来预期信心都高于非本地户籍居民。广州本地户籍居民对未来生活变好的信心得分为 6.73 分，非本地户籍居民得分为 6.27 分；广州本地户籍居民对未来收入增加的信心得分为 6.33 分，非本地户籍居民得分为 5.94 分。

五　总结

综合以上对本次调查数据的分析，2023 年广州居民社会心态状况有以下几个方面值得关注。

（一）居民幸福感总体上相对稳定，不同群体间存在一定差异

专业技术人员幸福感相对较高，失业群体幸福感最低，但较上一年有所提高。学生群体的幸福感有所下降，这可能与当前青年群体失业率较高、高校应届生就业率较低有一定的关系，需给予进一步的关注。

（二）获得感有两个方面有所提高，两个方面趋稳，一个方面下降

2023 年广州居民获得感较高的方面是医疗服务质量和环境质量。虽然生活质量和收入方面的获得感相对较低，但与前两次调查相比，这两个方面的获得感都出现了明显的回升。2023 年广州居民交通方面的获得感有所下降，这可能与疫情防控政策调整后经济及各方面社会活动恢复，人流和车流增加有一定关系。

（三）总体上居民安全感较高，但仍存在短板

广州居民总体上安全感较高，其中最高的是人身安全感和财产安全感。值得注意的是，居民的隐私安全感和食品安全感仍然相对较低，仍然是安全感的短板。尤其是隐私安全感，2022 年的调查结果较前几年有所提高，但2023 年出现了回落。

（四）收入状况和工作压力与焦虑情绪关联度较高

在社会情绪方面，与收入状况和工作压力相关的焦虑分值较高，与社会

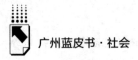

治安、养老问题相关的焦虑分值较低。焦虑分值较高的是失业群体，其次为商业服务人员。就业问题和收入问题是导致失业群体焦虑程度较高的两个主要事项，导致学生群体焦虑情绪的事项主要是未来预期和就业问题。从收入差异方面看，收入较低群体的焦虑程度高于收入较高群体。

（五）社会期望最高的是收入增加和身体健康，未来预期总体乐观

收入增加和身体健康在历次调查中均是期望最高的两项，但2023年的变化趋势出现明显分化。与前几年的结果相比，对收入增加的期望出现了明显的上升，而将身体健康作为首选期望的比例出现了明显下降。对未来生活变好和收入增加的正向预期比例高于负向预期比例，专业技术人员的未来预期信心得分最高，失业人员的未来预期信心得分最低。

B.13
2023年广州市民就业情况调查报告[*]

郑　慧[**]

摘　要： 就业是最基本的民生，是劳动者获得收入、提高生活水平的基本途径，为深入了解广州市民就业情况，广州市统计局以万户居民调查网为主体，对全市 5919 名市民进行了网络调查，调查结果显示：广州就业机会多，交通优势吸引市民来穗就业创业，在业市民工作满意度明显提升；市民对就业形势判断较为审慎，越来越多市民对未来就业形势持观望态度；市民就业态度更加理性，对新职业接受程度高，尝试意愿强；当前广州稳岗扩容压力较大，市民期待通过发展新职业、提高就业服务水平以及加强劳动者权益保护等方式解决就业难题。

关键词： 就业形势　就业问题　新兴职业

习近平总书记强调，"就业是最基本的民生"，"要实施就业优先战略，强化就业优先政策"，"健全就业公共服务体系"，"加强困难群体就业兜底帮扶"，[①] "消除影响平等就业的不合理限制和就业歧视，使人人都有通过勤奋劳动实现自身发展的机会"[②]。就业是民生之本，是社会经济发展的重要指标。

近年来，随着中国经济的快速发展和产业结构的转型，就业形势也发生

---

　*　本报告为"广州市统计局万户居民调查"研究成果。

**　郑慧，广州市统计普查中心助理研究员，研究方向为社会调查。

①　中共中央宣传部编《习近平新时代中国特色社会主义思想学习纲要（2023 年版）》，学习出版社、人民出版社，2023，第 215 页。

②　《习近平著作选读》（第一卷），人民出版社，2023，第 39 页。

了深刻的变化，劳动力市场呈现多元化、灵活化的特点。就业问题一直是当前社会发展的重要课题。对于政策制定者、经济学者和广大劳动者来说，准确把握中国就业形势的特点、挑战与机遇至关重要。通过分析现有的就业相关文献发现，研究者们主要关注了就业问题的现状、成因和对策等方面，仍存在一定的局限性，总体呈现四大不足：一是当前研究以各类报刊发布的"新闻报道"和招聘机构发布的"调研报告"为主，专业研究明显不足，就业研究的碎片化和表层化趋势明显，存在较为突出的唯就业论就业现象，缺乏深入的系统性综合分析；二是唯单一主体展开研究，如研究毕业生就业就只研究毕业生，研究用人单位岗位提供就只研究岗位提供，研究高校就业指导服务就只研究高校就业指导服务，缺乏主体之间系统性、功能性联动研究，但就业毕竟是一个多元主体共同参与的系统工程，政府、企业和个人三者在研究层面需要形成紧密的互动链条；三是既有研究还是以节点研究为主，很少关注动态变化和时段比较；四是既有研究主要内容是如何保障重点群体就业，如毕业大学生等就业难问题，很少有涉及多年龄段、多种就业状态的综合性研究。

2023年，我国城镇就业的新成长劳动力和高校毕业生规模均创近年新高，就业的总量压力和结构性问题依然突出。为改善就业形势实现稳就业，国务院召开专题会议部署推进，国务院办公厅出台文件，明确拓宽就业渠道的一揽子举措。各相关部门还在不同时间节点陆续推出有针对性的措施，强化政策支持、服务助力、困难帮扶、权益保障，全力做好重点群体就业工作。广州千方百计拓渠道优服务、保用工稳就业，就业形势有所改善，保持总体稳定：2023年全市前三季度新增城镇就业26.21万人，同比增长7.8%，稳就业效果显著。①《2024年广州市政府工作报告》提出，广州将实现城镇新增就业24万人以上。在这种背景下广州当前就业具体情况如何？市民对未来就业、创业信心预期如何？怎样持续有效地促进重点群体就业？如何全面落实就业优先政策？如何做好劳动者权益保障？因此，本次调查将

---

① 数据来源于广州市统计局。

分析不同人群的就业需求和就业困难，包括待就业群体、在业群体以及创业群体等，分别了解他们当前的就业状态、心理预期、未来发展计划等，同时在新兴职业发展、提高就业服务水平以及实现稳就业等方面听取市民意见和建议，发现和解决就业市场存在的问题和瓶颈，提出相应的政策和措施，以初步描绘广州总体就业情况以及回应市民期盼，为政府完善决策、切实改善就业形势提供参考信息，推动经济发展和社会稳定。

一　调查数据获取与说明

（一）调查网基本情况介绍

广州市万户居民调查网是按照广州市政府要求，于 1998 年由广州市统计局牵头组建，立足收集社情民意的调查网络。在样本选取方面，万户居民调查网通过随机抽样方法确定调查户，经过 7 次全面更新和网络扩充，目前已覆盖全市 11 个行政区 39 条行政街 200 个社区居委的 1 万户常住居民家庭，样本具有充分的代表性。在调查方式上，以入户访问及电话调查为主，平均每年开展 1 次入户调查、3~4 次电话调查，本报告以 2023 年 4 月的网络调查数据为基础，撰写调查分析。

（二）描述性分析

本次调查以万户居民调查网为主体开展调查，同步开展网络调查，经筛选处理后共得到 5919 份有效问卷。

从样本性别构成来看，男性占 47.8%，女性占 52.2%。从样本受教育程度状况来看，大学本科的样本占比最高，为 44.4%，其次是大专及高中/中专/中技样本，占比分别为 24.1% 和 15.0%。从样本就业状态来看，在业的样本占比最高，为 82.6%，其次是待业（包含失业、转业换岗等正在找工作群体）及自主创业群体，占比分别为 8.5% 及 8.0%。从样本年龄构成来看，30~39 岁和 40~49 岁两个年龄段的占比均超三成，分别为 37.6%、31.6%。从样本户籍状态来看，以广州户籍人口为主，占比超过七成（见表 1）。

表1 样本的描述性统计

单位：人，%

项目	样本量	比例
性别		
男	2831	47.8
女	3088	52.2
受教育程度		
小学或以下	102	1.7
初中	581	9.8
高中/中专/中技	890	15.0
大专	1424	24.1
大学本科	2628	44.4
研究生及以上	294	5.0
就业状态		
待业（包含失业、转业换岗等正在找工作群体）	505	8.5
应届毕业生（包含2022年以来从未全职就业过的学校毕业生）	52	0.9
在业	4891	82.6
自主创业	471	8.0
年龄		
18~29岁	992	16.8
30~39岁	2223	37.6
40~49岁	1869	31.6
50~59岁	799	13.5
60岁及以上	36	0.6
户籍状态		
广州户籍	4396	74.3
非广州户籍	1523	25.7

二 调查结果分析

（一）广州就业机会多，市民对就业形势判断较为审慎

1.广州就业机会多，交通优势吸引市民来穗就业创业

春节后，大量务工人员来穗，根据百度实时迁徙地图数据，从2023年2月8日到3月7日，广州连续近一个月居全国热门迁入地（目的地）首

位。作为全国首选的人口流入城市之一，"就业机会多"是吸引待业和应届毕业生在穗就业的最主要因素，占比47.5%，其次是因为广州是"家乡所在地"（占比42.1%），"社会环境包容""一线城市吸引"的中选率也超三成，分别为36.9%、33.3%（见图1）。

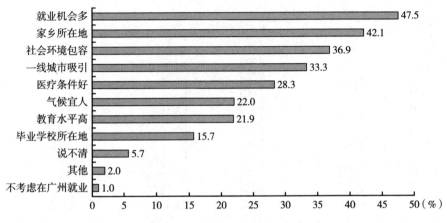

图1 2023年正在找工作的市民选择在广州就业的原因

创业者更多因为广州较好的地理位置优势而选择在穗发展，"资源丰富"（43.5%）、"地理位置优势"（42.0%）及"交通便利"（40.1%）成为吸引创业者的三大要素；三成以上创业者认为"基础设施等硬件环境较为完善"（34.4%），"投资环境好"（32.4%）、"公共服务水平高"（31.6%）以及"人才资源充沛"（30.7%）也是吸引其在穗创业的重要原因。

2. 市民对广州就业形势的判断较为审慎

2023年以来，广州经济呈现稳步恢复态势，市民对广州就业形势的判断较为审慎。调查结果显示：35.1%的市民认为相比前两年，广州未来两年的就业形势会"越来越好"，32.9%的市民认为"变化不大"，17.0%的市民认为会"越来越差"，另外有15.0%的市民选择了"说不清"。与2020年①相比，认

---

① 2020年数据来源于广州市统计局利用万户居民调查网开展的一项关于市民就业状况和就业观念的万户居民调查，下同。

为就业形势会"越来越差"的市民占比虽下降了 14.9 个百分点，但认为"变化不大"和"说不清"的比例明显提升，显示越来越多市民对未来就业形势持审慎态度（见图 2）。分工作状态来看，自主创业人群最为乐观，认为未来两年就业形势将越来越好的比例为 38.1%。

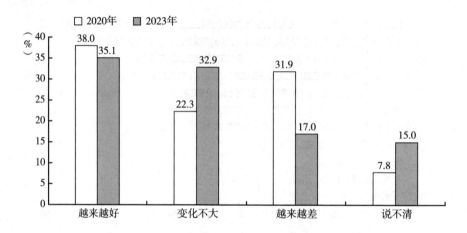

图 2　2020 年、2023 年市民对广州未来两年就业形势的判断变化情况

3. 在业市民工作满意度提升明显

随着全市经济活动趋向活跃，城市活力逐步恢复，在业市民工作满意度明显提升。调查结果显示，4891 位在业市民中，79.5% 满意目前的工作，其中，22.2%"非常满意"，57.3%"比较满意"；13.6% 选择了"比较不满意"，另外分别有 2.7% 和 4.2% 表示"不满意"和"说不清"。对目前工作表示满意的受访者比 2020 年（63.4%）提高了 16.1个百分点。

薪酬福利和行业预期影响在业市民对当前工作的满意度，预计 2023 年薪酬福利将有所增加的在业市民满意度为 93.1%，远远高于预计 2023 年薪酬福利将减少的市民（60.7%）；认为未来两年所在行业"越来越好"的市民满意度为 94.0%，也远远高于认为行业前景将"越来越差"的市民（51.6%）。

（二）市民就业态度更加理性，对新职业接受程度高

1. 市民找工作主要考虑薪酬水平，求稳心态较为突出

调查结果显示，市民在选择工作岗位时最看重的因素是"薪酬"（61.5%），其次是"福利"（51.7%）和"工作稳定性"（51.1%），除了考虑待遇外，市民找工作时求稳心态突出。"工作环境"（41.8%）、"地理位置"（39.6%）、"工作氛围"（37.7%）、"行业前景"（34.1%）、"工作强度"（32.8%）和"个人能力提升"（32.6%）也是市民考虑较多的因素（见图3）。

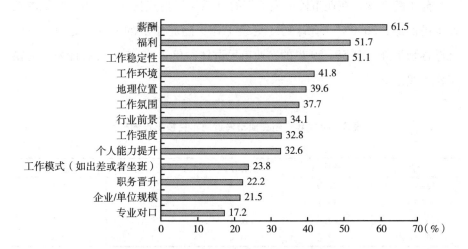

图3　2023年广州市民选择工作岗位时主要考虑的因素

与2020年相比，"薪酬"仍然是市民找工作时考虑的第一因素，而"工作环境"和"工作稳定性"的中选率明显提升，分别提高20.4个和13.8个百分点，市民就业观念逐步从"就业"向"择业"转变。

具体来看，应届毕业生更在意"个人能力提升"，中选率为55.8%，高出待业群体25.5个百分点，而选择"工作稳定性"的比例低于待业群体7.7个百分点。女性更看重"工作环境"和"薪酬"，分别高出男性14.2个和9.4个百分点。

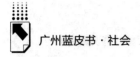

2. 六成在业市民没有"跳槽"计划，年龄越大的市民愿意"跳槽"的比例越低

调查显示，在业市民近两年更换工作的意愿不强，参与调查的4891位在业市民中，仅12.9%表示近两年"有计划"更换工作，60.2%"没有计划"，22.8%表示"看情况"，另有4.1%表示"说不清"。

对行业前景的预判影响市民"跳槽"计划。认为未来两年所在行业前景将越来越好的受访市民中，70.4%"没有计划"更换工作，而认为未来两年所在行业前景将越来越差的受访市民中，仅35.3%表示"没有计划"更换工作。

分年龄来看，在业市民更换工作的意愿与年龄成反比①。18~29岁的在业市民群体，26.0%"有计划"更换工作；随着年龄的上升，更换工作的意愿逐渐下降，到50~59岁的在业市民群体，仅3.6%表示"有计划"更换工作（见表2）。

表2　2023年广州在业市民近两年更换工作的打算

单位：%

年龄	有计划	没有计划	看情况	说不清
18~29岁	26.0	38.4	30.1	5.5
30~39岁	15.1	54.2	26.6	4.2
40~49岁	7.6	70.1	19.1	3.2
50~59岁	3.6	81.4	11.3	3.8

3. 千年商都吸引商贸业创业集聚，市民创业初衷更多追求时间自由

随着广州营商环境不断向好，不少市民选择在穗自行创业，寻求更多的发展机会和更多的自由。在参与调查的471位自主创业市民中，自主创业的行业类型主要集中在"批发和零售业"，中选率为36.9%，广州千年商都集聚效应明显；其次是"住宿和餐饮业"，中选率为10.6%（见表3）。

---

① 60岁及以上的样本数量较少，不纳入此次交叉分析。

表3 2023年广州自主创业市民创业所属行业类型

单位：%

序号	所属行业	占比	序号	所属行业	占比
1	批发和零售业	36.9	7	租赁和商务服务业	4.0
2	住宿和餐饮业	10.6	8	信息传输、软件和信息技术服务业	4.0
3	制造业	6.6	9	交通运输、仓储和邮政业	3.8
4	文化、体育和娱乐业	5.3	10	农林牧渔业	3.4
5	居民服务、修理和其他服务业	5.1	11	建筑业	3.2
6	教育业	4.2	12	其他	12.9

调查数据显示，"时间自由"、"更好实现自我价值"以及"可以获得更高的收入"，是创业者选择创业的主要原因，中选率分别为45.2%、38.2%及34.6%。另有超两成创业者受"兴趣爱好"（22.2%）和"家庭环境影响"（22%）选择了自主创业，部分创业者还选择了"想为社会做贡献"（19.9%）和"没找到满意的工作"（16.6%）。

4. 市民对新职业接受程度高，尝试意愿强

调查显示，55.0%的市民表示对网络直播、职业电竞等新业态从业者（以下简称"新职业"）有所了解，其中7.9%表示"非常了解"、47.1%表示"了解一些"，34.2%的市民选择了"不太了解"，6.6%的市民选择了"完全不了解"，还有4.2%的市民选择了"说不清"。

当问及市民是否愿意尝试新职业时，75.2%的市民表示愿意尝试（"愿意作为全职工作"与"愿意作为副业"之和，下同），其中20.9%的市民表示"愿意作为全职工作"，54.3%的市民"愿意作为副业"，仅13.4%的市民表示"不愿意"，另有11.4%的市民选择了"说不清"。

对新职业的了解程度影响市民的尝试意愿，对新职业"非常了解"的市民中91%愿意尝试新职业；对新职业"了解一些"的市民中82.7%愿意尝试新职业；而对新职业"不太了解"以及"完全不了解"的市民尝试意愿低于平均水平（见表4）。从不同的工作状态来看，待业群体和应届毕业生表示愿意尝试的超过八成,分别为 83.8% 和 84.7%；创业群体的尝试意愿最低,为 71.4%。

表 4　2023 年广州市民对新职业的尝试意愿

单位:%

选项	愿意作为全职工作	愿意作为副业	不愿意	说不清
非常了解	53.0	38.0	5.6	3.4
了解一些	20.1	62.6	10.0	7.3
不太了解	17.8	54.3	16.6	11.4
完全不了解	11.5	40.8	30.9	16.8
说不清	10.1	13.0	13.0	64.0

(三)当前广州稳岗扩容压力仍然很大

1. 在业市民对工作前景预期保守

调查结果显示,在业市民对未来两年所在行业的前景信心不强,参与调查的 4891 位在业市民中,仅 24.9% 的在业市民认为未来两年所在的行业前景将"越来越好",49.2% 认为"变化不大",15.6% 选择了"越来越差",另有 10.3% 表示"说不清"。相比 2020 年,认为"越来越好"的比例下降了 9.9 个百分点,而认为"越来越差"的比例上升了 2.8 个百分点(见图 4)。

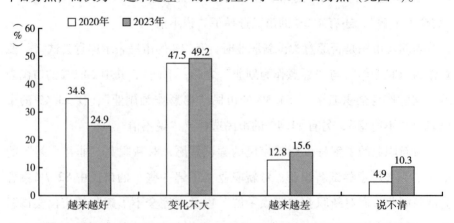

图 4　2020 年、2023 年广州在业市民对未来两年所在行业的前景预期比较

对行业前景的判断直接影响市民对薪酬变化的预期，认为行业前景"越来越好"的受访市民中，仅6%的市民预计2023年薪酬将有所减少；认为行业前景"越来越差"的受访市民中，47.8%的市民预计2023年薪酬将有所减少。

2. 青年群体及低收入群体更担心失业

调查结果显示，参与调查的4891位在业市民中，32.9%的在业市民担心未来两年自己会被裁员，其中9.5%"非常担心"、23.4%"比较担心"。对行业前景的预期影响市民焦虑程度，认为行业前景"越来越差"的市民中55.4%担心自己会被裁员，高出总体水平22.5个百分点。

青年群体失业危机更强，30~39岁年龄群体最为焦虑，担心被裁员的比例达到41.7%，其次是18~29岁年龄群体，比例为34.0%。收入越低，越担心被裁员，家庭收入7000元以下受访市民中42.9%担心未来两年被裁员，高出总体水平10.0个百分点。

3. 创业者主要面临竞争多、生意差的困境，第二产业创业者还面临"招工难"的问题

调查结果显示，当前创业者面临的主要困境是"竞争多"（55.8%）、"生意差"（48.6%），其次是"未来走向不明朗"（33.1%）、"融资难"（21.2%）以及"招工难"（20.4%），仅2.8%的创业者表示"没有困难"。分创业年限来看，处于成熟期的企业①所遇困难不减，"生意差""竞争多""融资难""招工难"中选率甚至高于总体水平。分行业来看，除"竞争多""生意差"以外，第二产业还面临"招工难"的困境，该项中选率（35.8%）高出总体水平15.4个百分点。

（四）政策发力解决就业难题

1. 发展新职业，拓宽就业渠道

新经济催生新职业，新职业助力新就业。调查结果显示，58.8%的市

---

① 创业年限为10年以上。

民认为新职业对于拓宽就业渠道、增加就业有作用，其中14.8%表示"作用很大"，44.0%表示"作用较大"；24.3%的市民认为"作用不大"，2.3%的市民认为"没有作用"，14.5%的市民表示"说不清"。对新职业的了解程度影响市民对新职业作用的判断，对新职业有所了解（"非常了解"与"了解一些"之和）的市民中71.6%认为新职业对于拓宽就业渠道、增加就业有作用，高出总体水平12.8个百分点。要加强对新职业的社会宣传和政策引导，提高新职业的知晓度和认可度，更好地发挥新职业吸纳就业作用。

对于如何让新职业激发新干劲，使其更好地带动高质量就业的问题，63.2%的受访者表示要"加强劳动者权益保障"，随后依次是"给予新兴职业技能培训补贴"（57.8%）、"完善法律法规引导良性发展"（56.2%）、"规范从业标准和资格"（56.2%）、"加强宣传提高群众认可度"（50.8%）（见表5）。

表5　2023年广州市民对促进新职业发展的建议

单位：%

序号	内容	中选率	序号	内容	中选率
1	加强劳动者权益保障	63.2	5	加强宣传提高群众认可度	50.8
2	给予新兴职业技能培训补贴	57.8	6	说不清	5.1
3	完善法律法规引导良性发展	56.2	7	其他	0.9
4	规范从业标准和资格	56.2			

2. 就业驿站打通就业服务"最后一公里"

为进一步提升就业服务水平，支持劳动力就地就近就业，目前，就业驿站已在广州多点开花。调查结果显示，市民最期盼就业驿站"提供技能培训"、"提供就业指导（如社保政策、劳动法解释）"以及"提供个性化招聘岗位信息"，中选率分别为63.1%、62.7%、60.3%；过半市民（51.7%）还期待"提供创业政策解释与指导"；"登记职业需求信息"、"登记失业状态与失业金领取"中选率也超40%（见表6）。分工作状态来看，待业群体最期待"提供就业指导"（61.1%），应届毕业生最需要"提供个性化招聘岗位信息"（65.3%），在业群体（64.8%）及自主创业群体（52.8%）最需要"技能培训"。

表6 2023年广州市民期待就业驿站提供的服务

单位：%

序号	内容	中选率	序号	内容	中选率
1	提供技能培训	63.1	4	提供创业政策解释与指导	51.7
2	提供就业指导（如社保政策、劳动法解释）	62.7	5	登记职业需求信息	49.7
3	提供个性化招聘岗位信息	60.3	6	登记失业状态与失业金领取	47.5

3.多措并举实现稳就业

关于保障就业的举措，市民认为"加强劳动者就业权益保护"（58.8%）最为重要，其次是"加大对灵活就业的支持"（56.4%）、"开展形式多样的职业技能培训"（54.7%）、"经济增长带动就业"（53.6%）、"创业带动就业"（53.6%）、"规范就业市场秩序"（50.7%），"加强就业指导与公共服务""保障重点人群就业（如应届毕业生、家庭困难群体、残疾人等）"也有近五成市民选择。其中，应届毕业生认为"保障重点人群就业"最为重要，中选率达61.5%，高出总体12.2个百分点。

三 结论与政策建议

就业是民生之本，对整个社会生产和发展具有重要意义。帮助社会劳动力就业，可以实现个人就业和满足国家人才需求。解决社会劳动力就业问题是政治稳定的基础，也是社会经济快速发展的基础。

调查结果显示，广州就业机会多，交通优势吸引市民来穗就业创业；市民对广州就业形势的判断较为审慎；在业市民工作满意度提升明显；市民找工作主要考虑薪酬水平，求稳心态较为突出；六成在业市民没有"跳槽"计划，年龄越大的市民愿意"跳槽"的比例越低；千年商都吸引商贸业创业集聚，市民创业初衷更多追求时间自由；市民对新职业接受程度高，尝试意愿强。同时要看到，广州稳岗扩容的压力依然较大，主要表现为：在业市民对工作前景预期保守；青年群体及低收入群体更担心失业；创业者主要面临"竞争多""生意差"的困境，第二产业创业者还面临"招工难"的问题。调查结果表明，广州的就业形势发展既有机遇也有挑战。为有效应对这些挑战和把握机遇，需从多方面入手，加强政策协调和措施配合。

展望未来，随着全国经济社会的持续恢复和发展，就业形势有望得到进一步改善。但同时应认识到，促进就业是一个长期而艰巨的任务，需要持续努力和探索。当前，面对复杂多变的就业形势，政府、企业和社会各界需共同努力，形成促进就业的强大合力。一是要继续坚持"就业优先"政策，健全就业公共服务体系，充分发挥就业驿站服务作用，切实防范和化解企业规模性裁员风险，精准有效实施减负稳岗扩就业各项政策措施。二是要进一步发挥新职业扩容就业的作用，要加强对新职业的社会宣传和政策引导，提高新职业的知晓度和认可度，通过加强新职业群体的劳动者权益保障、给予新兴职业技能培训补贴等方式激发新职业从业者新干劲，使其更好地带动高质量就业。三是要全力帮助市场主体破解创业困境，大力支持开拓市场，加强企业用工支持，优化创业环境，减少企业经营成本，最大限度释放创新创业活力，为实现高质量充分就业提供有力支撑。

B.14
2023年广州产业工人工作
与生活状况调查报告[*]

许云泽　孙中伟　吴蕾　吴忠[**]

摘　要： 产业工人是社会财富的创造者，是技术创新的驱动者，也是实施制造强国战略的实践者。本报告通过对广州市3200名产业工人的工作与生活状况进行深入调查，发现2023年广州产业工人平均年龄38.79岁，青年占比下降，总体受教育水平、技术素质有所提高，大专及以上学历占比达59.93%，获得职业技能等级评定的工人占48.29%，但高技术水平工人仍较为缺乏，占比仅为15.92%；在工作状况方面，产业工人月平均工资收入为5578.77元，收入较为稳定，社会保险参保率高，劳动权益保障较好，工作稳定性较高，然而，存在加班情况相对严重、职业发展机会不足、薪资水平待提高等问题；在生活状况方面，产业工人家庭支出水平提高，身心健康状况较好，但非本市户籍产业工人的落户意愿相对较低，随迁子女抚养、教育问题亟待解决。鉴于此，本报告提出如下建议：优化收入分配制度，提高产业工人薪资水平；合理安排工作时间，缓解产业工人超时劳动；完善社会保障，维护产业工人合法权益；促进职业健康发展，提升工作满意度；完善社会支持网络，加强随迁子女关爱帮扶；提升社会融入水平，增强城市归属感。

---

* 本报告系广东省哲学社会科学规划2022年度重大基础理论研究专项"广东产业工人收入状况与优化路径研究"（批准号：GD22ZDZSH01）的阶段性成果。

** 许云泽，华南师范大学社会保障专业硕士研究生，研究方向为劳动就业与社会保障；孙中伟，博士，华南师范大学教授、博士生导师，研究方向为劳动就业与社会保障；吴蕾，广州市总工会经济工作与劳动保护部部长，研究方向为产业工人队伍建设改革；吴忠，广州市总工会经济工作与劳动保护部副部长，研究方向为产业工人队伍建设改革。

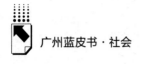

关键词: 产业工人 劳动权益 广州市

一 研究背景

产业工人是工人阶级中发挥支撑作用的主体力量,是党最坚实最可靠的执政基础。2017 年,党中央、国务院印发《新时期产业工人队伍建设改革方案》,为加快建设一支高素质的产业工人队伍明确了"路线图"和"时间表"。2018 年,广东省委办公厅、省政府办公厅印发《新时期产业工人队伍建设改革实施方案》。为响应上级号召,2019 年广州市委、市政府印发了《广州市产业工人队伍建设改革实施方案》,成立了以市领导为组长的专责领导小组,建立市总工会统筹协调,全市 4 家成员单位、35 家参与单位和 11 个区协同推进的工作机制,围绕产业工人队伍建设改革六项重点任务,陆续出台配套文件近 60 份。广州市按照政治上保证、制度上落实、素质上提高、权益上维护的总体思路,高位推进、整体联动,着力构建培养体系,创新发展制度,健全维权机制,加强公共服务,不断推动广州产业工人队伍建设改革向纵深发展。

产业工人是推动经济社会进步的重要人力资源,虽然在过去几年里,产业改革取得一系列瞩目成就,但广州市产业工人综合素质不高、流动性大、待遇水平较低等发展困境依然存在。因此,为进一步推动产业工人队伍的健康发展,本报告将深入分析广州市产业工人的工作与生活现状以及存在的主要问题,并提出一系列有针对性的建议,旨在促进广州市产业工人群体在新时代蓬勃发展,为城市经济注入更多动力。

二 广州市产业工人基本情况

2023 年 11~12 月,广州市总工会经济工作与劳动保护部联合华南师范大学政治与公共管理学院在全市范围内开展了一项针对产业工人的专题调研。调查对象为制造、建筑、交通运输、物流仓储、采矿、农场等行业的一线产业工人。本次调查采取配额抽样方法，全市设计样本总数为3000人，其中天河、白云、番禺、花都、南沙、黄埔等区产业工人样本数不低于300人，其余各区样本数不低于200人。广州市总工会将问卷填答任务分派至区县级工会，区县级工会通过企业工会推送给符合样本要求的职工。为了确保样本来源的多样性，每家企业填写职工人数不得超过30人，并由职工本人匿名在线填写。本次调查收集有效问卷3200份。本报告主要基于本次调查数据进行研究，并结合2022年广州市产业工人状况调查进一步进行比较和趋势分析。

（一）人口特征

在本次调查的样本中男性占比60.33%，女性占比39.67%，男女性别比例相差较大。工人平均年龄为38.79岁，与2022年相比增长了3.69岁，且30岁及以下的青年占比下降显著，从32.19%下降至19.45%。从户口类型来看，以广州市户籍为主，占比60.77%。从婚姻状况来看，已婚者占主体，占比74.47%（见表1）。

表1 2022~2023年广州受访产业工人基本特征

各类属性		2022年	2023年
性别	男性(%)	54.29	60.33
	女性(%)	45.71	39.67
年龄组	30岁及以下(%)	32.19	19.45
	31~40岁(%)	36.04	39.43
	41~50岁(%)	25.10	30.23
	51岁及以上(%)	6.67	10.89
	平均年龄(岁)	35.10	38.79
户籍类型	本市农业户籍(%)	14.56	13.70
	本市非农户籍(%)	16.13	47.07
	外市农业户籍(%)	57.11	31.25
	外市非农户籍(%)	12.20	7.98
婚姻状况	未婚(%)	30.65	21.98
	已婚(%)	66.60	74.47
	离异或丧偶等(%)	2.75	3.55

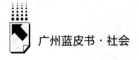

（二）学历分布

广州市产业工人受教育水平有所提高，本科学历产业工人增加。受教育
程度"初中及以下"的工人占比比 2022 年下降了 14.46 个百分点，受教育
程度"高中及同等学力"的占比下降了 6.44 个百分点，本科学历的工人大
幅增加，占比较 2022 年增加了 19.39 个百分点，受教育程度"大专及同等
学力"和"研究生"的产业工人占比也有小幅增加，分别增加了 0.99 个百
分点和 0.51 个百分点（见图 1）。

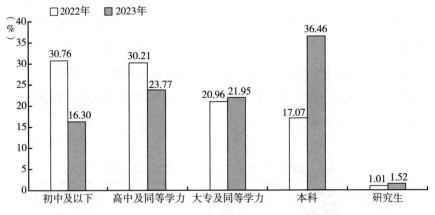

图 1　2022~2023 年广州受访产业工人受教育水平

（三）职业技能

广州市产业工人职业技能水平有所提升，从职业资格证书的获得情况来
看，52.83%的调查对象拥有职业资格证书，较 2022 年增加了 18.42 个百分点，
其中 49.58%的产业工人拥有 1~2 种职业资格证书，3.25%拥有多种职业资格证
书（见图 2）。

从职业技能等级来看，仍有半数（51.71%）的产业工人没有获得过职
业技能等级。在有职业技能等级的产业工人中，初级工占 16%，中级工占
12.99%，高级水平者（高级工、技师、高级技师）占 15.92%，各类职业

技能等级占比均较 2022 年有所上涨，但总体来说技能水平仍然较低，有高级技能的产业工人仍较为缺乏（见图 3）。

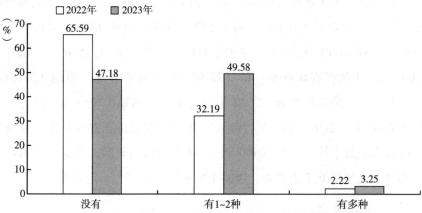

图 2　2022~2023 年广州受访产业工人职业资格证书获得情况

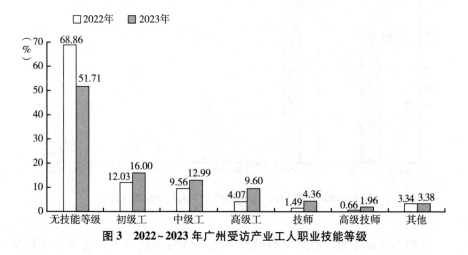

图 3　2022~2023 年广州受访产业工人职业技能等级

三　广州市产业工人工作状况

本节重点分析当前广州市产业工人工作状况，将结合调查数据从工资收入、工作时间、社会保障、工作满意度、劳动权益以及工作稳定性等多方面考察广州市产业工人工作状况。

（一）工资收入

广州产业工人工资收入相对稳定，但整体水平仍然相对较低。调查数据显示，2023年产业工人月平均工资为5578.77元，其中4000元及以下的占32.74%，4001~6000元的占42.71%，6001~8000元的占15.69%，每月工资8000元以上的仅有8.86%，和2022年相比差异不显著（见图4）。但根据广东省人社厅公布的数据，2022年全省全口径城镇单位就业人员月平均工资为8807元，其中，第一类片区（广州市、深圳市、省直）全口径城镇单位就业人员月平均工资为10449元。[①]从调查数据来看，目前广州市产业工人的收入水平仍低于全省和全市的平均水平，且存在一定差距。

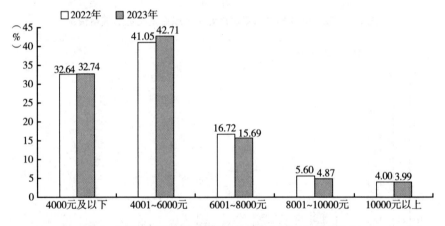

图4　2022~2023年广州受访产业工人月平均收入分布

在收入变化方面，超过半数的产业工人认为最近半年收入基本没有变化，但无论是与2023年上半年、2022年还是疫情前相比，认为收入下降的产业工人占比均多于认为收入增加的，分别高出12.48个、14.48个和15.62个百分点（见图5）。

---

① 《关于公布2022年全省全口径城镇单位就业人员月平均工资和2023年职工基本养老保险缴费基数上下限有关问题的通知》，广东省人力资源和社会保障厅网站，2023年7月3日，https：//hrss. gd. gov. cn/zwgk/xxgkml/bmwj/qtwj/shbz/content/post_ 4210987. html。

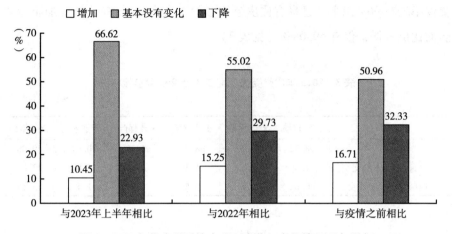

图5　2023年底广州受访产业工人收入变化情况观点分布

（二）工作时间

产业工人普遍存在加班情况，但较2022年有所缓解。数据显示，2023年受访产业工人每日工时为8.79小时，其中每天工作10个小时及以上的占24.21%，较2022年（44.27%）有所下降。2023年受访产业工人平均每周工作5.52天（见表2），其中每周工作6天的占41.4%，每周工作7天的占8.56%。

表2　2022~2023年广州受访产业工人工作时长

类别	2022年	2023年
每日工时(小时)	9.26	8.79
每周工作天数(天)	5.78	5.52

（三）社会保障

随着我国社会保障制度体系基本形成、社会保障覆盖范围不断扩大、社会保障待遇水平稳步提高，广大产业工人也享有了更多的社会保障权益。从参保情况来看，本次调研对象的医疗保险、养老保险、工伤保险、失业保险

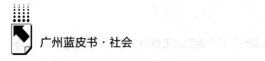

参保率均在96%以上，且享有住房公积金的工人占90.69%，但参加企业年金的比例较低，仅有59.08%（见表3）。

表3 2023年广州受访产业工人社会保险参保情况

单位：%

类别	医疗保险	养老保险	工伤保险	失业保险	住房公积金	企业年金
有	98.32	97.53	98.04	96.27	90.69	59.08
没有，单位不给交	1.06	1.61	1.38	2.83	7.80	37.07
没有，是我不愿意交	0.62	9.86	0.58	0.90	1.52	3.85

与2022年相比，2023年广州产业工人各项社会保险参保率均有所上升，其中参加住房公积金与企业年金的工人比例增长最为显著，分别增加了20.26个和8.79个百分点（见图6）。

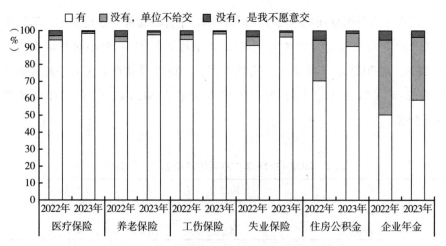

图6 2022~2023年广州受访产业工人社会保险参保情况对比

（四）工作满意度

问卷调查了产业工人对工作各方面的满意度情况，1分代表非常不满意，5分代表非常满意。数据显示，2023年广州产业工人对当前所从事的工作满意度较高，平均分为3.53分，较2022年略有下降。其中对于"同事关系"、"工作环境"和"工作时间"的满意度较高，分别为3.79分、3.72分和3.60分，但对于"晋升机会"和"工资收入"满意度较差，且较2022年有所下降，分别下降了0.14分和0.32分（见图7）。

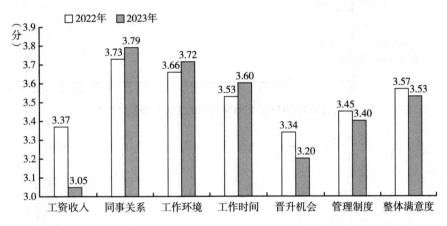

图7　2022~2023年广州受访产业工人工作满意度

（五）劳动权益

1. 劳动合同

从劳动合同签署情况来看，高达99.36%的产业工人签订了劳动合同、派遣合同等用工合同，仅有0.64%的产业工人没有签订任何合同，较2022年的3.75%有所下降，总体合同签订比例上升，劳动关系逐渐规范化（见图8）。

在已签订合同的工人中，半数以上（52.25%）签订的为无固定期限合同。其次，有21.89%的工人签订的为三年期合同，其他年限合同占比较低，均在10%以下，总体来看以长期合同为主，工人工作稳定性较好（见图9）。

2. 劳资冲突

2023年，工人权益遭到损害的情况较少。调查结果显示，发生率最高的情况是"被企业减薪"，有12.61%的工人反映遭遇过1次，有5.92%的工人有过2次及以上。其次，有7.61%的工人表示2023年有过停工经历。

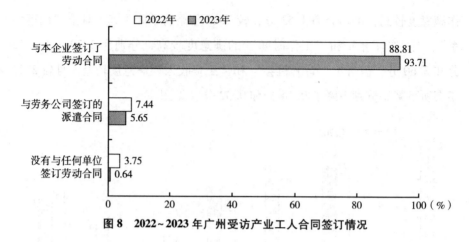

图 8 2022~2023 年广州受访产业工人合同签订情况

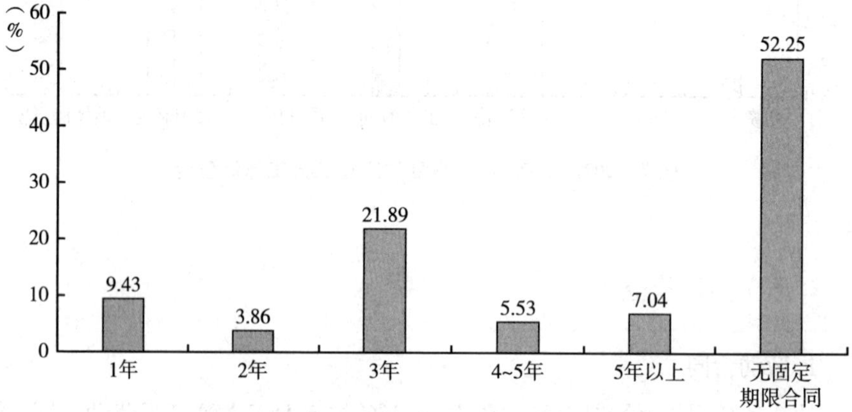

图 9 2023 年广州受访产业工人合同签订年限

主要原因是近一年来整体经济形势下行，企业订单有所减少，导致效益普遍不佳。除此之外，其他不良事件的发生率均低于 5%，工人在 2023 年遭遇其他形式的权益损害相对较少（见图 10）。

（六）工作稳定性

从工作年限来看，大多数（67.74%）的工人在目前工作的企业已经工作 5 年以上，其中工作 6~10 年的占 21.31%，11~15 年的占 15.52%，15 年以上的占比最高，达 30.91%。总体来看，产业工人的就业稳定性较好（见图 11）。

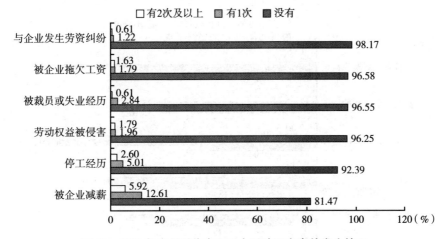

图 10 2023 年广州受访产业工人反映不良事件发生情况

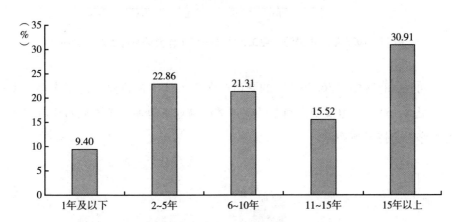

图 11 2023 年广州受访产业工人在目前工作企业的工作年限

此外，大部分工人表示对于未来一年内工作变动情况难以确定，认为"不好说"的占比最高。但总体上，认为工作不会发生变动（选择"不可能"和"完全不可能"）的比例均高于认为工作可能发生变动（选择"非常可能"和"比较可能"）的比例。在预计工作可能有所变动的各类情况中，认为"找到一份收入更高的工作"和"被企业解雇或裁员"的情况选择比例较高，分别为 8.69% 和 5.31%，这反映了工人对于当前经济环境和职业前景存在一定程度的担忧（见图 12）。

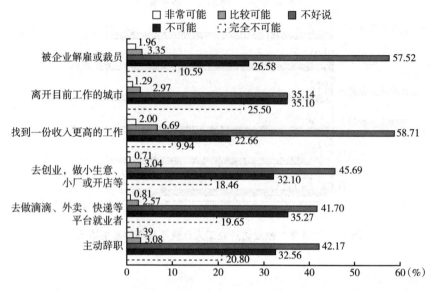

图12　2023年广州受访产业工人未来一年工作变动可能性观点分布

　　同时，有较多（76.56%）的受访产业工人认为重新找一份工作存在困难（见图13），这也反映出目前相对严峻的就业形势使得工人们对于寻找新的工作机会持谨慎态度。

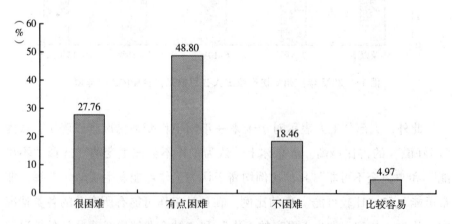

图13　2023年广州受访产业工人反映重新找工作难度情况

四 广州市产业工人生活状况

产业工人的生活状况不仅直接关系个人的生活质量、发展状况,同时对社会稳定和城市发展存在潜在影响。本节将重点从家庭支出、居住状况、随迁子女、居住与落户意愿、健康与压力和生活幸福感等多个方面考察广州市产业工人生活状况。

(一)家庭支出

家庭支出是家庭经济状况和生活状态的重要体现。调查结果显示,2023年受访产业工人消费水平有所提高。其中支出占比最高的为伙食支出,平均每月支出4753元,其次是子女教育或抚养支出,平均每月4089元,再次是房贷和房租支出,分别为3358元/月和2404元/月(见图14)。

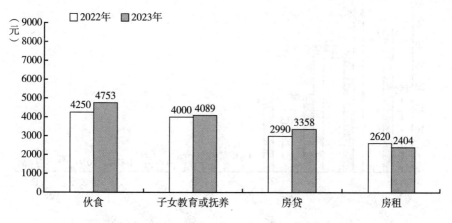

图14 2022~2023年广州受访产业工人家庭月均支出

(二)居住状况

居住环境是产业工人社会融入的重要影响因素。王子成等利用2014年中国流动人口动态监测调查数据,分析了自有住房、个人租赁住房和保障性住房对流动人口城市融入的影响，发现保障性住房与流动人口城市融入显著正相关，其估计系数要高于社会租房，但略低于自购住房。[①] 吴开泽和黄嘉文利用广州住房调查数据研究发现，相较于居住在城中村、城乡接合部的流动人口，租住在商品房等正规社区的流动人口的留城意愿更强烈。[②] 可见不同的住房类型、社区类型对产业工人的社会适应存在不同程度的影响。

1. 房屋来源

调查结果显示，自购商品房、出租房、单位宿舍是受访产业工人的主要住所。2023 年，31.38% 的产业工人在自购商品房中居住，且占比较 2022 年有所提升，可能是由于本次调查样本中本地户籍的工人较多。其次，有 26.21% 的产业工人选择租住私人房屋，16.06% 的产业工人住在单位宿舍（见图 15）。

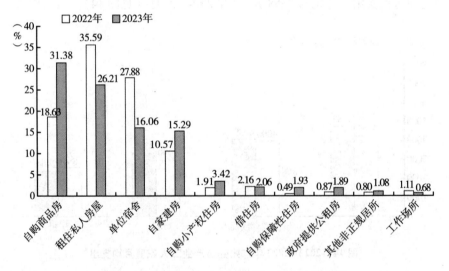

图 15 2022~2023 年广州受访产业工人住房类型

① 王子成、郭沐蓉、邓江年：《保障性住房能促进流动人口城市融入吗?》，《经济体制改革》2020 年第 1 期。
② 吴开泽、黄嘉文：《居住模式、住房类型与大城市流动人口留城意愿：基于广州的实证研究》，《华东师范大学学报》（哲学社会科学版）2020 年第 4 期。

2. 社区类型

受访产业工人所处社区类型多样，主要居住在商品住宅小区、城中村和农村。2023年，38.42%的产业工人住在商品住宅小区，26.51%的产业工人住在城中村，11.80%的产业工人住在农村（见图16）。居住的社区类型分布情况与上文提到的大多住在商品房和出租房的情况相吻合。

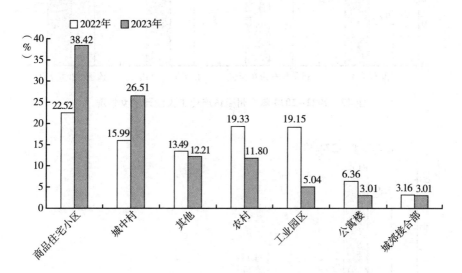

图16　2022~2023年广州受访产业工人居住社区类型分布

（三）随迁子女

在本次调查中，外地户籍的产业工人大多数（65%）都已生育子女，但是子女随迁的比例较低。在所有工人中，29.14%的工人的孩子没有带在身边，只有20.34%的工人选择将孩子带在身边（见图17）。

调查样本中，2023年，有随迁子女的外地户籍工人共236人，其中61.68%的随迁子女就读于公办学校/幼儿园，24.45%就读于民办学校/幼儿园，其余10.58%的随迁子女尚不到入园年龄，3.28%的随迁子女已经毕业。与2022年相比，就读于公办学校的随迁子女比例有所上升，上升了8.72个百分点（见图18）。

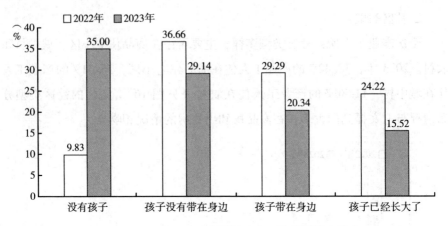

图17 2022～2023年广州受访产业工人随迁子女情况

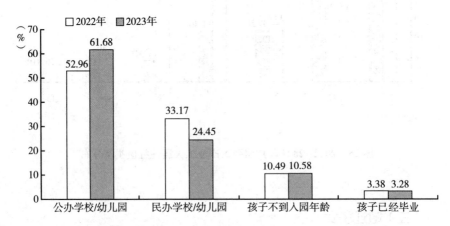

图18 2022～2023年广州受访产业工人随迁子女教育情况

(四)居住与落户意愿

1.居住意愿

对于异地务工的产业工人而言,大多数人留穗的居住预期尚不稳定。调查显示,2023年,46.38%的外地产业工人表示没想好在广州继续居住的时间,14.31%的工人表示预计在广州继续生活1~4年,12.59%的工人打算在广州生活5~10年,12.84%的工人预计在广州生活10年以上(见图19)。

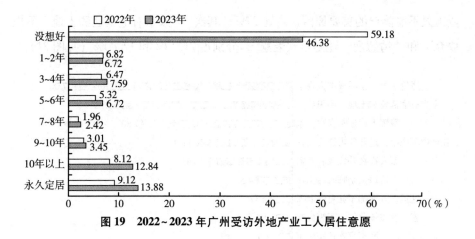

图19　2022~2023年广州受访外地产业工人居住意愿

2. 落户意愿

外地户籍产业工人落户意愿总体较低。数据显示，2023年，有28.02%的外地产业工人表示不愿意在广州落户，25.43%的工人认为没有必要落户，而愿意落户的工人仅有26.81%，只有1.12%的工人已经落户广州。与2022年相比，愿意落户的工人占比有小幅提升，提升了7.8个百分点，但仍相对较少（见图20）。

图20　2022~2023年广州受访外地产业工人落户意愿

外地户籍产业工人不愿意在广州落户的原因主要体现在生活成本、农村分红、情感、家庭以及稳定性方面，其中房价高和生活成本高是受访外地产业工人不愿落户的首要原因，占比27%。其次，"家中有宅基地和土地，不想放弃"和"情感上，还是喜欢老家"，分别占21.12%和17.80%（见图21）。

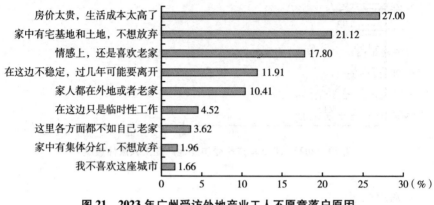

图21 2023年广州受访外地产业工人不愿意落户原因

而对于愿意落户本地的外地产业工人来说，"孩子读书"为其落户的最主要目标，占30.17%，其次是"在本地永久定居"、"办事方便"和"为了就业"，分别占17.32%、13.55%和13.55%（见图22）。

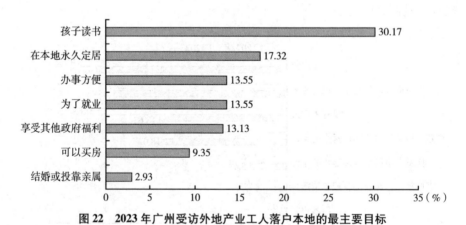

图22 2023年广州受访外地产业工人落户本地的最主要目标

（五）健康与压力

产业工人的身心健康状况是影响其生活质量的重要因素，调查数据显示，受访工人的身体状况较好，半数以上（56.04%）的工人认为身体健康或非常健康，但也有35.78%的工人认为自己身体一般，8.18%的工人认为身体比较不健康或非常不健康（见图23）。

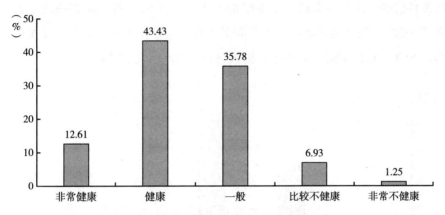

图23 2023年广州受访产业工人身体健康状况

在心理健康方面，多数产业工人反映近期或多或少存在一定负面情绪。调查数据中分值越高表示该情况出现的频率越高。其中，约有三成的产业工人经常觉得"要操心和担忧的事情很多"和"生活压力很大"，且两者的频率要显著高于其他情况，相较而言"担心失业、停工或收入下降"的工人最少（见图24）。

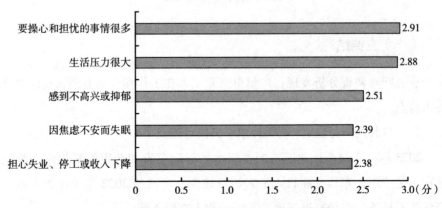

图24 2023年广州受访产业工人心理健康状况

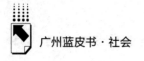

（六）生活幸福感

受访产业工人对于目前生活状况的评价为中等偏上，有 8.29% 的工人认为目前的生活非常幸福，31.89% 的工人认为生活幸福，51.23% 的工人认为"一般"，但认为不幸福和非常不幸福的工人占比较低，分别仅有 6.02% 和 2.57%，总体来看，生活幸福指数仍有待提高（见图 25）。

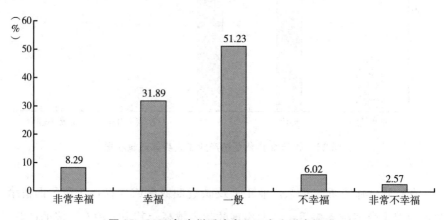

图 25　2023 年广州受访产业工人生活幸福感

五　结论与建议

（一）主要结论

通过问卷调查分析发现，广州市产业工人在工作和生活方面表现出以下突出特点。

1. 工资收入相对稳定，但整体水平仍相对较低

2023 年，广州市产业工人的薪资水平与广东省和全市的平均水平相比存在一定差距，尤其是高收入工人相对较少。虽然与 2022 年相比收入水平变化并不显著，但仍有近三成工人表示收入有所下降。

2. 加班情况普遍，但较2022年有所缓解

2023年，产业工人每日平均工作时间在8小时以上，但与2022年相比，每日工作时间和每周工作天数均有所减少，且每天工作10小时以上的工人比例下降，工作强度相对减轻。

3. 劳动权益与社会保障逐渐得到加强

产业工人的劳动合同签署比例不断上升，劳动关系逐步规范化，而且不良事件的发生率相对较低，整体劳动关系相对较好。与此同时，社会保障的覆盖范围也在不断扩大，产业工人的参保率呈上升趋势。但参与企业年金的工人比例相对较低，仍有提升空间。

4. 工作稳定性较强，但工作满意度有待提高

大多数产业工人在目前工作的企业已经工作5年以上，工作较为稳定。然而，工人普遍反映对于未来一年工作变动情况的不确定性较高，且认为重新找工作存在一定困难。总体来看，产业工人对当前从事的工作整体满意度有小幅下降，尤其是在晋升机会和工资收入方面的满意度较低。

5. 家庭支出有所上涨，生活幸福感处于中等水平

2023年，产业工人家庭月平均支出较2022年有所增加，尤其是在伙食、子女教育和抚养、房贷方面有较大开支。同时，外地户籍产业工人子女随迁的比例相对较低，与子女异地分居情况较为普遍。此外，产业工人身心健康状况总体较好，但仍有三成工人表示生活压力较大，整体上产业工人对于生活幸福感评价中等偏上。

6. 长期居住和落户的不确定性较高，外来务工人员社会融入水平有待提升

目前产业工人多以自购商品房、出租房、单位宿舍为主要住所，且居住社区类型多样。接近半数的工人未确定在广州居住的时间，且外地户籍工人整体对于在广州落户的意愿较低，只有26.81%表示愿意落户广州，主要影响因素包括生活成本、房价和子女教育等。

（二）对策建议

基于上述研究，为进一步提高产业工人工作与生活质量，本报告提出以下几个方面的建议。

1. 优化收入分配制度，提高产业工人薪资水平

一是强化政府初次分配的兜底职能，适时、合理提高广州最低工资标准。二是构建合理的收入分配制度，鼓励企业根据产业工人技能等级、职业资格证书获得情况等落实薪酬激励及相关配套制度。三是引导企业开展工资集体协商，完善产业工人工资常态增长机制。四是加强对产业工人的职业技能培训，鼓励规模以上企业加强培训机构建设，提升产业工人专业技术能力，从而提高产业工人单位时间的劳动价值和议价能力。

2. 合理安排工作时间，缓解产业工人超时劳动

一是加强对产业工人合法劳动权益的保护，建立有效监管机制，确保用人单位合理加班并提供相应的加班补偿，保障产业工人享有法定的休息和休假权。二是建立健全防止员工过劳的相关机制，如鼓励并推行灵活的工作制度，保证员工的休息时间。三是应当合理调整工资结构，适度提高基础工资比例，避免因依赖加班费而导致的过度劳动。

3. 完善社会保障，维护产业工人合法权益

一是进一步完善社会保障制度，扩大社保覆盖面，加强企业年金、住房公积金的普及，鼓励企业为员工购买补充医疗保险和养老保险，确保工人的长期福祉。二是完善产业工人住房公积金的缴存、提取及跨区域衔接机制，减轻产业工人的购房压力。三是推动企业构建和谐劳动关系，维护职工基本权益，推进法律服务进社区、园区和厂区，为工人提供更便捷、更专业的法律支持和维权途径，使工人在面临法律问题时能够得到及时、有效的帮助，有效治理劳资纠纷。

4. 促进职业健康发展，提升工作满意度

一是建立和完善对产业工人的人文关怀机制，加强企业文化、职工文化建设，增强工人归属感。二是鼓励企业提供更多的培训和晋升机会，树立正确的用工观念，从生产、管理、经营一线培养干部人才，畅通一线产业工人成长晋升通道，提升工人的职业发展信心。三是鼓励员工积极参与企业管理建设，引导产业工人大胆提出改进技术手段和管理制度的方案，将员工智慧融入企业管理，从而增强工人的工作责任感和成就感。

5. 完善社会支持网络，加强随迁子女关爱帮扶

一是政府应加强正规照料服务，尤其是加大针对 3 岁以下儿童照料服务的制度支持及供给力度，并提供一定的儿童照料服务补贴。二是鼓励有条件的大型企业、产业园区、办公楼等开办爱心托管班，加强产业工人随迁子女的托育服务和校内课后服务工作。三是鼓励产业工人实行隔代照料的照护模式，减轻个人照料负担，从而促进子女随迁。四是进一步优化学位动态监测机制，统筹考虑常住人口规模、学龄人口变动趋势、现有教育资源状况等因素，合理设置随迁子女入读公办学校和获得学位补贴条件，健全随迁子女平等入学保障机制。

6. 提升社会融入水平，增强城市归属感

一是加快构建产业工人租房、购房及建房的多层次住房保障体系。对于保障性住房项目以及小户型商品房项目，政府可面向产业工人提供减免税费等优惠政策，同时，鼓励用人单位建立、改造工人公寓，为产业工人提供更好的住房条件，为其融入、扎根城市创造条件，从而做到真正意义上的安居乐业。二是健全以居住证为载体、与居住年限等条件相挂钩的基本公共服务机制，推动公共服务均等化。优化户籍业务网上预约办理制度，提高城市吸引力，助推更多产业工人定居广州、落户城镇。三是加强对产业工人的关爱帮扶，重视对困难产业工人的帮扶，构建广覆盖、多层次、高效率的帮扶救助体系，同时，推动社区职工之家建设，为工人提供温馨且功能完备的休憩场所。此外，广泛开展文化娱乐活动，丰富工人业余生活，促进产业工人的社会融入，提高其生活幸福感。

B.15
2023年广州城中村居民公共服务
需求调查报告

黄 玉　朱泯静　郭沐蓉*

摘　要： 有效匹配城中村居民公共服务需求，实现城中村改造与居民期望同频共振，是贯彻落实市委"1312"思路举措、积极稳步推进城中村改造、率先转变超大城市发展方式的重要议题之一。本报告采用问卷调查方式，分别对城中村村民、来穗人员公共服务主观评价进行调查。结果显示：在各类公共服务中，村民、来穗人员对城中村的社会治安和村容改善满意度最高，而对文化体育活动设施与服务满意度较低，对停车场、电动自行车充电桩新增需求最为迫切。其中，来穗人员多为青壮年就业群体，家庭型居住模式占半数左右，他们对幼儿教育、社区医疗、就业服务等需求明显；城中村对于村民具有经济、文化、社会等多元价值，相较于来穗人员，村民对城中村居住各维度满意度均更高，但同时对优质公共服务的诉求更为强烈。为此，本报告提出短期"小切口"微改善、中期以政策支持调动村集体参与公共服务建设积极性、长期强调法治思维明责赋权的对策建议。

关键词： 城中村　公共服务　广州

　　城中村是广州城市现代化发展的洼地，对城中村进行空间、经济与社会

---

* 黄玉，博士，广州市社会科学院社会学与社会政策研究所所长、副研究员，研究方向为社会政策、经济社会学；朱泯静，博士，广州市社会科学院社会学与社会政策研究所副所长、副研究员，研究方向为社会政策、企业创新、复杂网络等；郭沐蓉，博士，广州市社会科学院社会学与社会政策研究所助理研究员，研究方向为就业、劳动力迁移。

功能的结构性系统性再造是认真贯彻落实习近平总书记对广州继续在高质量发展方面发挥领头羊和火车头作用殷殷嘱托的具体举措。当前城中村居民对优质公共服务的诉求与城中村公共空间缺乏，公共服务设施不足、品质不高等发展短板之间的矛盾凸显。如何有效匹配城中村居民公共服务需求，实现城中村更新改造与居民期望同频共振，是城中村治理亟待解决的重要议题。

掌握城中村居民的急难愁盼，需要从城中村居民公共服务需求现状入手，找准城中村居民集中表达的公共服务需求类别层次和优先次序。为此，广州市社会科学院社会研究所课题组于2022年10月至2023年6月对广州城中村进行实地走访和现场观察，并采用线上问卷调查方式进行抽样调查，共选取广州11个区的50个城中村，分别对村民、来穗人员开展调查，共计回收有效问卷8636份，其中，村民问卷4208份、来穗人员问卷4428份。本报告在摸清城中村居民的基本人口学特征和身份价值认同基础上，研判城中村居民公共服务的需求层次和次序，并提出优化建议。鉴于公共服务的内涵较为宽泛，为与相关规划文件衔接，报告中的城中村公共服务类别来源于2022年广州市规划和自然资源局印发的《广州市村庄基础设施和公共服务设施分类配置指引（试行）》。

一 广州城中村居民特征分析

（一）城中村村民身份认同、价值认知与收入构成

1. "村民"是身份认同的首要属性

社会心理学认为，身份认同在个体的自我认知、情感和行为中发挥重要作用。从群体角度来看，身份认同是指个体与不同群体的联系和归属感。此次调研显示，村民的身份认同中，68.2%的受访村民认为摆在首位的是"村民"，31.8%的受访村民认为是"广州市民"（见图1）。城市化的快速推进对城中村的生产生活方式带来了很大变革，对城中村村民而言，先赋性机制依然存在，他们的身份认同首要是"村民"，他们对城中村的认同感与归属感较强。

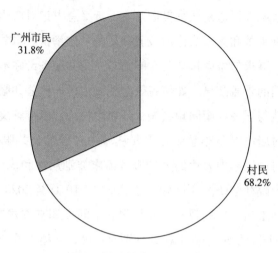

广州市民
31.8%

村民
68.2%

图1　村民的首位身份认同

2. 城中村兼具经济、文化、社会多重价值属性

城中村是以血缘和地缘为基础形成的社区，村民依然保留着浓厚的乡土观念。当问及受访村民如何看待城中村时，排在前三位的观点分别是：66.4%的受访村民认为城中村是村民的故乡，为村民提供了文化、传统和心理支撑；58.0%的受访村民认为城中村为村民提供集体福利；43.3%的受访村民认为城中村为村民带来租金收入（见图2）。以上数据反映出城中村对于村民具有多元价值内涵，在提供经济保障的同时，更承载着家族传承、社会关系、历史记忆、民俗文化等内涵，是城市文化多样化的重要组成部分，城中村所承载的民俗文化更是城市公共文化建设不竭的源泉。

3. 村民收入以工资为主，房屋出租收入是重要经济来源

多数城中村具有优越的区位条件且房租低廉，因此成为众多外来务工人员以及一些非正式经济业态的栖身之处。房屋出租收入一直被认为是城中村村民的重要经济来源。目前，86.8%的村民居住在城中村，61.1%的村民在村里有房屋出租。这也从一个侧面反映出，出租屋经济依然是城中村重要的经济方式之一。

进一步从村民的经济收入来源看，74.5%的村民以工资收入为主，分别

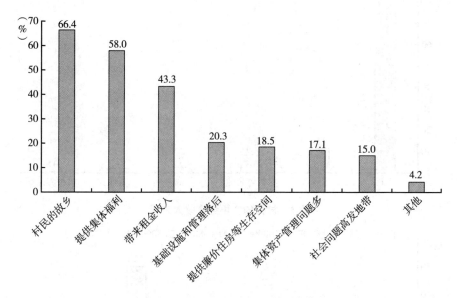

图2　村民对城中村的看法（多选）

只有11.4%、8.4%的村民以租金、村集体企业分红为主，其他收入来源占比不超过6.0%（见图3）。从租金、集体经济分红占村民总收入的比重分布情况看，1%~9%和0%占比合计分别为54.1%、63.5%，10%~40%占比分别为24.5%、24.1%，41%及以上占比分别为21.5%、12.4%（见图4）。可见，尽管出租屋收入仍是村民的经济来源之一，但租金收入、集体经济分红占村民总收入比重为1%~9%和0%的居多。随着年青一代城中村村民文化素质的提高，市场就业参与率提升，工资收入成为村民的主要经济来源，但租金收入、集体经济分红依然是村民的重要经济补充。

4. 村民对城中村改造价值的认知

村民认为城中村改造的意义主要在于"改善生活环境""改善基础设施""减少安全隐患"，占比分别为76.8%、71.6%、53.1%，随后是"提高治理水平""改善就业"，占比分别为28.5%、23.9%（见图5）。整体而言，城中村村民支持城中村改造，期望通过城中村改造改善生活环境、基础设施，减少安全隐患，提升生活品质。

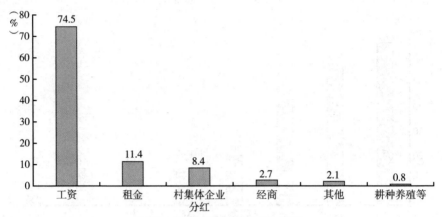

图 3　村民的主要经济收入来源

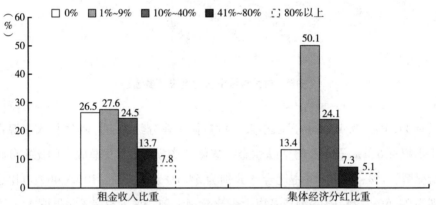

图 4　租金收入、集体经济分红占村民总收入的比重分布情况

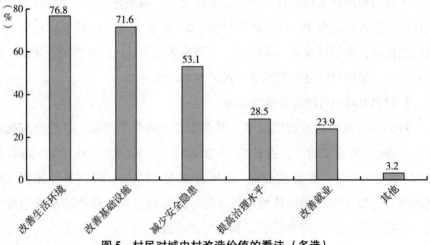

图 5　村民对城中村改造价值的看法（多选）

（二）城中村来穗人员工作与生活特征

1. 来穗人员以已婚的青壮年劳动力为主

此次调查的城中村来穗人员样本画像如下：性别构成上，男性、女性占比分别为51.3%、48.7%，男性稍多；年龄段构成方面，集中在21～40岁，占比达到73.9%，41～50岁、51～60岁、61岁及以上占比分别为17.7%、5.7%、0.3%；文化程度方面，大学专科/本科占比最高，为39.6%，随后是高中/中专/技校、初中、小学及以下、研究生及以上，占比分别为28.8%、25.7%、3.5%、2.4%；婚姻状态方面，已婚群体最多，占比57.6%（见表1）。总的来说，城中村的来穗人员以已婚的青壮年劳动力为主。

表1　城中村来穗人员的人口特征

单位：%

统计指标		比例	统计指标		比例
性别	男	51.30	文化程度	小学及以下	3.50
	女	48.70		初中	25.70
年龄	16～20岁	2.40		高中/中专/技校	28.80
	21～30岁	38.00		大学专科/本科	39.60
	31～40岁	35.90		研究生及以上	2.40
	41～50岁	17.70	婚姻状态	已婚	57.60
	51～60岁	5.70		单身	38.70
	61岁及以上	0.30		离异	3.30
				丧偶	0.40

2. 来穗人员职业以企业普通工作人员为主，平台经济就业人群涌现

就业特征是来穗人员工作生活中最重要的维度。调查结果显示，来穗人员职业类型中，从事企业行政、销售、文员等工作人员的占比最高，为25.9%，其次是没有固定工作的，占比13.8%，工厂技术工人/辅助生产人员占比13.0%，餐饮、酒店等服务人员占比11.1%，其余职业类型占比均未超过10.0%（见图6）。此外，新就业类型涌现，淘宝等电商平台经营、直播人员，互联网企业人员（游戏开发、程序员），快递员、外卖员，出租车/网约车司机等占比合计达21.1%。来穗人员职业较为多元化，企业一般工作人员居多，灵活就业等新就业类型凸显。

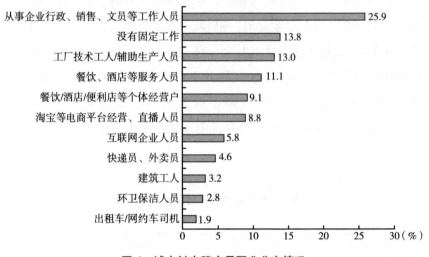

图6　城中村来穗人员职业分布情况

3. 来穗人员月收入集中在4000~5000元

调查显示，目前居住在城中村的来穗人员税前月收入呈现以4001~5000元为中心的正态分布，其中，3001~4000元、4001~5000元、5001~6000元占比分别为18.8%、21.0%、15.0%，3001~6000元合计占比为54.8%（见图7）。来穗人员税前月收入略低于2021年广州城镇私营单位就业人员月平均工资（2021年广州城镇私营单位就业人员平均工资为74452元，月平均工资为6204元）。

4. 离工作单位近是来穗人员选择居住在城中村的首因

来穗人员通过何种渠道在城中村租房呢？居住在城中村的来穗人员租房渠道以自己到村里寻找、亲戚/朋友介绍为主，占比分别为61.7%、20.3%，网络平台/微信占比6.0%，房屋中介实体店占比4.1%（见图8）。来穗人员

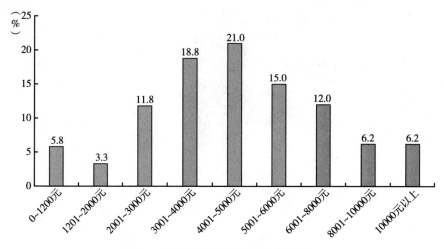

图7 城中村来穗人员税前月收入情况

主要通过房东（79.8%）、第三方机构或个人（12.2%）进行房屋租赁，经济联社/村公司占比仅为2.1%（见图9）。可见，居住在城中村的来穗人员租房渠道仍较传统，以自己寻找、亲朋介绍为主，房屋出租方主要是房东、"二房东"。

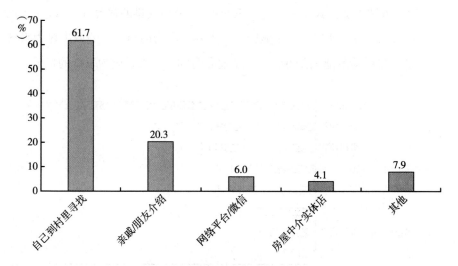

图8 城中村来穗人员租房渠道

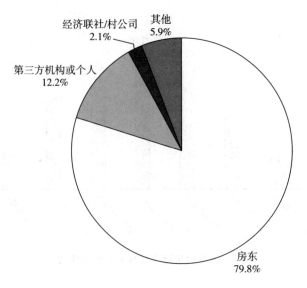

图9　城中村来穗人员租住房屋出租方

　　来穗人员选择居住在城中村的原因中，排名第一的是离工作地点比较近（55.9%），排名第二、第三的分别是交通便利、房租便宜，分别占比27.0%、21.2%；随后是有亲朋居住在此相互关照（19.1%）、周边生活配套完善（17.2%）、方便子女上学（14.7%）、工作单位/公司安排的宿舍（10.2%）（见图10）。来穗人员之所以安家于城中村，主要是因为遍布广州的城中村为来穗人员提供了更便捷的通勤条件，减少了通勤时间，其次是因为较低的租金。

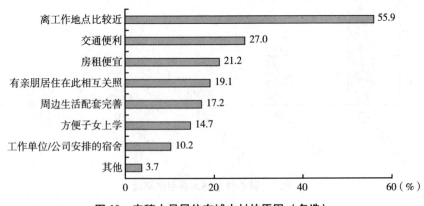

图10　来穗人员居住在城中村的原因（多选）

5. 来穗人员以"夫妻"与"夫妻+子女"的居住模式为主

来穗人员的居住人口结构对其公共服务需求层次与类别有重要影响。当前，42.3%是独自一人居住，57.7%是与他人同住（见图11）。同住人员中，65.2%有配偶，32.4%有未成年子女，22.5%有朋友/老乡，亲属、老人、成年子女占比分别为10.8%、10.3%、5.3%。居住在城中村的来穗人员以"夫妻""夫妻+子女"的居住模式为主（见图12）。考察其居住时间可以发现，来穗人员在城中村居住以"长期+短期"为主。1年以内占比最

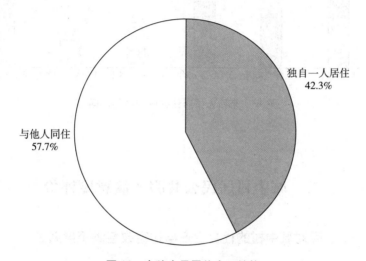

图 11　来穗人员居住人口结构

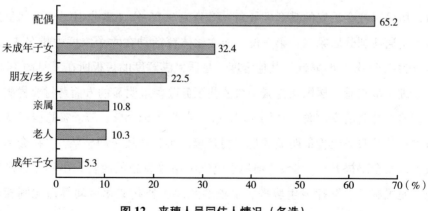

图 12　来穗人员同住人情况（多选）

高，为32%；其次是5年及以上，占比为22.6%；再次是1（含）~2年，占比为17.8%（见图13）。

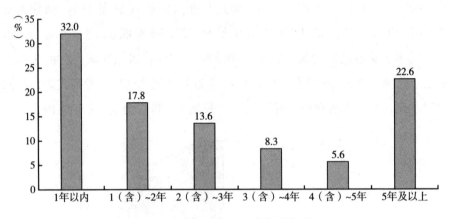

图13　来穗人员居住在城中村的时间

二　城中村居民公共服务满意度评价

（一）居民对城中村的社会治安与村容改善满意度最高

城中村治理是广州城市管理的重点任务之一。从多年治理效果反馈来看，居民对社会治安的满意度最高，得分为8.35分（满分10分），邻里友善、交通便利分居第二、第三位，而文化体育活动在六个维度中排名末位，得分为7.51分，明显低于其他维度，是居民满意度的短板所在（见图14）。

进一步来看，居民认为城中村公共服务改善最明显的方面是村容村貌干净整洁、社会治安改善。如图15所示，分别有63.8%、57.8%的居民认为城中村公共服务改善最明显的是"村环境改善，比较干净整洁""社会治安改善，安全感提升"，其余选项如水电气网络等设施的改善、出租屋管理规范、便民服务、医疗卫生服务、学校幼儿园、公共文化活动等占比则相对较低。

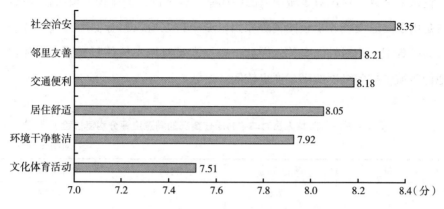

图 14　居民对城中村居住情况的满意度评价

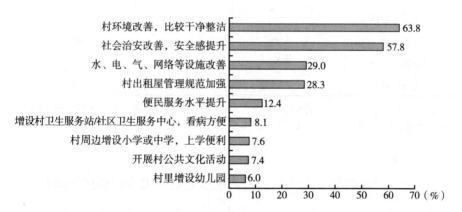

图 15　居民认为城中村公共服务改善最明显的项目（多选）

（二）村民对城中村的居住满意度显著高于来穗人员

　　村民、来穗人员作为城中村两种不同身份的居民，他们对公共服务的满意度存在差异。调查显示，村民不仅在城中村总体情况的满意度上高于来穗人员，在居住舒适、社会治安、交通便利、环境干净整洁、邻里友善、文化体育活动等维度的满意度也显著高于来穗人员（见表 2）。这说明在公共服务的获得感上，来穗人员的感受要低于村民的感受。这也与村民的身份认同结论保持一致，村民对于城中村的归属感是较强的，而来穗人员居住在城中村是由于交通便利、租金便宜等原因，城中村之所以租金低廉和周边环境、公共服务配套相对较弱有关。因此，来穗人员对城中村的归属感不如村民，他们对城中村各维度的满意度也较低。

表2　村民与来穗人员对城中村居住情况的满意度评分均值检验

单位：分

变量	来穗人员	村民	均值差检验
居住舒适	7.83	8.28	-0.45***
社会治安	8.17	8.54	-0.37***
交通便利	8.06	8.3	-0.24***
环境干净整洁	7.76	8.1	-0.34***
邻居友善	7.98	8.46	-0.48***
文化体育活动	7.3	7.73	-0.43***
总体情况	7.83	8.14	-0.31***

注：以上均值差显著性由 t 检验计算得出，***、**、*分别表示在1%、5%和10%的水平上显著；来穗人员样本量4428人，村民样本量4208人。

（三）增加村集体公共服务投入能显著提升城中村居民的满意度

村集体作为城中村治理和公共服务供给的主体之一，发挥着不可替代的重要作用。由于城中村土地为集体所有，除了部分市政公建配套由政府负责之外，村集体承担环卫、治安、村道建设管理等公共服务投入与维护，同时为村民提供医疗补贴、高龄补贴、升学补贴、慰问金等福利。由此可见，村集体公共服务的投入规模与城中村公共服务供给水平、居民满意度息息相关。当前，不同城中村资源禀赋的差异造成村集体的收入各有不同，村集体公共服务投入也各不相同。为此，本报告考察了村集体公共服务投入与居民满意度的关系。结果显示，村集体公共服务投入越大，居民对城中村总体情况满意度越高（见图16）。

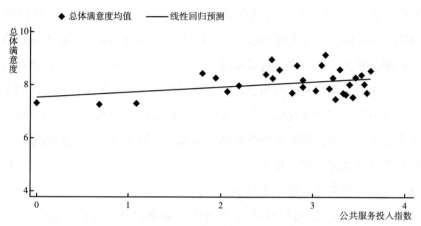

图 16　城中村居民总体满意度与村集体公共服务投入线性回归关系

三　城中村居民公共服务优化需求分析

（一）居民迫切希望提升城中村公共服务质量

调查显示，83.4%的居民认为有必要优化城中村公共服务，分别有 9.5%、7.1%的居民对优化公共服务表示不关心和认为没有必要（见图 17）。对优化

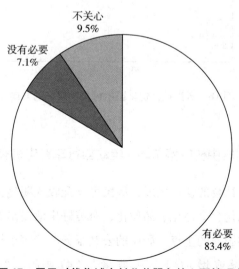

图 17　居民对优化城中村公共服务的必要性观点

公共服务表示不关心和认为没有必要的居民中，来穗人员占比分别达到75.41%和74.67%。这表明多数居民对优化城中村公共服务有较为强烈的诉求。但相较来穗人员而言，村民对城中村的公共服务水平提升更为重视与关心。究其原因，城中村的出租屋经济为村民提供了经济保障，同时承载了村民的社会关系与民俗文化等文化、传统和心理层面的内涵，城中村对于村民存在多重价值属性。而对大部分来穗人员而言，城市作为谋生的地方，租住城中村更看重地理位置、租金价格等外在因素，因此，来穗人员对城中村公共服务优化与否关心程度不如村民。

进一步从优化城中村公共服务方向看，56.0%的居民期望"提高公共服务水平，提供优质服务"，39.1%的居民期望"解决部分公共服务供给不足问题"（见图18）。由此可见，居民在期盼"补齐公共服务短板"的同时，对优质公共服务有明显诉求。

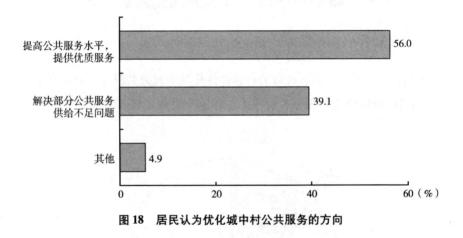

图18　居民认为优化城中村公共服务的方向

（二）居民对城中村的停车场、电动自行车充电桩有集中的新增诉求

随着广州经济社会的快速发展，居民可支配收入明显提高，居民的公共服务需求更加多元化、个性化、品质化，对美好生活提出了更高的要求。对于下一步优化公共服务的重点，居民的公共服务改善需求排名前三的分别是"加强停车场建设或增加停车场数量"（47.4%）、"改善村居环境"

（43.0%）、"增加电动自行车充电桩或充电站数量"（31.4%）（见图19）。由此可见，随着广州居民机动车（包括私人小汽车、电动自行车）拥有量的上升，城中村的停车和充电设施供给与需求不匹配的失衡问题较为普遍。当前除持续优化村居环境外，加强停车场、电动自行车充电桩等基础设施建设，成为城中村公共服务提质升级的重要内容。

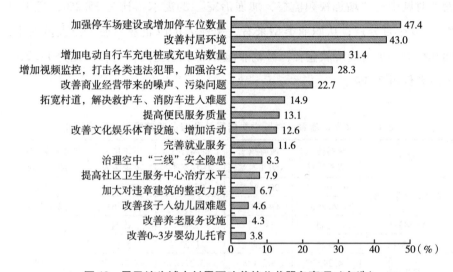

图19 居民认为城中村需要改善的公共服务事项（多选）

（三）来穗人员集聚村的幼儿教育、社区医疗与就业服务需求处于高位

为探讨不同居民类型集聚村的公共服务需求，笔者通过建模的方法进行数据分析。以来穗人员集聚度为关键解释变量，分别对各项公共服务建立相同解释变量的回归模型，一共构建了15个模型，其中有5个模型的来穗人员集聚度系数显著为正，分别是"提高便民服务质量""改善孩子入幼儿园难题""提高社区医疗水平""完善来穗人员就业服务""增加视频监控，加强治安"（见表3），这说明来穗人员集聚越多的城中村，对便民服务、幼儿教育、社区医疗、就业服务以及社会治安等公共服务的需求越显著。

进一步分析来穗人员需求的异质性：从年龄来看，23.7%的来穗人员为40岁以上群体，这类群体对就业服务有更强烈的需求，其选择"完善来穗人员就业服务"的占比为18.5%，是40岁以下来穗人员（9.2%）的2倍；从婚姻状态来看，来穗人员中57.6%为已婚群体，这类人群对"改善孩子入幼儿园难题"的需求占比是总样本均值的近1.5倍；从性别特征来看，女性对城中村"增加视频监控，加强治安"的需求占比为35.2%，高于男性约10个百分点；从职业类型来看，来穗人员以企业一般工作人员为主，而其相对于平台经济从业者，对就业服务需求也更高，前者占比为12.2%，而后者仅占7.8%。

表3　来穗人员集聚度对城中村居民公共服务改善需求的影响估计

项目	提高便民服务质量	改善孩子入幼儿园难题	提高社区医疗水平	完善来穗人员就业服务	增加视频监控，加强治安
来穗人员集聚度	93.162***	90.181**	66.382**	52.133*	38.684*
	(26.266)	(41.207)	(32.436)	(27.763)	(20.552)
个体特征	控制	控制	控制	控制	控制
村级特征	控制	控制	控制	控制	控制
常数项	−4.249***	−2.128	−3.277**	−3.768***	−1.059
	(0.938)	(1.623)	(1.287)	(0.997)	(0.692)
样本量(人)	5986	5986	5986	5986	5986

注：***、**、*分别表示在1%、5%和10%的水平上显著；所有结果均为Logistic回归模型结果；由于篇幅限制，仅显示部分变量；括号中为标准误，下同。

（四）企业入驻的城中村，噪声污染问题的治理需求更显著

城中村优越的区位条件、低成本的物业租金吸引了大量企业集聚，包括制造业小作坊、物流仓储企业等。此次抽样调查的50个城中村中，有19个城中村有企业入驻，占比为38.0%。建模回归结果发现，在控制了居民个体特征与村级其他特征后，相对于没有企业入驻的城中村，有企业入驻的城中村的噪声污染问题治理需求显著更高（见表4）。

表4　"改善噪声污染问题"需求的影响因素实证估计

变量	改善噪声污染问题	变量	改善噪声污染问题
企业入驻 = 1	0.182 * (0.094)	村级其他特征	控制
是否有特色产业	0.338 ** (0.152)	常数项	−1.262 * (0.746)
个体特征	控制	样本量(人)	5986

注：***、**、*分别表示在1%、5%和10%的水平上显著；以上为 Logistic 回归模型结果；由于篇幅限制，仅显示部分变量。

从入驻城中村的企业类型来看，52.6%的企业为制造业企业（见表5）。由于城中村村民自建房存在密集分布的特点，再加上企业入驻，因此在原有生活噪声污染基础上增加了商业、工业等较为明显的噪声困扰。同时，部分村级工业园区内企业或者城中村生产小作坊的环保意识较为淡薄，对噪声治理不到位，显著增加了有企业入驻的城中村的噪声污染，有企业入驻的城中村的居民对治理噪声的诉求强烈。

表5　城中村入驻企业类型分布

单位：个，%

入驻企业类型	城中村数量	占比
制造业	10	52.6
租赁和商务服务业	6	31.5
批发和零售业	1	5.3
住宿和餐饮业	1	5.3
交通运输、仓储和邮政业	1	5.3
总计	19	100.0

（五）居民对政府精准施策有强烈诉求

居民对城中村治理不同维度的满意度排序能够反映城中村治理中的需求层次和次序。调查显示，居民满意度较高的分别是"村里的治安整治情况"

（4.02分）、"村里的安全隐患排查情况"（3.93分）。而对"群众参与社会治理渠道的畅通性"（3.85分）、"群众投诉与反馈渠道的畅通性"（3.82分）满意度相对较低（见图20）。

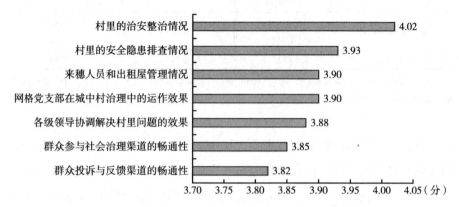

图20 居民对城中村治理不同维度表现的评分情况（满分5分）

进一步从居民对优化城中村公共服务的政策诉求来看，村民期盼"开展村民调查，回应村民集中诉求"（75.8%）、"加强对城中村来穗人员规范管理"（53.4%）、"加强就业、管理等政策宣导"（41.7%）；来穗人员期盼"加强城中村规范监管，保障来穗人员权益"（56.1%）、"开展居民调查，解决集中诉求"（48.4%）、"解决电费收取不合理/过高的问题"（36.6%）。村民和来穗人员均对政府回应集中诉求、规范外来人口管理、开展政策宣导等方面有期待。

四 高质量完善城中村公共服务保障的对策建议

聚焦城中村居民对优质公共服务的诉求与城中村公共空间缺乏，公共服务设施不足、品质不高等发展短板之间的矛盾，紧扣"短期保稳定、中期抓提升、长期促发展"的治理目标，本报告构建"短期—中期—长期"框架下高质量完善城中村公共服务保障的建议，以期进一步提升超大城市基层治理体系和治理能力现代化水平。

（一）短期：瞄准居民美好生活向往，保障好居民民生需求

1. "把脉画像"提升分类治理精准度

城中村从区域位置、人口结构、是否有企业等维度可以划分为不同的类型，不同类型城中村居民的诉求也存在一定分化。调查显示，来穗人员占比较高城中村对视频监控、就业服务、幼儿园、社区医疗、便民服务需求凸显；有企业入驻的城中村，居民对噪声污染问题反映强烈。为此，建议按照区域位置、人口结构、经济结构、发展特质等维度对城中村类型进行细分，通过调查统计、实地调研等方式，摸清全市城中村类型、特征，将全市城中村精准分类，在分类基础上构建不同城中村公共服务保障的精细化模式。

2. "小切口"推动民生需求"大治理"

"清单管理"助推精准施策出成效。调查显示，城中村居民期望精准施策。建议抓住不同类型城中村居民在公共服务保障领域突出需求这一"牛鼻子"，形成不同类型城中村公共服务治理清单目录，规划建设公共服务基础设施。产业较为集中的城中村，应强化安全生产、消防安全、噪声污染整治，督促企业负责人加强员工安全培训，强化隐患自查自纠，严防事故发生；改造完善消防基础设施，强化消防安全宣传和应急演练，确保城中村安全生产形势稳定。处于城市中心区域的城中村，面临用地紧张的约束，在完善城中村道路交通安全基础上集约用地，借鉴建设立体停车场的经验解决好城中村停车难的问题，积极与国家、省自然资源部门沟通协调，解决公共基础设施建设与卫片图斑约束的矛盾，为建设立体停车场提供政策支持。此外，城中村公共服务存在的共性问题可统筹解决。从城中村居民满意度较低的文化体育设施及公共服务入手，增加文体活动场所，举办参与度高的文化体育活动，提高城中村居民的城市融入感和认同感。加强电动汽车充电点和电动自行车集中充电点、环卫工人驿站、垃圾分类收运公交站等基础设施存量更新和增长扩张。持续开展社会治安、安全生产、环境整治等突出问题整治行动，加大力度打击各类违法犯罪活动，解决居民群众日常生活中的

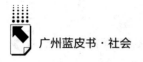

"急难愁盼"问题，提高城中村居民对各级政府的信任度，增强居民群众的幸福感、安全感和归属感。

（二）中期：瞄准城市建设高质量发展，构建共建共治共享局面

1.财税优惠支持村集体参与公共服务

调研显示，村集体公共服务投入越多城中村居民的居住满意度越高。目前，部分城中村及城中村集体经济已经实现村转居或改制为公司，但是城中村集体经济组织依然承担了大量的公共服务设施建设、服务供给责任，包括村内环卫、安保等，这部分人员经费、工作经费的支出由城中村集体经济组织承担，但是缺乏相应的激励机制，城中村集体经济组织承担公共服务设施建设和提供服务的积极性不足。为此，一是建议建立健全城中村公共服务投入激励机制。对城中村公共服务设施建设、服务供给部分的经费支出采用税收减免或专项财政补偿等方式予以激励，有效调动城中村集体经济组织参与公共服务保障的积极性，更好满足居民对优质公共服务的诉求。二是健全基层党组织对城中村治理的统一领导机制。搭建共建平台，创新共建方式。构建以城中村"大党委"、经济社"大支部"为主的村社"两大机制"，推动建立城中村治理专项工作机制，在有城中村的镇（街）依托现有工作平台建立城中村治理专项工作委员会，完善基层党组织对各类资源的整合统筹工作机制，实现党组织对城中村各类组织、各项工作的全面领导。健全市、区、街道三级领导干部挂点联系城中村和下属经济社的"三级联系"工作机制，吸纳城中村辖内有代表性的企业事业单位、社会组织等负责人参与城中村公共服务，定期研究解决居民关心的议题，建立资源、需求、项目"三个清单"，实行属地和驻地单位双向需求征集、双向提供服务、双向沟通协调，纳入更多力量参与城中村公共服务保障。

2.推进城中村保障性住房建设

作为城市的重要组成部分，城中村提供低成本居住空间、保障居住需求，在广州城市发展进程中发挥了重要作用。包容性城中村改造要防止出现住房租赁市场供需失衡加剧新市民、低收入家庭租房困难问题。在加快推进

保障性租赁住房建设的背景下，城中村改造工作要充分考虑外来人口、困难家庭的支付能力和住房需求，拓宽保障性住房供应渠道。一是定期开展大规模自建房安全专项整治行动，对存在严重安全隐患的城中村房屋，全面落实停止使用、封控警示、人员撤离等管控措施；对于存在一定安全隐患的房屋，推进检测鉴定及修缮加固等整治工作。二是"城中村"综合整治后，探索统筹纳入住房保障体系，定向分配给符合条件的住房困难家庭，安排一定比例的公共租赁住房房源，面向符合条件的为社会提供公共服务的相关行业人员、先进制造业职工等群体供应。三是探索建立住房租赁券制度，在原有保障房基础上向特定人群发放住房租赁券并凭券抵扣租金，充分利用城中村出租房资源，灵活解决住房问题。

（三）长期：瞄准超大城市治理能力现代化，完善基层治理体系

1.推进"平急两用"设施建设

加快落实中央关于"在超大特大城市积极稳步推进城中村改造和'平急两用'公共基础设施建设"的部署，探索建立健全服务社会经济发展、应对公共安全突发事件和自然灾害"平急两用"体系，不断提高风险应对能力。"平急两用"公共基础设施建设是在公共基础设施建设中，将平时使用和应急使用有机结合，打造一个既具备日常运营功能，又具备应急响应能力的基础设施系统，这是对传统基础设施建设模式的一次创新和突破。一是制定广州市城中村"平急两用"公共基础设施建设规划，明确"平急两用"公共基础设施建设的目标、范围和重点。二是目前城中村"平急两用"公共基础设施建设的缺口较大，为了促进社会资本投资建设，建议在金融、财政税收、土地等方面出台扶持政策，吸引社会资本参与。三是优化设计建设，加强管理和维护。考虑平时使用和应急使用的需求，建设具备"平急两用"功能的基础设施。建立良好的维护机制以及健全的管理体系，定期检查和维修，提升公共基础设施的平时运转效率和应急使用可靠性。

2.法治思维明责赋权优化职能

城中村管理中村集体责大权小、权责不清，既没有执法权，又无法有效

调度各执法部门，处于进退两难的尴尬境地。为此，一是建立健全城中村治理法治保障。通过制定《广州市城中村管理条例》，为城中村管理主体明责，制定城中村管理主体职责清单，明确城中村社会治理、民生保障等职责。同时，为城中村赋权，重点落实城中村对辖区内违停违放等情况的协调权、督办权，赋予有限执法权。二是健全矛盾调处化解机制。坚持和发扬新时代"枫桥经验"，加快城中村法律服务阵地建设，加强城中村调解组织建设，完善城中村法律服务供给体系，强化自治、德治、法治融合，推动邻里纠纷、家庭矛盾等就地化解。三是健全城中村治理长效机制。强化激励约束，将城中村公共服务保障纳入检验基层党建三年行动计划成效和抓基层党建述职评议考核的重要内容。突出跟踪问效，建立城中村治理专项回访制度，强化城中村在年度绩效考核中的话语权，规定城中村对有关职能部门及其派出机构的评价结果占被考核部门绩效的一定权重，确保专项治理实现预期目标。依托城中村综合指挥平台，整合执法机构和资源，推动执法力量下沉至城中村，完善综合执法常态化机制。

港澳青年创新创业篇

B.16

身份认同对港人在大湾区内地城市
文化产业创业影响机制研究

唐嘉仪　伍冬梅　李春凤*

摘　要： 本文聚焦港人在大湾区内地城市文化产业创业行为，考察影响港人在大湾区内地城市进行文化产业创业行为的因素。调查发现，港人在大湾区内地城市文化产业创业行为模式受个人特质、文化认同、社会认同和国家认同等因素的影响，同时，在创新环境、个人特质、社会支持对港人在大湾区内地城市的文化产业创业行为的影响中，文化认同、社会认同、国家认同分别起到了不同程度的中介效应。本文基于上述研究发现提出对策建议，以更有效地促进港人到大湾区内地城市开展文化产业创业。

关键词： 粤港澳大湾区　文化产业创业　身份认同

* 唐嘉仪，博士，中山大学粤港澳发展研究院（港澳珠江三角洲研究中心）副研究员，中山大学涉外法治研究院研究员，研究方向为港澳跨境人口流动与融合；伍冬梅，电子科技大学成都学院讲师，研究方向为产业统计；李春凤，博士，暨南大学新闻与传播学院，研究方向为大湾区跨境人口流动与产业发展。

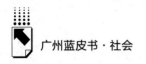

一　概述

（一）港人在大湾区内地城市文化产业创业的定义与意义

自 2019 年《粤港澳大湾区发展规划纲要》（以下简称《纲要》）发布以来，"协同创新"成为粤港澳大湾区（以下简称"大湾区"）产业发展的重要机制。集聚港澳创新资源推动产业协同发展，体现了大湾区的发展优势和战略特征。多年来大湾区内地城市不断出台帮扶、福利政策，以便利港人北上发展。由中山大学粤港澳发展研究院发布的《粤港澳大湾区发展研究报告（2019—2020）》指出，随着大湾区协同发展的进一步推进，港人在大湾区内地城市的创业呈现向好趋势。在优惠政策不断推出和大湾区内地城市发展潜力巨大的利好趋势下，越来越多港人来到大湾区内地城市创业。

文化产业涵盖与文化相关的所有产业，指为社会公众提供文化产品及相关产品的生产活动的集合。港人在大湾区内地城市的文化产业创业，指的是港人在大湾区内地城市从事为社会公众提供文化产品和文化相关产品的生产活动的创业行为。

推动港人在大湾区内地城市进行文化产业创业，至少存在两点重要意义。第一，为香港乃至整个大湾区文化及创意产业注入新的动能。文化及创意产业是香港最具活力的经济环节之一，但近年来香港本地文化产业市场出现一定的萎缩态势，香港文化产业需要新的市场以保障其发展动力。随着《纲要》出台，"共建人文湾区"成为大湾区建设发展的重要规划部分，这为整个大湾区的文化产业注入了生机，吸引香港文化产业从业人员将发展视线北移，有助于盘活整个大湾区内文化产业发展资源。第二，为提升港人在内地融合水平、文化认同和国家认同提供新"抓手"。相较于科技、金融、法律等专业性门槛较高的行业，文化产业的创业门槛相对较低，容易成为港人在大湾区内地城市开展创业活动的重要领域。提升港人在大湾区内地城市的文化产业创业积极性，有助于增进港人在大湾区内地城市的经济融合，从而提升其社会融合水平，并在文化产业创业的过程中增进其文化认同和国家认同，促进实现香港"民心回归"目标。

（二）支持港人在大湾区内地城市文化产业创业的政策实践

为鼓励港人，尤其是青年港人前往大湾区内地城市创业，近年来大湾区内地城市出台了一系列资助项目和扶持政策。例如，2022 年，广东省人力资源和社会保障厅、省财政厅、省税务局、省人民政府港澳事务办公室印发《支持港澳青年在粤港澳大湾区就业创业的实施细则》，对完善港澳青年在大湾区就业创业支持体系和便利举措提出系列意见。同年，广州开发区推出了一系列支持港澳青年创新创业的优惠政策。2023 年 8 月，广州市天河区发布《广州市天河区深化支持港澳青年创新创业高质量发展实施办法》，聚焦对港澳孵化载体、服务平台、企业培育等方面出台支持举措。2024 年 1 月，广东省第十四届人民代表大会常务委员会通过《南沙深化面向世界的粤港澳全面合作条例》，将创建青年创业就业平台作为重要任务之一。

这些条例和政策虽未明确以文化产业作为港人在大湾区内地城市创业的重点项目，但由于大湾区内城市地缘接近，语言、文化和风俗相近，有利于共同探索文化艺术产业的交流和合作，近年来文化产业成为港人高度关注、积极开拓的大湾区内地城市创业领域。除了政策支持，近年来大湾区内地城市创立了多个面向港澳人士的创业孵化基地，帮助港澳居民更好地在大湾区内地城市找到创业机遇，其中文化创意领域的创业项目是这些创业孵化基地开拓的重点。例如，2021 年，AHA 港澳青年孵化中心在珠海横琴成立，该中心以澳门餐饮和文化创意为重点培育方向，已引进多家澳门文创企业。广州市南沙区创享湾 TIMETABLE 粤港澳创新创业基地专注于孵化粤港澳科技、文化创意项目。2023 年 12 月，广州市南沙区粤港澳大湾区文化交流中心正式挂牌成立，旨在解决港澳青年在大湾区内地城市的文化创业难题。

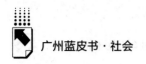

二　研究问题和数据来源

（一）研究问题与变量说明

本文以港人在大湾区内地城市进行文化产业创业的行为作为因变量，考察"创新环境"、"个人特质"和"社会支持"三项自变量与其之间的关联性，并引入"身份认同"变量，验证社会认同、文化认同和国家认同三个因素在影响港人在大湾区内地城市进行文化产业创业行为中的中介效应。其中，"创新环境"考察的是在大湾区内地城市进行文化产业创业这项行为所面临的环境基础，具体将从相对优越性、兼容性、易用性、可观察性和可试性五个方面进行测量。"个人特质"主要考察港人创业者自身的创新能力强弱。对"社会支持"的考察包括传播渠道和社会系统两方面，主要反映社会宣传、传播层面对港人在大湾区内地城市进行文化创业行为的影响。

调查采用李克特量表进行自变量测试，每个问题的选项从"非常同意"到"非常不同意"，计分分别为5分、4分、3分、2分和1分。在因变量测试中，"我很久以前就开始在大湾区内地城市进行文化产业创业"、"我会推荐其他港人到大湾区内地城市进行文化产业创业"和"我会把我在大湾区内地城市的文化产业创业经验和其他港人分享"这三个问题也采用了李克特量表进行测度。表1对本次调查所涵盖的变量进行了详细的操作性测量说明。

表1　各变量对应操作性测试问题

自变量/ 因变量/ 中介变量	变量	变量测量
自变量： 创新环境	在大湾区内地城市 进行文化产业创业 的相对优越性	相比其他区域,大湾区内地城市的文化产业市场发展前景好
		相比其他区域,大湾区内地城市的文化产业市场规模巨大
		相比其他区域,大湾区内地城市的文化产业消费潜力大

自变量/因变量/中介变量	变量	变量测量
自变量：创新环境	在大湾区内地城市进行文化产业创业的兼容性	我认为到大湾区内地城市进行文化产业创业与我自身的价值观相符合
		我认为到大湾区内地城市进行文化产业创业与我对个人未来发展的规划相符
		大湾区内地城市提供的政策很好地帮助了我开展文化产业创业
	在大湾区内地城市进行文化产业创业的易用性	我认为在大湾区内地城市开展文化产业创业比较简单，起步并不复杂
		我认为大湾区内地城市的文化产业基础扎实，很容易可以成功创业
		大湾区内地城市为港人开展文化产业创业提供了很多支持，我在这里进行文化产业创业没有太大困难
	在大湾区内地城市进行文化产业创业的可观察性	我知道很多港人来了大湾区内地城市进行文化产业创业
		我经常会在媒体上阅读到关于港人在大湾区内地城市创业的信息
		很多港人在大湾区内地城市进行文化产业创业之后都愿意和其他人分享经验
	在大湾区内地城市进行文化产业创业的可试性	正式来到大湾区内地城市进行文化产业创业之前，大湾区内地城市提供了港人创业、经营方面的体验活动
		大湾区内地城市面向港人开展文化产业创业提供了培训/资助/试验机会
		在大湾区内地城市创业可以先在小范围内尝试，成功后再扩大创业经营范围
自变量：个人特质	在大湾区内地城市进行文化产业创业的个人创新性	我很喜欢尝试新的挑战
		看到其他人在大湾区内地城市进行文化产业创业，对我尝试来大湾区内地城市进行文化产业创业有影响
		到大湾区内地城市进行文化产业创业是大潮流，不跟上就会落后
自变量：社会支持	在大湾区内地城市进行文化产业创业的传播渠道	家人、朋友、同学的介绍让我了解并参与在大湾区内地城市进行文化产业创业
		电视、报纸、杂志等传统媒体的宣传让我了解并参与在大湾区内地城市进行文化产业创业
		社交媒体、搜索引擎等新媒体让我了解并参与在大湾区内地城市进行文化产业创业
		明星、名人的宣传和推广让我了解并参与在大湾区内地城市进行文化产业创业

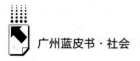

续表

自变量/ 因变量/ 中介变量	变量	变量测量
自变量： 社会支持	在大湾区内地城市进行文化产业创业的社会系统	我所在的圈子在大湾区内地城市进行文化产业创业的很多
		大湾区内地城市是一个很适合文化产业发展的生态环境
		大湾区内地城市是一个充满创新精神的地方
因变量： 港人在大湾区内地城市进行文化产业创业的行为	港人在大湾区内地城市的文化产业创业行为	我很久以前就开始在大湾区内地城市进行文化产业创业
		我会推荐其他港人到大湾区内地城市进行文化产业创业
		我会把我在大湾区内地城市的文化产业创业经验和其他港人分享
中介变量： 大湾区内地城市港人身份认同	国家认同	作为中国人，我愿意挥舞国旗/佩戴国徽/吟唱国歌
		我觉得国旗/国徽/国歌可以代表我的身份
		我对五星红旗、《义勇军进行曲》感到亲切
		当有人批评中国时，我感到自己也被侮辱了
		我为自己中国人的身份感到自豪
		我希望中国国家富强、人民安居乐业
		我认为中国比世界上大多数国家要好
		热爱祖国对我来说有很重要的意义
	文化认同	文化实践行为：我经常品尝岭南地方特色菜系；我经常观看岭南传统艺术节目；我经常阅读（或观看）岭南非遗文化项目介绍；我经常参加岭南节日习俗
		文化评价态度：我认为岭南文化是大湾区内非常重要的文化资源；我认为岭南文化是中华传统文化的重要组成部分；我认为岭南文化在当下依然具有鲜明的时代活力
		文化情感投入：我会主动通过电视、网络等途径了解各类岭南文化项目；岭南文化对我产生思想层面的爱国教育意义；岭南文化让我对大湾区产生情感上的归属；岭南文化让我更好地理解中华民族的优良精神品格
	社会认同	群体认同：我经常和大湾区内地城市居民联系；我对大湾区内地城市居民有好感；我信赖大湾区内地城市居民
		社区认同：我对在大湾区内地城市生活感到信任；我对在大湾区内地城市生活感到幸福；我对在大湾区内地城市生活感到满足
		社会规范认同：我认可大湾区内地城市的法律法规；我认可大湾区内地城市的道德风俗；我认可大湾区内地城市的价值观

根据认同理论，身份认同反映出个体如何定义自身与所属群体间的关系，进而影响了个体的观念与行为倾向。大量研究表明，港人的身份认同状况会对他们的行为产生直接或间接的影响。在相关研究中，对身份认同的结构、层次与具体含义的讨论较多，但在创业研究中引入身份认同的探索较少。本次调查引入国家认同、文化认同、社会认同，分别考察这三个层次的身份认同作为中介变量，对港人在大湾区内地城市文化产业创业行为产生的影响。之所以划分这三类身份认同变量，是因为三者与港人研究之间的强烈关联性。首先，增进港人国家认同是港澳地区治理的重要目标，提升港人的国家认同是"中央对港政策的价值诉求"，也是"学界致力破解的'一国两制'实践难题"，国家认同与港人对大湾区的认知和态度有着紧密联系。其次，文化认同被视为全球华人最基本的身份认同，对大湾区内的港人而言，文化认同集中表现为对岭南文化这种中华民族代表性文化的认同，当他们的文化认同水平越高时，这种身份"归属感"能够对他们的实际行为产生影响，促进个体更积极地参与文化活动。最后，社会认同是指个人对自己所属的社会群体的认同感，这种认同感对个体的情感和行为均有着深刻的影响。本次调查进一步将社会认同划分为群体认同、社区认同和社会规范认同。

（二）调查数据与分析思路

本次调查委托了大湾区专业调查机构，面向目前正在大湾区内地城市开展文化产业创业的港人①开展问卷调查，调查于 2023 年 10 月 5 日至 2023 年 12 月 20 日开展，共获取有效问卷 232 份。调查对象所在城市涵盖了全部 9 个大湾区内地城市，实际分布情况如下：深圳 98 人（42.2%）、广州 68 人（29.3%）、珠海 24 人（10.3%）、中山 19 人（8.2%）、佛山 8 人（3.4%）、江门 7 人（3.1%）、东莞 5 人（2.2%）、惠州 2 人（0.9%）、肇庆 1 人（0.4%）。

---

① 指持有香港永久居民身份的中国籍人士。

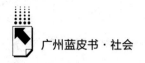

首先将年龄段、"创新环境"、"个人特质"和"社会支持"以及文化认同、社会认同、国家认同作为自变量，以港人在大湾区内地城市的文化产业创业行为作为因变量，建立多元线性回归模型，初步分析各因素的影响作用大小。

进一步，除了人口学因素以外，重点关注创新环境、个人特质、社会支持三个因素对港人在大湾区内地城市文化产业创业行为的影响以及文化认同、社会认同、国家认同发挥作用的机制。因此，继续将人口学因素中对文化产业创业行为有统计影响的年龄段作为控制变量，将创新环境、个人特质、社会支持依次作为自变量，同时依次将文化认同、社会认同、国家认同作为中介变量进行分析。

对于问卷中包含的测量问题的信度，采用 Cronbach's Alpha 进行评估，通过计算 7 个维度和整体测量表的 Cronbach's Alpha 系数，得出各维度测量表的信度系数均大于 0.8，且整体测量表的信度系数为 0.912，大于 0.9，说明调查问卷中各分量表及整体量表具有较高的内部一致性信度。另外，通过因子适应性分析，KMO = 0.891，Bartlett 的球形度检验的 P = 0.000 < 0.05，调查研究数据通过了因子适应性分析前提。根据因子分析结果可知，原始 55 个题项，共提取 7 个公共因子就解释了 71.72% 的原始信息，同时 7 个维度包含的载荷值大的题项与理论设定一致，说明问卷测量表具有较高的结构效度。

三 港人在大湾区的文化产业创业行为分析：关键因素及作用机制

（一）文化产业创业行为影响因素分析

被调查港人的人口学信息及社会信息（性别、年龄段、大湾区内地城市的生活时长、学历水平、创业的经历时长、目前从事文化产业创业类别、出生地）在文化产业创业行为上的单因素分析表明，仅年龄因素对港人在大湾区内地城市的文化产业创业行为存在统计学影响（F = 2.675，P =

0.048<0.05），其余人口学信息及社会信息均对港人的文化产业创业行为无统计学影响（P>0.05）。

因此将年龄段、创新环境、个人特质、社会支持、文化认同、社会认同以及国家认同7个变量同时纳入分析影响港人在大湾区内地城市文化产业创业行为的回归模型，通过标准化回归系数的大小初步判断港人在大湾区内地城市的文化产业创业行为的影响因素，回归模型结果见表2。

回归分析结果表明，7个分析变量联合作用下，个人特质、文化认同、社会认同和国家认同均对港人在大湾区内地城市的文化产业创业行为存在直接的统计学影响（P<0.05），而年龄段、创新环境和社会支持无统计学影响（P > 0.05）。根据标准化回归系数可知，影响大小依次为文化认同（0.218）>个人特质（0.213）>社会认同（0.150）>国家认同（0.118）>年龄段（-0.088）>社会支持（0.063）>创新环境（0.023）。

表 2　港人文化产业创业行为影响因素分析

变量	回归系数	标准化回归系数
常量	0.623 *	—
年龄段	-0.080	-0.088
创新环境	0.018	0.023
个人特质	0.180 **	0.213
社会支持	0.049	0.063
文化认同	0.167 **	0.218
社会认同	0.104 *	0.150
国家认同	0.122 *	0.118
R^2	0.320	
F	15.088 **	

注：** 表示在 0.01 水平（双侧）上显著；* 表示在 0.05 水平（双侧）上显著；负号表示为负向影响。

（二）身份认同对文化产业创业行为影响模式分析

进一步探究文化认同、社会认同、国家认同3个身份认同变量在创新环境、个人特质、社会支持上对港人在大湾区内地城市文化产业创业行为的影响机制。借鉴 Baron 和 Kenny 提出的四步骤中介变量检验方法，① 考察文化认同、社会认同、国家认同是否在创新环境、个人特质、社会支持与文化产业创业行为之间具有中介效应。

1. 身份认同在创新环境与港人在大湾区内地城市文化产业创业行为之间的中介效应检验

以文化认同为例，说明检验身份认同中介作用的方法：首先检验创新环境是否对文化认同具有显著影响，其次检验文化认同是否对港人在大湾区内地城市文化产业创业行为具有显著影响，最后检验创新环境是否对港人在大湾区内地城市文化产业创业行为具有显著影响。如果这三个步骤都被验证，那么将继续检验创新环境、文化认同是否对港人在大湾区内地城市文化产业创业行为具有显著影响。如果此时创新环境对港人在大湾区内地城市文化产业创业行为的作用减弱或不再显著，则文化认同的中介作用得到验证。具体实证研究结果见表 3。

表3 创新环境与港人文化产业创业行为：文化认同的中介作用

变量	文化认同	文化产业创业行为		
	模型 1	模型 2	模型 3	模型 4
常量	2. 420 **	1. 687 **	2. 081 **	1. 387 **
控制变量_年龄段	−0. 107	−0. 099	−1. 121 *	−0. 090
自变量_创新环境	0. 356 **	—	0. 227 **	0. 125 *
中介变量_文化认同	—	0. 326 **	—	0. 287 **
R^2	0. 125	0. 198	0. 095	0. 216
ΔR^2	0. 110	0. 176	0. 073	0. 194
F	16. 423	29. 557	13. 122	22. 186
ΔF	12. 894	23. 48	7. 045	16. 109

注：** 表示在 0.01 水平（双侧）上显著；* 表示在 0.05 水平（双侧）上显著不为 0。

---

① Baron, R. M., Kenny, D. A., "The Moderator-mediator Variable Distinction in Social Psychological Research: Conceptual, Strategic, and Statistical Considerations," *Journal of Personality and Social Psychology*, 1986, 51, 1173-1182.

检验结果表明，控制年龄段不变的情况下，模型 1 显示创新环境对文化认同具有显著的正向影响（β=0.356，P<0.01），模型 2 显示文化认同对文化产业创业行为具有显著的正向影响（β=0.326，P<0.01）。模型 3 显示创新环境对文化产业创业行为具有显著的正向影响（β=0.227，P<0.01），因此，检验发现，创新环境对港人在大湾区内地城市的文化产业创业行为存在积极影响。

进一步考察创新环境、文化认同与港人在大湾区内地城市文化产业创业行为之间的关系，模型 4 显示，文化认同在创新环境与港人在大湾区内地城市文化产业创业行为间具有一定的中介作用（β=0.287，P<0.01），创新环境对港人在大湾区内地城市文化产业创业行为的影响，通过文化认同产生的间接效应为 0.356×0.326≈0.116。

采用同样方法，对社会认同在创新环境与港人在大湾区内地城市文化产业创业行为之间的中介效应进行检验，检验结果见表 4。

检验结果表明，控制年龄段不变的情况下，模型 5 显示创新环境对社会认同具有显著的正向影响（β=0.437，P<0.01），模型 6 显示社会认同对港人在大湾区内地城市文化产业创业行为具有显著的正向影响（β=0.273，P<0.01）。模型 3 显示创新环境对港人在大湾区内地城市文化产业创业行为具有显著的正向影响（β=0.227，P<0.01）。

进一步考察创新环境、社会认同与港人在大湾区内地城市文化产业创业行为间的关系，模型 7 显示社会认同在创新环境与港人在大湾区内地城市文化产业创业行为间具有一定的中介作用（β=0.234，P<0.01）。创新环境对港人在大湾区内地城市文化产业创业行为的影响，通过社会认同产生的间接效应为 0.437×0.273≈0.119。

表 4　创新环境与港人文化产业创业行为：社会认同的中介作用

变量	社会认同	文化产业创业行为		
	模型 5	模型 6	模型 3	模型 7
常量	1.811**	1.969**	2.081**	1.658**
控制变量_年龄段	−0.032	−0.124*	−1.121*	−0.114*
自变量_创新环境	0.437**	—	0.227**	0.125*

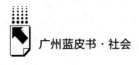

续表

变量	社会认同	文化产业创业行为		
	模型5	模型6	模型3	模型7
中介变量_社会认同	—	0.273 **	—	0.234 **
R^2	0.142	0.172	0.095	0.189
ΔR^2	0.138	0.153	0.073	0.167
F	18.920	25.038	13.122	18.949
ΔF	18.050	18.961	7.045	12.872

注：** 表示在 0.01 水平（双侧）上显著；* 表示在 0.05 水平（双侧）上显著不为 0。

采用同样方法，对国家认同在创新环境与港人在大湾区内地城市文化产业创业行为之间的中介效应进行检验，检验结果见表5。

表5 创新环境与港人文化产业创业行为：国家认同的中介作用

变量	国家认同	文化产业创业行为		
	模型8	模型9	模型3	模型10
常量	3.265 **	2.041 **	2.081 **	1.534 **
控制变量_年龄段	-0.092	-0.122 *	-1.121 *	-0.106
自变量_创新环境	0.163 **	—	0.227 **	0.200 *
中介变量_国家认同	—	0.221 **	—	0.167 *
R^2	0.058	0.062	0.095	0.116
ΔR^2	0.042	0.040	0.073	0.094
F	7.099	8.672	13.122	11.101
ΔF	3.439	2.595	7.045	5.024

注：** 表示在 0.01 水平（双侧）上显著；* 表示在 0.05 水平（双侧）上显著不为 0。

检验结果表明，控制年龄段不变的情况下，模型8显示创新环境对国家认同具有显著的正向影响（β=0.163，P<0.01），模型9显示国家认同对港人在大湾区内地城市文化产业创业行为具有显著的正向影响（β=0.221，P<0.01）。模型3显示创新环境对港人在大湾区内地城市文化产业创业行为具有显著的正向影响（β=0.227，P<0.01）。

进一步考察创新环境、国家认同与港人在大湾区内地城市文化产业创业行为间的关系，模型 10 显示国家认同在创新环境与港人在大湾区内地城市文化产业创业行为间具有一定的中介作用（β=0.167，P<0.05）。创新环境对港人在大湾区内地城市文化产业创业行为的影响，通过国家认同产生的间接效应为 0.163×0.221≈0.036。

综上，创新环境对港人在大湾区内地城市的文化产业创业行为有显著的直接影响，同时，通过文化认同、社会认同和国家认同（效应大小为：社会认同>文化认同>国家认同）对港人在大湾区内地城市文化产业创业行为产生间接影响。

2. 身份认同在个人特质与港人在大湾区内地城市文化产业创业行为之间的中介效应检验

参考身份认同在创新环境与港人在大湾区内地城市文化产业创业行为之间的中介效应检验过程，检验身份认同在个人特质对港人在大湾区内地城市文化产业创业行为的影响过程中的作用①。

检验结果表明，控制年龄段不变的情况下，个人特质对文化认同具有显著的正向影响（β=0.499，P<0.01），文化认同对港人在大湾区内地城市文化产业创业行为具有显著的正向影响（β=0.326，P<0.01），个人特质对港人在大湾区内地城市文化产业创业行为具有显著的正向影响（β=0.370，P<0.01）。文化认同在个人特质与港人在大湾区内地城市文化产业创业行为间具有一定的中介作用（β=0.218，P<0.01）。个人特质对港人在大湾区内地城市文化产业创业行为的影响，通过文化认同产生的间接效应为 0.499×0.326≈0.163。

控制年龄段不变的情况下，个人特质对社会认同具有显著的正向影响（β=0.535，P<0.01），社会认同对港人在大湾区内地城市文化产业创业行为具有显著的正向影响（β=0.273，P<0.01），个人特质对港人在大湾区内地城市文化产业创业行为具有显著的正向影响（β=0.370，P<0.01）。社会认同在个人特质与港人在大湾区内地城市文化产业创业行为间具有一定的中介作用（β=0.172，P<0.01）。个人特质对港人在大湾区内地城市文化产业

---

① 限于篇幅，以表格形式呈现的回归模型结果从略，余同。

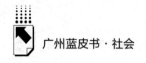

创业行为的影响，通过社会认同产生的间接效应为 0.535×0.273≈0.146。

控制年龄段不变的情况下，个人特质对国家认同具有显著的正向影响（β=0.168，P<0.01），国家认同对港人在大湾区内地城市文化产业创业行为具有显著的正向影响（β=0.221，P<0.01），个人特质对港人在大湾区内地城市文化产业创业行为具有显著的正向影响（β=0.370，P<0.01）。国家认同在个人特质与港人在大湾区内地城市文化产业创业行为间具有一定的中介作用（β=0.132，P<0.05）。个人特质对港人在大湾区内地城市文化产业创业行为的影响，通过国家认同产生的间接效应为 0.168×0.221≈0.037。

综上，个人特质对港人在大湾区内地城市的文化产业创业行为有显著的直接影响，同时，通过文化认同、社会认同和国家认同（效应大小为：文化认同>社会认同>国家认同）对港人在大湾区内地城市文化产业创业行为产生间接的影响。

3. 身份认同在社会支持与港人在大湾区内地城市文化产业创业行为之间的中介效应检验

参考身份认同在创新环境与港人在大湾区内地城市文化产业创业行为之间的中介效应检验过程，以文化认同、社会认同和国家认同作为中介变量，分析社会支持对港人在大湾区内地城市文化产业创业行为的影响。

检验发现，控制年龄段不变的情况下，社会支持对文化认同具有显著的正向影响（β=0.372，P<0.01），文化认同对港人在大湾区内地城市文化产业创业行为具有显著的正向影响（β=0.326，P<0.01），社会支持对港人在大湾区内地城市文化产业创业行为具有显著的正向影响（β=0.254，P<0.01）。文化认同在社会支持与港人在大湾区内地城市文化产业创业行为间具有一定的中介作用（β=0.271，P<0.01）。社会支持对港人在大湾区内地城市文化产业创业行为的影响，通过文化认同产生的间接效应为 0.327×0.326≈0.107。

控制年龄段不变的情况下，社会支持对社会认同具有显著的正向影响（β=0.387，P<0.01），社会认同对港人在大湾区内地城市文化产业创业行为具有显著的正向影响（β=0.273，P<0.01），社会支持对港人在大湾区内地城市文化产业创业行为具有显著的正向影响（β=0.254，P<0.01）。社会

认同在社会支持与港人在大湾区内地城市文化产业创业行为间具有一定的中介作用（β=0.221，P<0.01）。社会支持对港人在大湾区内地城市文化产业创业行为的影响，通过社会认同产生的间接效应为0.387×0.273≈0.106。

控制年龄段不变的情况下，社会支持对国家认同具有显著的正向影响（β=0.184，P<0.01），国家认同对港人在大湾区内地城市文化产业创业行为具有显著的正向影响（β=0.221，P<0.01），社会支持对港人在大湾区内地城市文化产业创业行为具有显著的正向影响（β=0.254，P<0.01）。国家认同在社会支持与港人在大湾区内地城市文化产业创业行为间具有一定的中介作用（β=0.146，P<0.05）。社会支持对港人在大湾区内地城市文化产业创业行为的影响，通过国家认同产生的间接效应为0.184×0.221≈0.041。

综上，社会支持对港人在大湾区内地城市的文化产业创业行为有显著的直接影响，同时，通过文化认同、社会认同和国家认同（效应大小为：文化认同>社会认同>国家认同）对港人在大湾区内地城市文化产业创业行为产生间接的影响。

上述研究有三点重要发现：第一，港人到大湾区内地城市文化产业创业行为模式受个人特质、文化认同、社会认同和国家认同等因素的影响；第二，包含文化认同、社会认同、国家认同的身份认同在创新环境、个人特质、社会支持方面对创业行为起到了不同程度的中介作用；第三，在三类身份认同的中介作用中，除创新环境为社会认同效应最强，其次是文化认同，最后是国家认同，其余文化认同效应最强，其次是社会认同，最后是国家认同。

四　提升港人到大湾区内地城市文化产业创业意愿的对策建议

本次调查帮助我们更好地从"共建人文湾区"的角度评估港人到大湾区内地城市文化产业创新创业的影响因素，发现了身份认同尤其是文化认同的突出作用。为进一步推动更多港人到大湾区内地城市进行文化产业创业，调查认为相关部门或可从如下三个方面加强工作，推出相应的政策措施。

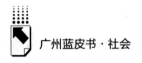

（一）增进港人对岭南文化的认同

可从两方面增进港人对岭南文化的认同，从而提升他们到大湾区内地城市进行文化产业创业的积极性。具体来看：第一，进一步关注民间主体力量面向大湾区内地城市港人推广岭南文化的作用。例如，扶植、培育在大湾区内地城市港人中有影响力、有知名度的"网红"或意见领袖，在小红书、抖音等平台上提高岭南文化资讯、信息的发布频率；与大湾区内地城市港人相关的行业协会、NGO合作进行跨界宣传，通过"岭南文化+商业合作""岭南文化+就业教育""岭南文化+大湾区投资"等主题，从行业服务、行业教育等角度融入岭南文化宣传。第二，要重视面向港人推广岭南文化的宣传产品、形式、平台多元化，建议充分利用新媒体、短视频、社交媒体推送等资讯传递和文化教育渠道及方式，选择港人较常使用的平台进行岭南文化资讯、信息发布，用短视频、综艺节目、动画、电视剧、电影等流行文化形式来呈现岭南文化作品，丰富岭南文化线下体验活动形式，将岭南文化与旅游、文创消费、研学、实习、展览、竞赛、演出等活动相结合，扩大港人与岭南文化的接触面。

（二）提升港人对大湾区内地城市的社会认同

可从三个方面提升港人对大湾区内地城市的社会认同，以提高他们到大湾区内地城市进行文化产业创业的积极性。具体来看：第一，结合大湾区内地城市的优势和文化特色，面向港人开展更具有"城市性格"的大湾区宣介活动，除了加强对"大湾区"整体概念的宣传，未来还可以结合大湾区内不同城市的优势和特色，向港人介绍大湾区内地不同城市的文化产业发展机会，例如广州的文化会展资源、佛山的岭南文化底蕴资源、深圳的文化创新科技应用资源等，通过更加具象化的介绍，让港人看到大湾区内地城市的文化产业发展优势。第二，找到港人对大湾区内地城市发展满意度较高的焦点议题（如大湾区内地城市的交通建设、科技创新发展状况），在面向港人开展大湾区内地城市宣传时，重点围绕和增加这些领域的主题传播，强化涉大湾区积极心态对港人的影响。第三，面向港人的大湾区宣传宜进一步体现"香港融入大湾区建设和发展"的命题，同时凸显香港和大湾区内地城市互惠互利、互相学习、互为补充的发展特征，既要强调香港是大湾区的重要组成和引擎城市之一，香港对大湾区的建设和发展意义重大，也要突出香港和大湾区内地城市之间的优势互补特征，强调"共赢"而非"取代"的关系，增强港人对前往大湾区内地城市创业和发展的认同情绪，面向港人构建"香港和大湾区内地城市合力驱动大湾区发展"的共同体意识。

（三）强化港人的国家自豪感和对国家发展信心

可从三个方面提升港人国家自豪感，从而提高他们到大湾区内地城市进行文化产业创业的积极性。具体来看：第一，促进香港与大湾区内地城市间的科创融合，例如共建高新技术产业园区，促进金融、服务、法律等行业和领域的区域合作等，鼓励和支持香港与大湾区内地城市在科技创新方面的合作，如共建科研平台、促进科技成果转化等，扶植香港成为粤港澳大湾区科技创新领域的高地，提升港人对国家科技进步的自豪感。第二，面向香港社会持续利用媒体平台宣传国家的发展成就和未来规划，特别是那些与香港有直接联系的项目和政策，通过正面的新闻报道和专题节目，提升香港市民对国家发展前景和"香港融入国家发展浪潮"趋势的信心，在香港社会和香港市民中进一步培养"国家好就是香港好"的共识。第三，增设跨境教育项目，通过设计大湾区内高校间的联合培养计划、学分互换项目，以及开展专业学术交流，让香港学生和教师能更直接地参与国家教育项目，在青年专业教育、职业教育中融入国情教育，通过教育培养年青一代的国家归属感。

B.17
广州市创新链与港澳人才链融合路径探索

——以天河区为例

致公党广州市委员会、天河区基层委员会联合课题组*

摘　要：　创新是第一动力，人才是第一资源。本文研究天河区如何大力激发已有的创新资源和人才资源优势，强化创新链与港澳、海归高层次人才链深度融合（以下简称"两链融合"），探索创新主体高效联动、创新资源高效配置的实现路径。本文基于两次调研分析指出，在广州及天河创业就业的许多港澳青年人才普遍存在一定的发展需求：第一，当前虽然设置大量优惠政策，支持港澳青年创业和发展，但政策落实不够，导致未能惠及很多符合条件的港澳青年；第二，基层群团组织的活动与港澳青年脱节，未能在帮助港澳青年及吸引港澳青年融入方面起到应有的作用；第三，港澳青年企业家在珠三角地区创业发展，存在社会文化方面的隔阂和制度性的壁垒。天河区需要正视当前存在的一些短板，在推进"两链融合"方面实施有针对性的改进措施。本文据此提出了创新"两链融合"发展路径的政策建议：一是多渠道建言，倡议建立共享最优惠政策的创新性机制，切实实现在全市范围内的合作共赢；二是联合本地科创和产业资源，协同打造"嵌入式的科创与产业融合发展共同体"，实现全链条创新发展；三是设立多元沟通协商机制，充分聆听青年人才的诉求，增强各类人才的归属感，实现可持续的稳定发展。

---

* 课题组成员：刘建（组长），致公党广州市委员会常委、天河区基层委员会主委，天河区人大财经工委主任，研究方向为科技创新体系与人才政策；蒋余浩（执笔人），博士，华南理工大学公共政策研究院研究员，研究方向为科技创新体系比较研究、中国数字经济政策；杨阳，致公党广州市委员会委员、天河区基层委员会副主委，天河科技园管委会副主任，研究方向为区域经济、科技创新；吴璧君，中山大学 2023 级博士研究生，研究方向为比较政策研究。

关键词： 创新链 人才链 两链融合 港澳融合

广州市与天河区已在营建激励和支持海归、港澳高层次人才干事创业的政策环境方面取得显著成绩，但与大湾区各个地市区的政策相比，广州市与天河区人才激励的政策优势在一定程度上出现相对弱化趋向，且仍存在政策供给与人才发展诉求匹配性有待加强、政策落地难等问题。

借助深度融入粤港澳大湾区建设和提升产业发展质效、塑造发展新动能新优势的契机，如何立足科技创新，打通激励高层次人才创业就业的堵点难点，吸引海归、港澳高层次人才协同探索"科学发现、技术发明、产业发展"的全链条创新发展路径，值得深入研究。

为此，本文梳理了广州市及天河区创新链与港澳人才链融合发展的相关情况，结合对在穗特别是天河区海归与港澳青年人才发展需求的调研分析，对进一步推进天河区创新链与以海归及港澳青年为主体的人才链深度融合发展提出对策建议。

一 广州"两链融合"发展概况

党的二十大报告对"实施科教兴国战略，强化现代化建设人才支撑"做出了重大部署，明确要求"加快实施创新驱动发展战略"，"推动创新链产业链资金链人才链深度融合"。"四链融合"是实现高质量发展的主引擎。习近平总书记指出，创新是第一动力，人才是第一资源。[①] 在"四链"中，创新链与人才链融合发展起到主导作用，[②] 广东省委遵循党的二十大精神与习近平总书记对广东的殷切嘱托，结合广东发展实际，形成了"1310"具体

---

① 《在庆祝改革开放 40 周年大会上的讲话》，人民出版社，2018，第 32 页。
② 张庆民、顾玉萍：《链接与协同：产教融合"四链"有机衔接的内在逻辑》，《国家教育行政学院学报》2021 年第 4 期；郑永年：《人才高地建设与中国的科技现代化》，《中国科学院院刊》2022 年第 12 期。

部署。依托大湾区地域与制度优势，将港澳人才优势与内地创新资源高效有机结合，是实现部署中现代化产业体系建设、高水平科技自立自强的关键。

广州市委对照省委"1310"具体部署，形成"1312"思路举措，提出："要强化人才引领驱动，深入推进'广聚英才'人才工程，用好南沙、中新广州知识城等重大平台和载体，加快引进更多国际一流科技领军人才和创新团队，深化人才发展体制机制改革，打造粤港澳大湾区高水平人才高地'主引擎'。"[1] 以天河区为例，天河区始终坚持"中央要求、港澳所需、湾区所向、天河所能"，深度参与大湾区建设，近年来出台了多项支持和激励海归、港澳高层次人才创业就业的政策。据统计，天河区目前已吸引超过4000家港澳企业在天河投资；与省人社厅共建粤港澳大湾区（广东）创新创业孵化基地，创办了全省首个港澳青年之家、港澳青年支援中心以及全市首个"五乐"一体化粤港澳青创园区，全区已有13个港澳青年创新创业基地，累计孵化港澳项目917个。[2]

二 广州海归及港澳青年人才的基本特点与发展需求

在广州居住生活或创业就业的海归和港澳青年人才有许多共同的基本特点，也有许多共同的发展需求。天河区要推动创新链与高层次人才链融合发展，需要直面这些基本情况与问题。

（一）调研样本基本情况

本文研究成果基于2022年11月和2023年6月的两次调研。[3] 调研团队

---

① 《广州市落实"1312"思路举措扎实推进科技教育人才工作》，广州市人民政府网站，2023年8月17日，https://www.gz.gov.cn/xw/gzyw/content/post_9163012.html。
② 《双创基地"雁阵"携手，创响湾区天河逐梦》，广州人才工作网，2023年7月17日，https://tianhe.gzrcwork.com/detail/24242；《"三条"上线，全方位为港澳青年创业就业"搭台搭梯"》，南方财经，2023年8月10日，https://jg-static.eeo.com.cn/article/info?id=059be6cc42984c691cb3766bff72b3a5&channelUuid=undefined。
③ 两次调研都得到了华南理工大学公共政策研究院和广州粤港澳大湾区研究院的大力协助。

对在广州市创业的 150 位海归、港澳青年进行了深入访谈，其中主要在天河区的海归、港澳青年有 30~40 人。① 受访者中，男、女比例为 58%、42%；海归青年与港澳青年分别占 20% 和 80%；主要在内地接受大学及以上教育的占 28%，主要在港澳或国外接受大学及以上教育的占 66%，其他占 6%。港澳青年中，从内地转籍港澳并且主要成长在港澳地区的占 48%，在港澳出生并且主要成长于海外的占 28%，主要在内地生活但取得港澳籍的占 24%。个人年收入在 20 万元以下的占 40%，20 万~50 万元的占 34%，51 万~100 万的占 16%，其他占 10%。本文以下内容，以在天河区居住或创业就业的海归、港澳青年情况为主。

（二）港澳青年人才的基本特点②

1. 观念特点

穗港澳三地青年发展观既有趋同的共性方面，也有存在差异的特性方面。广州青年更偏重国家稳定和经济增长，而港澳青年，特别是香港青年对于政治权利的关注度更高。比如，广州青年认为"维持社会秩序"是最重要以及最迫切的，而港澳青年则认为"保障言论自由"更为重要。在"重要的政府决策上有更多的发言权"重要性方面，广州与港澳青年的差异更大。③ 另外，在追求稳定的经济方面，广州与澳门青年看法一致性较高，而香港青年对与经济相关的事项关注度普遍都不高。

2. 认知特点

首先是国家认同感。回归以来，澳门青年的国家认同始终处于较高的水平；香港青年的国家认同水平经历了先上升后下降又回升的曲折变化。④ 与

---

① "主要居住生活或创业就业地"指的是在访谈前 3 年内多数时间居住生活或创业就业的地区。两次调研的受访者都有在珠三角生活或创业就业的经历，而且以在广州和佛山两地居住生活或创业就业者居多。

② 由于本次受访者中的海归青年人才多是在内地接受了本科及以上教育，在行事风格、文化认同、认识特征等方面比较容易融入天河的经济社会发展氛围，本文以下的基本情况总结侧重于在港澳生活比较久的青年人才。

③ 参见广州粤港澳大湾区研究院《大湾区创新创业孵化基地调研资料》。

④ 夏瑛：《港澳青年的国家认同：趋势、现状和成因》，《当代港澳研究》2019 年第 2 期。

较年长群体相比，香港青年的国家认同水平略低。随着国家整体综合实力的大幅提升、大湾区获得难得发展机遇和《国安法》在香港的落地以及新一届特区政府展现新气象等，香港年轻人的国家认同度逐步回升。其次是多元文化融合。港澳青年的父辈大都从广东移民到港澳，因此港澳青年也深受广府文化、潮汕文化和客家文化的影响。同时，港澳青年亦拥抱其他地区的文化。港澳人士非常喜爱到东南亚和欧美地区旅游，港澳地区各国餐馆林立。最后是政治文化。由于受到西方价值观的影响，香港青年大学生更关注"保障言论自由"及"更多决策参与权"。对于澳门青年而言，虽然他们和香港青年一样，处于中西方文化交融的氛围影响下，但与香港不同的是，澳门大众政治文化很少受葡萄牙文化控制，因此澳门青年发展观更为多元均衡，且在思想习惯上更与内地青年接近。

3. 沟通特点

由于港澳生活节奏较快，普遍来说，港澳青年的性格较爽直，具备实干精神，说话喜欢开门见山，不喜欢拐弯抹角。因此，简单直接的宣传方式对港澳青年最为有效。清楚明了告诉港澳青年政策对其的好处，宣传效果最佳。调研中很多受访者表示对于内地很多政策文件无法"有效阅读"，可能与一贯以来形成的知识体系和理解习惯有关。

（三）港澳青年人才的发展需求①

首先，受访的港澳青年希望获得政府帮助，包括落实引进人才的优惠政策、政府提供的创业启动资金和为青年企业家交流而搭建的平台。此外，对便捷的融资手段、工业园区等都有所期待。总之，对政府政策的需求主要集中在创业领域。

其次，港澳青年表示希望参与共青团等基层群团组织的活动以及其他协会商会的活动，希望通过活动扩大自身的交往范围，同时获得了解内地政策

---

① 本次受访的海归青年人才多为高校等科研机构引进人才，在人才优惠政策的落实等方面得到了单位的大力协助，因此以下总结的发展需求和存在的问题，多为在社会上创业就业的港澳青年的情况。

的机会。

最后，受访港澳青年提出参与社会组织活动的需求，主要包括了解内地各类政策、同政府加强交流、解决困难、融入社区生活等。此外，部分港澳青年创业团队还希望社会组织帮助开展技能培训、提供住房等公共服务以及解决子女入学、就医等生活问题。

总而言之，来广州市及天河区发展的港澳青年对国家的发展、对粤港澳大湾区的建设前景都有比较深的认同和认可，但在生活和工作过程中依然面临一些困难和困惑（见表1）。这些困难包括了干事创业方面的阻碍，也包括日常生活中的难处，如社会交往、情感需求等。为不断增进港澳青年对祖国的认同，政府部门需要对这些问题加以重视，并通过建立有效制度机制的方式持续、细致地予以应对。

表 1　港澳青年对在广州生活和工作的需求（多选）

单位：%

分类	内容	占比
政策需求	引进人才的优惠政策	34.24
	政府提供的创业启动资金	29.21
	便利的融资渠道	16.12
	加强专业技术支持	14.1
	为青年企业家交流而搭建的平台	24.17
	医疗教育等公共服务资源的便利化使用	13.9
	配套设施齐备的工业园区	9.7
公共参与需求	希望有机会参加基层群团组织的活动	30.31
	希望有机会参与相关商会协会的活动	22.23
	希望通过这些组织活动展示自身及企业	18.19
	希望通过这些活动为社区与企业家提供社会服务	10.10
	希望通过这些组织活动拓展自身和企业的人脉	16.17
生活与社交需求	加强港澳青年对内地各类政策的了解	28.21
	加强政府与港澳青年的交流	19.15
	了解和帮助港澳青年解决困难	17.13
	为港澳青年融入社区生活提供平台	23.18
	组织港澳青年和内地青年开展联谊	13.10
	帮助港澳青年创业团队开展技能培训	13.10
	提供住房等公共服务	10.8
	解决子女入学、就医等生活问题	7.50

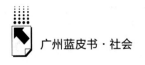

（四）当前政策体系存在的问题

综合对在穗及天河海归与港澳青年的发展需求分析，课题组总结出当前人才政策和人才引培方面存在的主要问题。这些问题在当前珠三角的政策实践中普遍存在，为天河区深化"两链融合"的政策改善提供了鲜明导向。

第一，多数地方设置大量优惠政策，支持港澳青年创业和发展，但政策落实不够，导致未能惠及很多符合条件的港澳青年。

这方面有较多案例。例如，支持港澳青年在珠三角部分城市购房置业的具体措施还有待进一步落地。当前，部分珠三角二三线城市仍参照外籍人士对港澳居民在内地购买自住房屋进行管理（即有居住时间、购房手续和审批程序限制），同时港澳居民在珠三角部分城市与内地居民同等待遇缴存住房公积金的相关政策仍待进一步落实。有相当一部分优惠政策仍仅停留在纸面上，无法真正惠及青年人才。又如，港澳青年创业的机制保障不健全。珠三角地区一些地市对港澳青年创业的机制保障仅停留在文本上，实施细节方面还有不少技术性难题需要克服。总之，珠三角各地市在政策落实方面存在一定可改进之处，如许多在天河区创业就业的港澳青年都表示，希望获得途径，向省市政府反映政策落实中存在的问题。

第二，珠三角城市群团组织的活动与港澳青年脱节，未能在帮助港澳青年及吸引港澳青年融入方面起到应有的作用。

一方面，部分城市基层群团组织与港澳青年联系不密切。主要表现在：首先，缺少专门的平台整合、发布活动信息，港澳青年无法清楚了解群团组织活动安排；其次，相关单位群团组织活动缺乏主动性，街镇青年组织活动未能吸引企业、学校等港澳青年居多的单位参加。

另一方面，基层群团组织的许多活动活力不足，且经常流于形式。例如，首先，学校、企业、街道、社区群团组织的活动少且有涵盖面上的局限性，难以真正联动港澳员工、学生、居民；其次，基层团委活动类型单一、形式化，缺乏灵活性和自由度，部分活动如歌手大会等虽然关注度较高，但又有参与门槛过高的问题，而且缺少其他辅助性活动相配合，难以吸纳广大港澳青年。

第三，港澳青年企业家在珠三角地区创业发展，存在社会文化方面的隔阂和制度性的壁垒。

这方面问题的表现很多，首先，粤港澳三地虽然有相似的文化背景与语言基础，但因社会制度、教育体制和经济社会发展程度不同，三地青年人才在语言细节、文化与价值观方面仍存在差异。这使得奉行个体自由、制度至上价值观念的港澳青年人才在内地创业发展过程中难免会面临社会文化方面的疑惑、矛盾甚至冲突。

其次，目前珠三角的二三线城市社会创新氛围不足，广州和深圳两个一线城市的"虹吸效应"比较强，致使二三线城市难以在吸引高层次人才方面形成竞争力，而广深的创新辐射力仍有待加强。与珠三角地区形成对比的是，上海在推进长三角一体化发展中所起的作用：2009年上海市就在《上海市人民政府贯彻国务院关于进一步推进长江三角洲地区改革开放和经济社会发展指导意见的实施意见》中提出"推进上海和长江三角洲地区经济结构战略性调整，提高自主创新能力和整体经济素质""辐射和带动泛长江三角洲区域、长江流域以及我国其它地区的发展，形成优势互补、良性互动的区域经济发展新格局"等举措，2021年通过的《上海市国民经济和社会发展第十四个五年规划和二〇三五年远景目标纲要》在此前工作基础上制定了一系列"发挥上海龙头带动作用，深化与苏浙皖分工合作"的措施。总之，在与珠三角其他城市形成优势互补、良性互动方面，广深两城还有大量的工作需要深入开展。且珠三角部分城市既没有科技创新大赛等活动，也不常宣传讨论新科技、新技术，因此港澳青年企业家无法通过交流获取信息。同时，政府的招商引资模式过于陈旧，仅把外地大企业的生产线搬来，而没有相应对接科技信息、产学研信息。[1]

---

[1] 需要指出的是，天河区在这方面有许多领先的做法，已形成如金融业，信息传输、软件和信息技术服务业等新兴产业从人才到要素的集聚效应，进一步的工作将是不断以高质量的服务优化科技、人才、资金、信息等资源的配置效率和合理化程度。

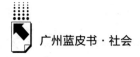

再次，营商环境仍待进一步优化。主要表现之一是：在部分自贸区内，税收优惠政策条件过于严格。目前，大湾区内的自贸区已开始对区内企业在企业所得税和个人所得税方面实施部分优惠。然而，许多港澳创业公司由于注册地点不在自贸区、前置审批不通过、主营业务不属于可享受优惠的项目等，无法享受税务优惠。

最后，地方政府创业扶持力度虽在不断加大，但政策信息的发布平台分散，而且政策要求繁杂，难以为港澳青年企业家所充分利用。例如，珠三角城市针对港澳青年企业家创业，已有多项支援计划，但不同单位主办的资助项目没有统一整合的信息发布渠道，信息搜索咨询需要花费大量时间；创业投资政策文件与法律法规繁多且更新缓慢，仅通过宣传网站难以判断其有效性，导致青年人难以有效了解法规和申请投资；港澳青年在珠三角各地申请创业支援计划时需要面对繁杂的申请要求与限制性条款，如学历、履历、年龄、创业领域、设立企业地点等，通常难以成功申请资助；政府优惠政策对小微企业帮助有限。当前部分城市优惠政策多以"普惠"形式出现并希望不同企业"竞争"以获取优惠，导致政策主要服务于资源更为丰富的大企业集团。

三 天河区"两链融合"实施情况

（一）政策思路及实效

近年来，天河区出台了一系列推动创新和激励人才发展的政策举措。如2020年底推出《广州市天河区推动经济高质量发展重点人才激励办法》，落实市委、市政府的"广聚英才计划"；2023年8月出台《广州市天河区深化支持港澳青年创新创业高质量发展实施办法》，在设置不同层级的奖补之外，还安排专门资金支持在香港设立天河区港澳青年之家离岸孵化服务中心，支持港澳地区社会组织或专业机构在天河区内设立分支机构。在一系列政策举措支持下，天河区已经形成"打造产业高地，以产引才""强化人才引领，以才促产""深化产学研结合，实现平台育才""打造宜居宜业环境，用心留才"的科技创新人才工作思路，通过着力发展先进制造业、软件和信息技术服务业等新兴产业，加强集聚相关领域的产业人才、创新人才和领军人才，并通过培养不同层级的技术经纪人、创新产学研一体化发展机制等举措，做强做大科创市场，为高层次人才的持续发展创建优良平台。

根据调研，近年来天河区科技创新及人才工作取得显著成效，2022 年在赛迪创新百强区榜单中排名第三，具体取得了如下的成绩。

一是创新企业获得较大的发展。2022 年天河区有高新技术企业 2515 家、国家科技型中小企业库入库企业 3293 家，均约占全市 1/5；"独角兽""未来独角兽"创新企业 22 家，占全市 20%以上。

二是高端专业孵化育成体系逐步建成。以"天河优创"为抓手，在全省率先建立"以赛促评"的评价机制，2022 年国家级孵化载体达 39 家，增量和总量均居全市第一位。

三是基础研究能力显著增强。环五山创新策源区拥有广深科技走廊上的"最强大脑"，集聚 5 所高校（其中 4 所为"双一流"高校，占全省"双一流"高校的 50%）、11 家科研机构、16 所职业院校、10 家国家重点实验室，以及 9 家国家工程技术研究中心、126 家省级以上重点实验室、4 家粤港澳联合实验室、1 家"一带一路"联合实验室。

四是尖端科技人才高度集聚，全面优化院士团队人才服务工作。全区已集聚院士 48 人，2021 年以来累计遴选创新创业领军人才、精英人才和新锐人才 56 人。

（二）存在的问题和改进空间

2023 年 6 月，《天河区"十四五"期间人才发展规划（2021—2025年）》面向社会公开征求意见，规划提出，对标国内先进地区，天河区仍然存在一些问题，包括产才融合发展不够充分，重点领域的"高精尖缺"人才集聚度不高；人才发展体制机制有待完善，人才创新创业载体有待加强,国际人才服务平台建设仍在探索阶段;人才配套服务有待优化等。对标北上深的人才服务便利化、标准化举措,天河在人才服务的软硬件方面都有待提升,尤其是在安居、医疗、子女教育等方面存在一定缺口。① 面对国内外发展形势剧变,以及周边各个地市大力出台创新性政策举措,天河区需要正视当前存在的一些短板,在推进"两链融合"方面实施有针对性的改进措施。

一是需要充分意识到天河区的相关政策与周边一些地市对比的优劣势。例如,2022年《南沙方案》出台,其中对于港澳企业的优惠税负、对于科创企业的支持力度等规定都在广州市范围内引起广泛讨论;又如,深圳市光明新区实施"鸿鹄人才"政策计划,给予A类人才(国家级领军人才和海外高层次人才)奖补达300万元,B类人才(深圳市级领军人才和海外高层次人才)奖补达200万元,此外还给予到光明科学城创业的科技型企业家每人最高100万元的一次性创业启动资金,特别优秀的人才创业项目,经"一事一议"可给予每人最高1000万元的一次性创业启动资金。

天河区重点人才激励办法规定的最高奖补为:"新引进国际尖端人才可获得最高1000万元资金支持","软件和信息服务、金融、现代商贸、高端专业服务、工业、建筑、文化等重点扶持产业领域的龙头企业领导者可获得'天河英杰'称号,并获得最高100万元资金支持"。其他各类奖补标准:"企业新设立院士、博士后和博士工作站可获得最高100万元科研启动经费,全职引进院士最高可获得500万元安家费支持,新进站博士后和博士最高可获得50万元生活补贴和安家费支持",以及"根据人才发展的不同阶段,分别给予创新创业领军人才、精英人才、新锐人才项目50万元、30万元、最高20万元资金支持"。相比较而言,《南沙方案》给予港澳企业的优惠税负、光明新区人才政策的奖补力度以及涉及人才类别的多层次和多面向,都超过了天河区。当然,我们指出这种政策内容的差

---

① 《建高水平人才高地,天河准备这样干》,广州市天河区人民政府网站,2023年6月6日,http://www.thnet.gov.cn/zjth/tzth/qykb/zcfg/content/post_9069787.html。

异，并不是主张天河区应当照搬其他地区的做法。事实上，已有研究指出当前各地人才政策与当地产业发展形态和发展阶段脱节的问题，① 天河区在港澳创新人才集聚方面有良好的基础，在区位上也较光明新区、南沙区更有优势，不建议将着力点放在优惠政策攀比上。本文指出天河区与南沙以及深圳光明新区在政策层面的差异，希望强调的是，天河区需要正视当前的发展形势，探索新的思路，充分挖掘既有政策的潜能，并充分利用自身优势形成新的竞争力和动能。

二是需要对天河区产业发展状况有明确的认识，找出相关工作难以实现重大突破的症结。② 目前，由于内外部发展形势变动巨大，我国的许多高新产业存在被欧美围堵的潜在风险，各地市区的产业发展出现同质化现象突出、产业生态建设难以完善等严重问题。对于天河区而言，有环五山高校创新策源区，但是相当多的企业对于这些科技创新资源利用程度不高，而企业相互之间也缺乏有机的协作关联。尤其是诸多创新企业与中山大学、华南理工大学、暨南大学、香港科大（广州）、霍英东研究院等位于广州市本地的高校和院所之间的联系及合作不够深入，尚未形成创新主体互联、创新力量互促的良性局面。天河区需要在这方面实施一些创新性举措，推动打造一批"嵌入式的科创与产业融合发展共同体"，形成以高层次人才为引领、产业发展为动力、科创底座为支撑的高新产业发展生态。

三是需要认真分析海归、港澳高层次人才和青年人才发展的各类需求，提升政策回应能力和公共服务能力。我国以政府优惠政策为主体的引才方式，普遍存在一个问题，就是"在引进时当作人才，引进后的服务却跟不上"。比如，香港高校和研究机构无法将其拥有的科研设备直接转运或赠送给大湾区内地的分校和研究分院，且设备返修也只能按照进口办理，科研设备的共用共享规则和政策并未实现全覆盖，部分重要设备仍然

---

① 《庄文越：聚焦、开放与协同——大湾区人才困境的破解思路》，"IPP 评论"网易号，2023年 6 月 1 日，https://m.163.com/dy/article/I653TIV70514BTKQ.html？spss=adap_pc。
② 谢伟：《港澳青年在内地创新创业的实践探索与路径优化——以广州市天河区为例》，《探求》2021 年第 1 期。

被排除在外。又如，职称资格认证机制的衔接体系尚待理顺，境外工作经历无法视为同等境内工作经历，因为一般海外留学归国人才申报科技类项目或者职称，都要求获得省部级和市级奖项，而他们的海外成果没有对等认证的相关文件依据。这些制度上的障碍，进一步约束两地的科技联合创新。① 由于有相当多的障碍或者服务不力的问题，根源在于体制机制上不顺，不是区级层面能够解决的，因此，天河区只能发力提高政策回应能力和公共服务能力，通过建立良好的沟通协商机制，为已在天河居住生活或创业就业的各类人才服务，回应他们的诉求，为他们的疑问提供较为妥当的回答。

四 天河区创新"两链融合"发展路径的政策建议

（一）多渠道建言，倡议建立共享最优惠政策的创新机制，切实实现在全市范围内的合作共赢

一是多渠道开展研究和倡议，讨论在全市范围内共享、共用最优惠政策的可行性。例如《南沙方案》中的优惠政策，天河区可以通过承诺什么样的条件而直接予以利用？又如，在南沙获得职业资格认证的港澳专业人士（如建筑师、会计师等）相应也能在天河区等广州的其他区执业。

二是在市级层面建立统筹机制，形成全市协同发展、依据各自贡献分享数据指标的制度规范，改变此前各区各自为政、相互之间偏重竞争轻视合作的局面。

三是研究经济发展数据、社会发展数据、财政收入数据等重要指标进行重新统计的方法，确保更科学地反映各区的贡献，为实现全市各区高度协同发展减少阻力。比如，通过建立更科学的统计数据计量方法，鼓励在南沙享受优惠政策的港澳企业将经营范围扩展至广州全市各区，以此既能为这些港

---

① 更多阻碍穗港科技合作的制度性问题，参见蒋余浩、张若梅《穗港协同探索全链条创新发展新路径》，《穗府调研》2023 年第 7 期。

澳企业的发展创造更大的空间，又能有效避免各区之间通过优惠政策形成"市内恶性竞争"。

（二）联合本地科创和产业资源，协同打造"嵌入式的科创与产业融合发展共同体"，实现全链条创新发展

一是与环五山高校院所建立常态化信息共享机制，利用天河基地平台，实现高校院所科技成果就近转化。针对合作高校不同的痛点问题，策划专场科技成果对接活动，精准匹配区内企业技术需求，力争更多高质量科技成果就地转化。联动周边高校院所，通过天河基地提供配套服务，辐射带动周边产业园建设与发展，容纳更多科技成果就近转化。

二是设立专门资金，支持中小微企业通过"揭榜挂帅"机制，向位于本地的诸多高校和院所寻求科创资源支持。支持中小微企业聘请本地专家一对一"把脉"，举办精准对接会，帮助天河区中小微创新企业打磨和完善技术需求参数。

三是区政府牵头建立"产学研金"科技发展平台，吸引香港基础研究资源，面向源头夯实天河区的"科创之基"。首先，探索设立穗港合作工作专班机制，下设科创合作办事处，办事处成员应由天河区科工信局和香港科技部门的工作人员组成，由天河区牵头设置。在政策服务方面，就科创领域的数据要素流动安全问题、技术创业融资问题、知识产权交易纠纷问题等，设立银行业务、律师业务、海关业务等专营枢纽点，从政策、政务方面提供优质、专项服务。其次，率先探索穗港产学研常规合作机制，以"技术猎头+基金引入+基地运营"的模式，为引入香港技术提供全链条服务。目前，南沙的穗港产学研基地已经发挥一定作用，天河区可以借鉴其经验设置技术顾问、知识产权顾问、技术猎头等专业职位，直接对接香港科技大学、香港大学、香港理工大学等知名学府的研究人员，协助研究人员进行技术转移和技术落地。同时，提供基金支持、扶持上市等一条龙服务。再次，支持天河区科创企业积极加入港深联合推动的前海深港风投创投联动发展项目，强化"全球风险投资之都"建设。尤其是针对有利于解决"卡脖子"问题的"硬

科技"，天河区应当设立科技金融创投基金，链接香港基础研究项目以及香港风投产品等。①

（三）设立多元沟通协商机制，充分聆听青年人才的诉求，增强各类人才的归属感，实现可持续稳定发展

一是持续完善公共服务机制，推动人才政策和创业优惠落地，增强对港澳青年的吸引力。② 首先，建立专业化的第三方主体，专门从事政策服务和定期核准等工作，及时发现和完善优惠政策实施中存在的问题。其次，在港澳居民置业贷款政策方面，探索与内地居民同等待遇，同时探索推进与港澳之间征信体系的衔接。再次，通过横向协调机制，统筹政府内部行政审批和政府公共服务信息，建立便捷、有效、统一的政府信息公开平台，发布明确、具体的最新人才政策与创业政策，并设立政府服务咨询处给予指导。最后，简化人才政策与创业优惠补贴申请程序，可考虑借助"区块链"等新技术优化审批流程、提高审批效率，尽快开通网上业务办理渠道，或专门设立申请文件递交点以方便申请人。

二是天河区率先创新组织建设模式，与港澳青年形成紧密联系，帮助港澳青年融入内地主流生活。首先，着重发挥区支持港澳台青年来穗创新创业专项小组的作用，借助行业协会、青年之家等平台，搭建内地青年与港澳青年之间的沟通交流机制，开展多元化、普适化、便利、具有创意、面向青年群体的活动，并出台相应激励措施，推动内地青年与港澳青年的交流、合作。其次，支持香港离岸孵化服务中心、天河港澳社区的设立和建设，在穗

---

① 2023年8月出台的《广州市天河区深化支持港澳青年创新创业高质量发展实施办法》提出了建立政府孵化平台支持港澳青年创业的举措，本文的建议则更强调通过建立更大规模的"产学研金"科技发展平台，吸引港澳的科研资源、金融资源等注入，协同推动天河区的科技创新和产业发展。

② 2023年8月出台的《广州市天河区深化支持港澳青年创新创业高质量发展实施办法》提出，安排专门资金支持在香港设立天河区港澳青年之家离岸孵化服务中心、支持港澳地区社会组织或专业机构在天河行政区域内设立分支机构等等，对于支持港澳青年融入粤港澳大湾区建设新发展格局形成创新性举措。这些举措与本文提出的设立多元沟通协商机制的建议相配合，能产生更好地推动港澳青年融入祖国建设大业的效果。

港澳举办交流活动，定期聘请海内外研究中国和世界发展问题的专家、官员开办讲座或培训课程，全力促进三地政策信息流动、发展资源共享和互利共赢。最后，区科工信局可组织港澳青年企业家访问团，与内地及香港、澳门一流大学和科研机构建立常态化联系，推动港澳青年企业家接触科技发明和科研成果，吸引港澳优质科创资源流入，进而增加天河区企业获取科创资源的机会。

B.18
广州支持港澳青年创新创业政策落地研究报告

中共广州市天河区委统战部课题组*

摘　要： 在《粤港澳大湾区发展规划纲要》的指导下，大湾区珠三角9市政府及广州市各区政府陆续出台一系列措施，支持港澳青年到内地创新创业，取得良好成效。当前，《粤港澳大湾区发展规划纲要》进入中期评估阶段，课题组认真梳理了广州及大湾区各地市港澳青年创新创业情况，发现仍存在支持港澳青年创新创业"最后一公里"难以打通的问题，并针对解决办法深入调研，研究提出四大方面对策建议，希望为港澳青年在粤创新创业提供有益帮助。

关键词： 粤港澳大湾区　港澳青年　创新创业

　　粤港澳大湾区建设是由习近平总书记亲自谋划、亲自部署、亲自推动的国家级重要战略。党的二十大报告明确提出"推进粤港澳大湾区建设，支持香港、澳门更好融入国家发展大局，为实现中华民族伟大复兴更好发挥作用"。2023年4月，习近平总书记视察广东时再次强调，使粤港澳大湾区成为新发展格局的战略支点、高质量发展的示范地、中国式现代化的

---

* 课题组总负责人：谢长林，中共广州市天河区委常委、统战部部长，研究方向为统一战线工作。执行负责人：全小敏，中共广州市天河区委统战部副部长、区委台办主任，研究方向为港澳、对台工作。执笔人：黄光华，中共广州市天河区委统战部港澳台事务科科长、一级主任科员，研究方向为港澳台统一战线工作；陈晓，中共广州市天河区委统战部港澳台事务科三级主任科员，研究方向为港澳台青年发展。

引领地。① 这为粤港澳大湾区建设工作指明了方向。《粤港澳大湾区发展规划纲要》高度重视港澳青年在大湾区创新创业，提出了政策支持、创新环境、人文交流等措施，支持港澳青年融入国家、参与国家建设。为此，广州市及各区政府积极颁布政策为港澳青年在大湾区创业提供奖励补贴，简化各项政务服务流程，开辟绿色通道，优化创新创业环境。这些政策降低了港澳青年创业成本，吸引了大批港澳青年来到广州创新创业，但在政策落地的"最后一公里"方面仍然存在一些亟待解决的问题。

天河作为广州经济第一区，坚决贯彻党中央关于粤港澳大湾区建设的重要战略规划，深入落实广东省委"1310"具体部署、广州市委"1312"思路举措和天河区委"在十个领域争当先锋"工作要求，围绕"湾区所需、广州所向、天河所能"，积极纵深推进新阶段粤港澳大湾区建设，为推动解决支持港澳青年创新创业政策落地"最后一公里"难题、助力港澳青年全方位融入国家发展大局、推进粤港澳大湾区建设做出了有益探索和积极贡献。本文基于广州天河工作实践，开展专题研究，总结经验做法，分析存在的问题，研究提出决策建议。

一 港澳青年创新创业政策分析

（一）创新创业政策现状

自 2019 年 2 月 18 日中共中央、国务院印发《粤港澳大湾区发展规划纲要》、提出粤港澳大湾区概念以来，为了让更多港澳青年来粤就业创业，广东全面取消港澳人员在粤就业许可，港澳居民可同等享受各类就业创业扶持政策和服务，还建立推进粤港澳大湾区建设领导小组办公室，统筹协调粤港澳大湾区建设工作，并建设粤港澳大湾区门户网站，推动各地市出台多项支

---

① 《习近平在广东考察时强调　坚定不移全面深化改革扩大高水平对外开放　在推进中国式现代化建设中走在前列》，"新华网"百家号，2023 年 4 月 13 日，http：//baijiahao. baidu. com/s？ id ＝ 1763052913682821686&wfr ＝ spider&for ＝ pc。

持港澳青年在本地创新创业的优惠政策，截至 2023 年底，广东省及粤港澳
大湾区各地市共颁布 93 条优惠政策，其中广州及市属各区累计出台政策 13
条，起到了较好的引导效果。广州市及各区政府出台的支持港澳青年在本地
创新创业的优惠政策主要集中在减免税费、减免租金、提供担保贷款、简化
行政审批流程等方面（见表 1）。

表 1　广州市及各区政府颁布的支持港澳青年赴大湾区创新创业政策概况

印发主体	印发政策数量	主要涉及内容
广州市	5 条	完善创业环境、提供奖励补贴、优化生活配套、加强社会保障、提升就业能力
天河区	2 条	完善创业环境、提供奖励补贴、优化生活配套、加强社会保障、提升就业能力
黄埔区	2 条	完善创业环境、提供奖励补贴、优化生活配套、加强社会保障、提升就业能力
南沙区	2 条	完善创业环境、提供奖励补贴、优化生活配套、加强社会保障、提升就业能力
番禺区	1 条	提供奖励补贴、完善创业环境
白云区	1 条	提供奖励补贴、完善创业环境、优化生活配套

资料来源：粤港澳大湾区门户网"粤港澳大湾区政策通"，最后访问日期：2024 年 2 月 26 日。

1. 减免税费政策

广州市各区政府对港澳高端人才和紧缺人才个人所得税给予优惠，对个
税超过 15%税额的部分予以补贴，实现了"港人港税、澳人澳税"，使港澳
高端人才和紧缺人才实际个税税负与港澳基本持平。南沙区则通过《南沙
方案》实行"港人港税、澳人澳税"，实现港澳人士在当地工作税负不高于
港澳地区。

2. 减免租金政策

广州各区政府积极创建港澳青年创新创业基地，并采用租金减免、租金
补贴等多种方式为港澳青年提供办公场地。租金减免即规定港澳青年创业项
目免缴租金、物业管理费用及水电费用；租金补贴即在规定年限和租赁面积
内享受政府补贴。广州全市在租金减免加租金补贴方面给出了较大的优惠，

即港澳青年初创企业可享办公场地费用"半年全免、一年减半"。天河区则通过采取政府主导或鼓励企业自建的方式建设港澳青年创新创业基地 13 家，其中有 3 家基地提供租金全免优惠，其他均为"免租 3 个月"。

3. 提供担保贷款政策

广州各区政府积极出台政策专门为港澳青年提供创业担保贷款，包括个人创业担保、合伙经营"捆绑性"担保和小微企业担保三种方式，贷款期限均为 3 年。在担保贷款额度方面，广州市个人创业担保贷款额度为 20 万元；合伙经营"捆绑性"担保贷款额度为每人最高 30 万元、总额最高 300 万元；小微企业担保贷款额度为最高 500 万元。

4. 简化行政审批流程政策

广州市及各区简化行政审批流程的主要方式是"一网通办""一键入孵"等。在颁布的政策中，广州市及各区都提出：通过对接省、市"一网通办"系统，实现商事登记、涉企经营许可事项"湾区通办""跨境同办""一照通行"。同时，广州市及各区为港澳青年提供"一键入孵"服务，即创业者可在线了解"1+12"创新创业孵化基地的环境、入驻条件、周边服务等详细情况，并在线上完成入驻申请和审批。其中，天河区和南沙区作为孵化基地的集聚地，发挥龙头作用，不断创新线上服务方式，以最优服务打造创新创业"人才高地"，为港澳青年进入大湾区提供了便利。

（二）创新创业政策的作用

1. 促进了港澳青年到大湾区创新创业

广州市及各区政府出台的相关政策促进了港澳青年到大湾区创新创业。具体而言，税收减免为港澳高端和紧缺人才减轻了税务负担；租金的减免为港澳青年提供了低成本的办公场地，降低了创业者的门槛，让更多的港澳青年融入大湾区的发展；提供创业担保贷款为港澳青年创业解决了资金压力、降低了创业成本，吸引和促进了港澳青年在粤创新创业；简化行政审批流程营造了良好的营商环境，为港澳青年进入大湾区提供了便利。截至 2023 年 12 月，珠三角港澳青年创新创业基地累计孵化港澳项目约 4000 个、吸纳港澳青年就业约 5500 人，① 在医师、教师、导游等 8 个领域有 3200 多名港澳专业人士取得内地注册执业资格；② 广东建成"湾区社保通"服务专窗 237 个、港澳地区社保服务网点 85 个，粤港澳三地居民还实现了广东社保高频服务网上办。目前，港澳居民在粤参保达 34.4 万人次。③ 其中，天河区累计吸引 1347 名港澳青年创业或就业，涵盖高新技术、电子商务、文化创意、生物医药、咨询管理等 14 个产业方向，包括估值超亿元企业 10 家。

2. 港澳青年创新创业基地不断增多

为了更好地吸引港澳青年在大湾区创新创业，为港澳青年提供包括办公场所、政策咨询、专业指导、资源对接等服务的基地（以下简称"创新创业基地"）应运而生。按照建设主体不同，创新创业基地可以划分为三种类型：政府主导型、企业自建型和高校合作型。2019 年以来，广东省大力推进港澳青年创新创业平台建设，建成以粤港澳大湾区（广东）创新创业孵化基地为龙头、12 家重点基地为骨干、珠三角超 50 家特色基地为基础的"1+12+N"港澳青年创新创业孵化基地体系，吸引越来越多港澳青年到内地创业发展。④ 由此可见，政府对港澳青年创新创业的高度重视。在大湾区各地市中，成绩最为突出的是广州，广州共建成港澳青年创新创业基地 55 家，累计落户港澳台创业项目 2100 多个，吸引来穗就业创业港澳青年 2900 多人。⑤ 其中，天河区设立港澳青年创新创业基地 13 家，5 家入选科技部国家备案众创空间，5 家入选粤港青年创新创业基地，6 家入选广州市港澳台青年创新创业示范基地。各大创新创业基地成为港澳青年进入内地创

---

① 《大湾区，牵引着什么》，南方网，2023 年 12 月 25 日，https：//news. southcn. com/node_ cc37a94cfb/6d8c2d54c0. shtml。
② 《国务院新闻办就粤港澳大湾区建设有关情况举行发布会》，中国政府网，2023 年 12 月 28 日，https：//www. gov. cn/govweb/lianbo/fabu/202312/content_ 6923316. htm。
③ 《全球邀贤！粤港澳大湾区吹响人才"集结号"》，中国新闻网，2024 年 1 月 3 日，https：// www. chinanews. com. cn/dwq/2024/01-03/10139909. shtml。
④ 《创新创业"来哩度"！这些港澳青创基地等你来》，"南方新闻网"百家号，2023 年 6 月 13 日，https：//baijiahao. baidu. com/s? id=1768594355915149842&wfr=spider&for=pc。
⑤ 《勇立潮头敢争先 乘风破浪正当时——广州市推进粤港澳大湾区建设走向纵深五年纪实》，广州日报大洋网，2024 年 2 月 26 日，https：//news. dayoo. com/guangzhou/202402/ 26/139995_ 54633631. htm。

业或就业的首选站，成为港澳青年了解政府政策、获取相关信息的"第一窗口"。

（三）天河区推动创新创业政策落地落实举措

1. 持续提高服务水平

突出港澳特色，紧贴创业需求，以"港澳人服务港澳人"为理念成立全省首家港澳青年之家，建立以天河区港澳青年之家为港澳青年服务前台、区支持港澳台青年来穗创新创业专项小组为支撑后台的"港澳青年全链条需求对接服务体系"，联动 23 个区属部门强化对港澳人才及港澳企业服务工作的支持，打造政务服务"就地办"、政府购买服务"代理办"、创业联盟服务"港澳青年办"、市场服务"协助办"等"四办"服务品牌，提供日常咨询、困难解决、资源对接等服务超 10000 人次，相关工作被中央统战部面向全国推广。在区政务服务中心、粤港澳大湾区（广东）创新创业孵化基地设置港澳企业登记服务专窗。在全省率先启动税务事项"湾区通办"示范区建设，在广粤国际社区服务中心设立大湾区"易税家"税收服务站。建立区职能部门与港澳青年创新创业"一对一"对接机制，成立全省首家港澳青年支援中心，为港澳青年提供法律咨询、法律援助、人民调解、临时救助等九大类支援，累计服务 300 人次。设立全市首个港澳创孵基地公共法律服务工作站，为在天河创业的港澳青年提供全面法律服务保障。

2. 搭建支持发展平台

在基地建设方面，首创以"政府提供场地、机构筹资建设、专业团队运营、公益服务为主"的模式打造天河区港澳青年之家总部基地，与广东省人社厅合作共建粤港澳大湾区（广东）创新创业孵化基地，推动与 34 家港澳社团和机构签订战略合作协议，常态化开展港澳青年交流联谊、政策解读、创业支持等工作，累计举办各类活动 450 多场，打造为港澳青年提供"创业孵化、公共服务、展示交流、社团联络"的一站式、全链条服务综合性平台。粤港澳大湾区（广东）创新创业孵化基地累计孵化培育创业项目 279 个，2023 年在孵的 155 个项目实现总营收约 3.59 亿元，创业带动就业

3483人，工作成效得到了党和国家领导人的充分肯定。天河区港澳青年之家总部基地累计孵化市值超过1亿元的港澳青年企业3家、市值超1000万元的港澳青年企业15家、拥有知识产权的港澳青年企业22家，其中累计取得知识产权产品成果133项，包括发明授权4项、软件著作权92项、商标注册13项、实用新型和外观设计专利24项。在融资支持方面，粤港澳大湾区（天河）理财资管服务中心集聚资管类持牌金融机构208家。天河区港澳青年之家与天河基金合作设立广东港澳青年创业投资基金，对接30余家知名投资机构，成立"创投融资联盟"，成员资金总规模超过1000亿元，现已投资5家入驻企业，投资金额超过3200万元，形成港澳青年创业融资支持机制。

3. 提供全面生活保障

开办全国首个港澳子弟学校广州暨大港澳子弟学校，率先实现在内地接受教育的港籍学生以"在校生"身份参加香港中学文凭考试。港澳子弟班累计开班25个，港澳子弟入学人数累计605人。推动缔结28对穗港澳姊妹学校。首个穗港卫生医疗合作眼科项目广州希玛林顺潮眼科医院顺利开业，2家医院获批纳入"港澳医械通"。着力协调解决港澳青年住房困难，推动配建人才公寓，帮助港澳青年申请76套人才公寓。联系辖内酒店成立青年公寓并对港澳青年优惠开放，累计接待服务港澳青年1500余人次，降低港澳青年在天河生活成本。发布中英双语《天河青创缤FUN创业地图》，打造中英双版"线上港澳社区"，图文并茂为港澳人才展现广州衣、食、住、行、医、玩等85个生活项目的流程指引和优惠活动信息，形成"生活一条线""交流一条线""学习一条线"服务网络。

二 政策落地"最后一公里"存在的问题分析

2023年8~12月，课题组针对港澳青年融入湾区"最后一公里"难题先后对100名港澳青年进行一对一访谈和问卷调查，发现尽管广州与港澳文化同根同源、语言相通、生活习惯相近，但由于港澳青年成长环境不同，受两地政治体制、经济发展、社会环境、学校教育、媒体宣传等多重差异因素影响，港澳青年全面融入天河、融入广州、融入粤港澳大湾区发展的"最后一公里"依然存在较多问题和障碍。

（一）没有涵盖创新创业"落地"的关键问题

对于创建企业而言，企业注册属性、银行开户、征信以及贷款等是核心问题，涉及企业是否可以落地的关键问题。目前，港澳青年在大湾区创新创业过程中遇到了"境外企业"属性带来的国家归属感不足、证件和征信不互通造成的办理业务不便以及政策用语不同难以准确把握信息等问题，这些创新创业"落地"的关键问题在目前相关政策中并未得到有效回应。

1. "境外企业"的属性造成港澳青年国家归属感不足

我国相关法律规定，港澳青年在内地从事生产经营活动时，以外资企业的身份进行注册，即港澳青年创业时在内地注册的企业属性为"境外企业"。港澳回归已20多年，港澳居民早已与内地居民享有同样的国籍。但是，"境外企业"的属性设置使得港澳青年的企业与内地企业具有不同的"身份"，这造成港澳青年"身份"认同问题。由于"身份"的不同，港澳青年产生被排斥感和隔阂感，缺乏国家归属感。

2. 证件不互通造成港澳青年日常生活不便

目前港澳青年在内地持有回乡证、居住证、港澳身份证三类身份证件，三证分属三个上位法管辖、三类机构签发管理，存在三证无法互认互通、部分平台系统无法识别回乡证号码或缺乏相关选项、居住证适用性较差等问题，为港澳青年在大湾区日常生活、工作就业等带来不便。具体表现在：一是港澳青年在内地办理各类事务缺乏统一的标准或规定。如购房需提供身份证、办理不同银行业务需提供回乡证或身份证、个税缴纳需提供身份证或回乡证、享受社保医保和子女教育等内地公共服务需提供身份证或回乡证。二是部分平台系统无法识别回乡证号码或缺乏相关选项。港澳青年在大湾区使用回乡证最为频繁，但因为回乡证号码与内地身份证号码制式不一样，一些公共设施预约、网上购票等系统仍无法识别回乡证号码（或缺乏相关选项），港澳青年无法在线注册和实名认证，只能现场办理相关业务。同时，存在港澳青年先后使用回乡证、居住证等办事，因证件号码不同，出现一人多号、多个参保记录等现象，无法识别为"同一人"，增加办事难度。三是居住证适用性较差。目前，非机动车上牌、驾照考试等多项业务办理均需港澳青年提供居住证，但居住证适用范围有限，技能资格补贴和医保社保公积金网上办理、就医线上预约、低星级酒店和民宿入住登记、部分旅游景点订票取票等常用场景均不支持居住证信息的识别认证。

3. 内地与港澳社会保障制度存在差异，部分港澳青年接受度不高

由于港澳地区与内地社会保障体系在缴费方式、领取方式、预期确定性等方面均存在差异，目前港澳青年对内地的社会保障制度接受度不高，部分港澳来穗就业创业青年并未参加内地社保。未参加社保又带来无法享受相关补贴问题，大部分补贴的申领条件均有申请人应符合无欠缴社会保险费行为等条件，部分港澳青年因未在广东参保，未能享受有关就业创业补贴、职业技能培训补贴、创业担保贷款政策。

4. 港澳青年处理个人和企业事务时手续仍较为复杂

港澳居民在内地注册手机号时，需与港澳居民居住证绑定，但有限制条件，条件是在内地居住半年以上，并拥有稳定住所，这对初来大湾区创业的港澳青年极为不利，也引发了无法使用第三方支付平台等问题。银行开户、购置资产等手续流程繁杂，根据相关规定，港澳居民在内地开设银行账户、购置资产时，除提供港澳身份证、回乡证等有效的身份证件原件外，还需提供内地合法长期居住的证明如居住证、学生证、营业执照、劳动合同等，并且必须到开设了港澳台居民业务的银行网点办理。同时，由于内地与港澳个人资产信息尚未实现互联互通，对于初到大湾区的港澳创业青年而言，在无内地资产且购置资产困难的情况下，企业办理征信时将受到影响，相应也无法办理资产抵押等贷款业务。根据目前微信、抖音、B站等互联网平台的公众号运营规则，这些互联网平台无法通过居住证或回乡证等证件进行注册，港澳企业需要寻找第三方机构代为开通企业公众账号。

（二）政策整体效果有待提升

1.政策指引不够清晰

虽然目前市、区两级层面均有不少支持港澳青年创新创业相关政策、措施或赛事，但大部分宣传资料和政策的文本只是简单地转成繁体字版本，没有采用港澳青年习惯的图说、图解等通俗易懂方式进行解读，对港澳青年的阅读理解能力和相关背景知识掌握程度有较高要求。各类支持政策也较少在港澳的大众媒体进行宣传，尤其是在港澳青年经常使用的社交平台上投放不足，导致港澳青年难以准确了解大湾区创新创业的发展状况和相关扶持政策，问卷调查中超过50%的港澳青年因不了解"双创"政策未享受到政策优惠，体现了政策宣传力度仍需加大。

2.政策制定方与需求方信息不对称

由于各项政策的制定主体都是政府部门，较少有港澳青年参与，政策制定主体对港澳青年基本情况的认识和了解不够深入，制定的政策虽致力于扶持港澳青年创业，但聚焦有一定技术要求的行业，享受政策红利门槛较高。而从港澳自身的经济发展情况来看，两地服务业占比较高，许多港澳普通创业者受此影响，创业亦会选择服务业相关行业。从调查结果来看，约36%的港澳青年在天河从事服务业（包括餐饮、零售等普通服务业及金融、法律等高端服务业），占比远超人工智能、IT、新能源等高新技术行业，仅20%的港澳青年享受了优惠政策，其余80%港澳青年不是不了解相关政策，就是不符合"双创"政策申请条件。近40%港澳青年认为"政策制定未充分征求港澳人士意见"，意见征询力度有待加大。

3.政策兑现流程较长

各项政策最终都要落地到具体职能部门去执行，港澳青年创新创业政策的兑现牵涉统战、人社、科技、发改、团委等多个部门和环节，从港澳青年提出申请、填写资料到审批和兑现往往要经历较长的流程。例如，港澳青年申请人才公寓时经常耗时数月甚至半年以上才能获得人才公寓，在获得分配后往往已不再需要人才公寓，因此许多港澳青年在分得人才公寓后又放弃申请。

（三）港澳青创基地针对性不足

1. 港澳项目比重较低

全市各区的基地中港澳项目占比高于 50% 的较少，仅有位于广州天河的粤港澳大湾区（广东）创新创业孵化基地、天河区港澳青年之家总部基地港澳项目占比超过 90%，真正做到全力为港澳青年服务。这一问题也是当前粤港澳大湾区各地市港澳青年创新创业基地的共性问题。例如，中山建成 50 家创业孵化基地，但累计孵化港澳项目仅 112 个，其中中山粤港澳青年创新创业合作平台拥有 8000 平方米孵化空间，自运营以来，累计为 440 多个项目团队提供了孵化服务，其中港澳项目仅 65 个，占比低于 15%。① 肇庆新区港澳青年创新创业基地建筑面积约 2.6 万平方米，累计进驻企业（团队）70 家，其中港澳企业和团队加起来累计仅 16 家，占比为 22.9%。②

2. 来自"源头"的港澳青年人数不多

入驻企业自建型基地的港澳青年中土生土长的很少（不超过 10%），绝大部分都是内地人获得港澳籍后继续在内地创业，或是早已跟随父辈在内地工作和生活，或是曾有在内地生活和读书经历的港澳青年。且各基地信息未能互联互通，缺乏统筹，造成多家基地争夺有限存量资源的情况。

3. 科创赋能创业效果有限

广州辖内高等院校、科研院所与青创基地均数量颇多、资源丰富，但产学研用链条结合还不够紧密，各方运作较为孤立，尚未实现科创要素有效赋能港澳青创基地团队创业实践，一定程度上导致目前青创企业中专精特新企业占比偏低，与政府希望港澳青年来广州创新创业的最初设想有所偏离。以天河为例，据统计，目前入驻基地的港澳青创企业基本上集中于移动互联网服务业（占比 24%）、零售贸易业（包括跨境电商，占比 21%）、文化创意

---

① 《共话香江岐水情丨港澳创客：拥抱大湾区　逐梦到中山》，中山网，2022 年 6 月 29 日，http：//www.zsnews.cn/news/index/view/cateid/35/id/690036.html。

② 《创新创业"来哩度"！这些港澳青创基地等你来》，"南方新闻网"百家号，2023 年 6 月 13 日，https：//baijiahao.baidu.com/s？id=1768594355915149842&wfr=spider&for=pc。

产业（占比 11%），主要还是第三产业，第二产业尤其是科技创新方面的项目还不多。

（四）服务平台需进一步完善

1. 服务项目未全面覆盖

创业涉及企业注册、项目申报、个税优惠、员工招聘、就业登记、社保办理等环节。受运营成本限制，各基地真正投入服务的人力相对较少，且工作重心在于招商，仅有少数基地设置了港澳青创服务专员，提供一对一服务，大多数基地只提供企业注册、代理记账等基础服务。

2. 外部资源利用能力不高

港澳青年希望有机构能够引荐行业资深人士、提供市场数据信息、介绍融资资源，从而更理性地制定企业经营策略。但各港澳青年创新创业基地能统筹的资源仍然有限，能够联系的政府资源、高校资源、市场资源较少，能提供的高端孵化服务不多，难以满足港澳青年进一步成长需要。

3. 企业长期培育意识不强

现存港澳青创政策对如何鼓励港澳青年项目落户着墨较多，对落地之后的港澳青创企业则未形成有效的培育体系。部分在穗港澳青创企业更是呈现候鸟式迁徙趋势，哪里有政策优惠就往哪里搬，成功做大做强的企业不多。例如，2019 年一港澳青年创业项目入驻某基地后，2021 年期满退出后又带着同一个项目入驻该基地的另一个园区。

三　政策建议

（一）营造便利创新创业环境

1. 调整企业注册性质，加强企业家精神弘扬与中华文化教育

建议变更港澳企业注册性质，在企业类型中取消"港澳台投资"的设置，仅在政府内部统计时有所区分。确保港澳青年创业企业与内地企业享有

同等准入门槛以及法律保障，充分利用当前的各种惠及港澳企业政策，让港澳青年融入内地，共享内地经济发展红利，增强港澳青年身份认同感和国家自豪感。

2. 扩大港澳居民居住证的适用范围，推动大湾区内实现"一证"通行

推动港澳来往内地通行证和港澳居民居住证"两证"合一，在天河区等特定区域先行试点，对系统进行小范围测试。具体做法为：探索建立一个涵盖港澳居民来往内地通行证信息以及港澳居民在内地就业、购（租）房、就学等方面数据信息的数据库，并给予相关公共服务主管部门入库查验权限，出台相关法规文件，明确相关公共服务主管部门在查实验证相关信息符合居住证办理条件的情况下，允许港澳居民直接使用港澳居民来往内地通行证即可办理所有内地事务。通过该措施，解决港澳青年在创业中遇到的通信业务、银行开户、征信以及贷款办理难题，让更多创业者融入大湾区发展的时代浪潮。

3. 向上级政府报请在广州设立"港澳青年创新创业活力示范区"

为更好地促进港澳青年的创新创业，建议在广州市试点设立"港澳青年创新创业活力示范区"，在体制机制创新、构建一流管理服务体系方面先行先试、率先突破。在示范区内，不再将港澳企业划分为"境外企业"，具体可采用标注的形式区分内地企业和港澳企业，如"企业名（内地/香港/澳门）"，通过该方式尽量消除港澳青年心理上的隔阂感。进一步促进规则衔接、机制对接，放开金融业、建筑业、医疗卫生、法律等领域港澳人才在广州执业资格认可限制。建立健全穗港澳基础教育结对发展工作机制，积极争取国家、省支持，研究探索港澳子弟班课程设置对接港澳教育体系，引入IB课程、广府文化课程等特色课程，创新打造大湾区基础教育融合体系。争取国家、省支持广州与港澳地区政府部门合作探索实施港澳医保跨境结算，可采取由港澳地区政府研究明确港澳医保内地结算目录清单、定点医院名录以及报销标准，通过港澳地区医保部门事后补助的方式对港澳青年在广州医院的就医费用进行报销。

（二）厚植创新创业"土壤"

1. 推动创业基地品牌化发展

发挥省、市、区支持港澳青年创新创业工作专项小组的统筹协调、规划指导作用，从政策支撑、资源整合、完善配套、深化交流等方面进行战略布局和统筹协调。科学制定基地建设认定标准和考核管理标准，统一考核口径，每年引入第三方专业服务机构严格考核工作成效，重点考核港澳青创项目入驻发展情况，杜绝片面追求引进项目数量忽视质量或重引进轻服务导致项目孵化率过低等情况，实现管理标准化、服务专业化、考核科学化。

2. 促进服务平台不断优化

进一步推广"港澳青年服务港澳青年"的天河区港澳青年之家工作经验，发动爱国爱港爱澳的港澳人士作为政府服务的前台代表，倾听在大湾区发展的港澳人士心声，为初来大湾区的港澳人提供落地服务保障。将港澳青年之家服务平台升级为提供营商环境便利化、工商登记便利化、创新创业政策申报等综合服务的平台，为港澳青年创新创业高质量发展筑牢根基，形成优质青年创业生态圈、创新链。

3. 推动青创服务阵地前移

探索在港澳地区设置港澳青年创新创业离岸服务中心，推动服务前移，为港澳青年提供创业政策讲解、线上"一键入孵"等服务，帮助港澳创业者全面了解内地的创业政策、市场现状以及营商环境。在 Instagram、YouTube、Facebook、Twitter、TikTok 等港澳青年常用的社交平台上设立专属账号，将宣传阵地直接架设到港澳本地，实现"双创"政策信息的集中发布。发掘培养港澳青年创业"明星"，利用他们来讲好在基地创新创业的故事，从而吸引更多的港澳优秀青年人才和团队集聚。促进粤港澳青年广泛交往、全面交流、深度交融，增强港澳青年的认同感、归属感。

（三）提供创新创业"养分"

1. 完善企业培育体系

在企业落户、资金支持、场地支持等领域对港澳青年企业发展进行全方

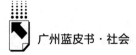

位保驾护航，并根据港澳青年企业不同发展阶段开展"小升规、规转股、股上市"梯度培育，使企业在每个发展阶段都可及时获得行业主管部门针对性扶持及一对一辅导。

2. 健全投融资支持机制

统筹资金资源，建立健全港澳青年创业直接融资、间接融资的支持机制和配套政策，以政府资金为主，设立港澳青年创新创业发展引导基金、信贷风险补偿基金、发展公益基金。充分发挥资本对创新创业的赋能作用，积极引入市场化的股权投资机构，加大对中后期项目投资力度，为创业项目提供全生命周期的金融政策扶持，保障港澳青年创业团队全方位发展。

3. 推动产业链对接融合

发挥政协委员企业、工商联会员企业作用，组织项目对接会和点对点商业对接活动，以创业项目为纽带，推动港澳企业与大湾区工商企业的对接和产业融合，形成高水平的全链条商业生态，引导港澳企业深度融入粤港澳大湾区建设。

（四）普照创新创业"阳光"

1. 加快修订创新创业所需的政策支持条款

当前大湾区多数地市的港澳青年创新创业支持政策面临到期需重新修订的情况，在修订过程中应当更加注重回应港澳青年的需求和关切以及政策的落实效果，邀请港澳青年参与制定政策，让支持政策更接地气。建立涵盖政策设计、发布、落实与反馈评价的全链条闭环体系，并完善政策评估考核机制，经常开展政策服务"回头看"，结合座谈、问卷调查、实地采访等方式了解港澳青年反馈意见，对于落实难、港澳青年反馈意见多的政策，及时进行调整，降低港澳青年享受政策福利的隐性门槛。

2. 优化政务服务流程

通过省、市、区支持港澳台青年来穗创新创业专项小组统筹各部门在"一网通办""一窗通办"的基础上全力简化服务办事流程，推出更多"穿透式""非申即享"服务，主动提醒、帮助和指导港澳青年申报。还可将补贴业务传统的"申请、受理、审核、核发、拨付"五大流程优化为"数据比对、拨付到账"2个环节，减少港澳青年等待时间。

3.设置港澳青年服务专窗

配置专人专岗负责办理，打造具有港澳味、更加贴近港澳青年习惯、响应及时有效的服务平台，通过各部门之间的数据多跑路，实现港澳青年少跑腿，保障港澳青年政策应享尽享，真正做到让港澳青年"看得见、办得了、享得到"。

Abstract

The Guangzhou Social Development Report (2024) is one of the "Guangzhou Blue Book" series compiled under the leadership of the Guangzhou Academy of Social Sciences. The Guangzhou Social Development Report (2024) focuses on two major areas: social livelihood and social governance, and specially plans a section on entrepreneurship for Hong Kong and Macao youth. The book mainly uses social science empirical research methods such as questionnaire surveys, statistical analysis, and field investigations to analyze the current situation, problems, challenges, and risks faced by Guangzhou's social development, and proposes corresponding countermeasures and suggestions.

The book consists of five parts in total.

The first part is the general report. The overall report points out that in 2023, Guangzhou faced a new situation and new challenges of economic recovery with wave like development, tortuous progress, and many risks and hidden dangers in key areas. The city will boost its spirit of secondary entrepreneurship and bravely stand at the forefront, pragmatically advance high-quality development, and achieve remarkable results in promoting the optimization of the employment market, adhering to the strategy of prioritizing education development, improving the level of medical and health services with high standards, safeguarding the stable development of the social security system, improving the modern system of social governance, improving the quality of life of the people, and effectively ensuring basic livelihood security. Looking ahead to 2024, in the complex and severe external environment with increasing uncertainty, strategic opportunities and risks coexisting, Guangzhou's social development will still face many challenges, such as the persistent structural contradiction in employment, the need to optimize medical and health service resources, and the digital divide in social security. To this end, the overall report proposes countermeasures and suggestions such as strengthening the employment priority strategy, promoting education reform, promoting the improvement and expansion of medical resources, building a more sustainable social security system, and expanding the path of comprehensive service governance.

The second part is about social livelihood. This article focuses on five key issues in the development of people's livelihood in Guangzhou, including common prosperity, vocational education, changes in mobile population, public health system, and elderly care industry. By systematizing the basic situation of promoting common prosperity in Guangzhou, the historical position of Guangzhou's vocational education, the changes in the age structure, education level, spatial distribution and employment structure of Guangzhou's floating population, the construction of Guangzhou's basic public health system and the supply of elderly care services, respectively, the strategies such as focusing precisely on "three kinds of gaps and one kind of service", optimizing the population distribution, registered residence system reform and public service rationing, "prevention first, medical and prevention integration", and the countermeasures to strengthen the elderly care industry and boost the high-quality development of the elderly care service industry are proposed.

The third part is about social governance. This article focuses on innovative practices in Guangzhou's grassroots governance system, new urbanization, population governance, and volunteer services. Based on an in-depth analysis of the construction of the "1 + 6 + N" grassroots social governance system in Guangzhou and the practical exploration of the joint resolution mechanism for social security disputes, this paper proposes countermeasures and suggestions to enhance the legal, collaborative, and digital level of grassroots dispute resolution work. And through case analysis of urbanization in Shiling Town, population introduction mechanism in Nansha, and volunteer services in Yuexiu District, innovative ideas are proposed for Guangzhou to promote new urbanization in professional towns, improve urban development momentum, and optimize the supply of urban volunteer services.

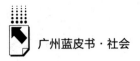

The fourth part is the social survey. This article is based on social survey data such as the online survey of social mentality among Guangzhou residents in 2023, the special survey of industrial workers in Guangzhou in 2023, the survey of 10000 households in Guangzhou in 2023 and the survey on the residents of villages in city 2023. The study analyzes the characteristics of social mentality among Guangzhou residents, their employment situation, and their public service needs in urban villages. It deeply explores the characteristics and development difficulties of Guangzhou in different issues, and proposes suggestions for dynamically adjusting the social mentality of residents, stabilizing the industrial worker team, improving employment satisfaction among residents, and improving the grassroots governance system.

The fifth part is Hong Kong and Macao youth entrepreneurship. With the further promotion of coordinated development in the Greater Bay Area, the entrepreneurship of Hong Kong and Macao youth in mainland cities in the Greater Bay Area is showing a positive trend. These articles conduct a special analysis on the group characteristics, main problems, expectations, and impact patterns of young people from Hong Kong and Macao in the innovation and entrepreneurship process of mainland cities in the Greater Bay Area, represented by Guangzhou. It explores the current situation, difficulties, and needs of young talents from Hong Kong and Macao in terms of social and cultural integration, breaking down identity barriers, deep integration into the industrial chain development, identification mechanisms and impacts, enjoying innovation and entrepreneurship services, and implementing preferential policies. It proposes countermeasures and suggestions about improving institutional mechanisms, optimizing service platforms, increasing channels for suggestions, and strengthening publicity and promotion.

Keywords: Social Development; People's Livelihoods; Social Governance; Social Investigation; Hong Kong and Macao Youth Innovation and Entrepreneurship

Contents

I General Report

Abstract: 2023 is the beginning year of fully implementing the spirit of the
20th National Congress of the Communist Party of China, a key year for carrying
forward the 14th Five Year Plan, and an important year for starting the
comprehensive construction of a socialist modernized country. Faced with the new
situation and challenges of wave shaped economic recovery, tortuous progress,
and numerous risks and hidden dangers in key areas, Guangzhou is promoting the
optimization of the employment market, adhering to the strategy of prioritizing
education development, promoting the expansion and improvement of medical
resources, ensuring the stable development of the social security system,
improving the modern social governance system, and improving the quality of life
of the people with dedication and dedication, effectively ensuring basic livelihood
security, and achieving outstanding results. Looking ahead to 2024, in the
complex and severe external environment with increasing uncertainty, strategic
opportunities and risks coexisting, Guangzhou's social development will still face

many challenges, such as the persistent structural contradiction in employment, the need to optimize the medical and health service system, and the digital divide in social security. The report suggests strengthening the employment priority strategy and making every effort to promote high-quality employment and full employment; Promote educational reform and innovation, enhance the efficiency of educational services; Promote the improvement, expansion, and strengthening of medical resources, and promote the construction of age friendly cities; Efforts will be made to build a multi-level pension insurance system and improve the accuracy of social security and government services; Expand the path of comprehensive service governance, strengthen team building, and stimulate grassroots governance vitality.

Keywords: Social Development; People's Livelihoods; Social Governance

II   Social Livelihood

B . 2   Situation Analysis and Strategic Optimization of

Guangzhou's Promotion of Common Prosperity

Zou Rong, Bai Guoqiang and Meng Jiyan / 034

Abstract: In recent years, Guangzhou has exerted substantial efforts towards promoting common prosperity through high-quality development and has undertaken numerous exploratory initiatives, yielding significant outcomes. Nonetheless, considerable urban-rural, regional, and income disparities persist. To further advance common prosperity, Guangzhou should prioritize addressing the "three gaps and one service", continuously refining strategies, concentrating on mitigating the urban-rural gap, and advancing the equitable distribution of factor resources alongside the modernization of agriculture and rural sectors. Emphasis should be placed on mitigating regional disparities, fostering regional cooperation, and integrating industries. Steps should be taken to narrow income disparities among demographic groups and implement structural adjustments to income distribution. Additionally, efforts should be directed towards fostering the expansion and equalization of infrastructure and public services, enhancing their provisioning capacity, and establishing a sustainable mechanism for efficient urban-rural factor flow, optimized resource allocation, industrial integration, and shared facilities and services. This approach will cultivate a new paradigm for coordinated development between urban and rural areas in international metropolises.

Keywords: Common Prosperity; Urban-rural, Regional and Group Income Gap; Basic Public Services

B.3 Suggestions for Promoting the High Quality Development
of Vocational Education in Guangzhou *Lu Fangqi* / 055

Abstract: In recent years, the central government has attached great importance to vocational education, and the development of vocational education has ushered in new historical opportunities. At present, Guangzhou is vigorously implementing a series of "strong city" strategies, such as strengthening education, advanced manufacturing, and modern service industries, to improve and strengthen vocational education, and to deeply promote the integration and development of the education chain, talent chain, innovation chain, and industrial chain. The position is important and the role is prominent, and it is timely and of great significance. On the basis of thorough research, this report analyzes the historical orientation, current development status, and existing problems of vocational education in Guangzhou, introduces good experiences and practices of domestic cities, and puts forward countermeasures and suggestions such as accelerating the filling of shortcomings in educational conditions, focusing on optimizing the vocational education system, continuously improving the level of industry education integration, fully stimulating the vitality of the teaching staff, and continuously polishing the brand of vocational education.

Keywords: Vocational Education; Improve Quality and Cultivate Excellence; Adding Value and Empowering; High-quality Development

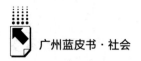

广州蓝皮书·社会

B.4   Analysis Report on the Characteristics and Employment

Trends of the Floating Population in Guangzhou

Zhou Wenliang, *Zhao Xin* / 070

Abstract: As an important gathering place for the floating population, Guangzhou has reaped significant demographic dividends from this population, becoming an indispensable driving force for economic development. The results of the seventh national census in 2020 show that the population of Guangzhou living separately from their household registration is 11.5229 million, ranking third among all cities in the province in terms of the proportion of the permanent population. Among them, the inter-district floating population is 1.0792 million, and the inter-city floating population is 9.3788 million; compared with other large cities in China, the inter-city inflow population ranks third nationally. Moreover, by comparing with the results of the sixth national census in 2010, it was found that there have been certain changes in the age structure, education level, spatial distribution, and employment structure of the floating population in Guangzhou. The changes in the floating population have put forward new requirements for Guangzhou's population development, population layout, reform of the household registration system, and allocation of public services.

Keywords: Population Census; Floating Population; Demographic Structure

B.5   Challenges and Recommendations for Guangzhou in

Building a Strong Public Health System   *Ning Chaoqiao* / 086

Abstract: More efficient construction of a sound public health system is the inevitable way to promote the modernization of governance capabilities in megacities and the implementation of the "Healthy China" strategy. The report points out that the current public health system in Guangzhou is confronted with challenges, such as a large gap compared to developed countries in terms of medical resource availability, funding, insufficient downward pressure on resources, and the need for deeper reforms in the public health system. The report proposes that it is crucial to consider the real needs of modern megacities and assume the responsibility of a national central city. With "Healthy China" as the strategic guidance, the public health system should be reshaped from "small disease prevention and control" to "larger health" in a systematic manner. It is necessary to implement the overall thinking of "prevention first, medical and health integration" and promote the "forward shift" of work and the "downward shift" of resources. It is equally important to establish a centralized, unified, efficient, and reliable public health emergency response system and a strong new pattern of modern public health service management. The report proposes suggestions for deeper institutional reforms, further systematic reshaping of the public health system, greater resource supply, advanced public health supply-side structural reforms, focus on unity and efficiency, and enhanced public health emergency management capabilities.

Keywords: Public Health System; Modernization of Urban Governance Capacity; Disease Prevention and Control; Healthy China

B.6   Strengthen the Elderly Care Industry to Boost the High-quality Development of Elderly Care Services in Guangzhou

Research Group of Guangzhou Municipal Bureau of
Civil Affairs and Guangzhou Municipal Party
Committee Political Research Office / 105

Abstract: The development and expansion of the pension industry is not only a national strategy to actively respond to the aging of the population, but also a practical need to ensure and improve people's livelihood and promote the modernization of the governance system and governance capacity of mega cities. In recent years, Guangzhou has further promoted the comprehensive reform of the elderly care service industry, explored the establishment of the "big city big elderly care" model, and the construction of the basic elderly care service system is in the forefront of the country. With the gradual deepening of the aging of the population, the contradiction between the supply and demand of high-quality elderly care services and diversified demand has become increasingly prominent, and there are still weak links in the coordinated development of the elderly care industry and the elderly care industry. To this end, the research group deeply analyzed the realistic foundation, opportunities and challenges, and development trend of Guangzhou's expansion of the pension industry, and put forward countermeasures and suggestions for the expansion of the pension industry to boost the high-quality development of the pension service industry: to create a predictable legal environment for industrial development, smooth and transformable multiple paths for industrial development, improve replicable innovative practices for industrial development, build a sustainable industrial development format system Tap the potential of elderly human resources that can be activated.

Keywords: Pension Undertaking; Pension Industry; Pension Service

Ⅲ   Social Governance

B.7   The "Guangzhou Practice" of Innovating Grassroots Work System to Develop Fengqiao Model in the New Era

Wen Song, Luo Zhipeng / 120

Abstract: As a vivid manifestation of the Party's mass line in the field of grassroots social governance, "Fengqiao model" has always been an important magic weapon for the Communist Party of China to lead grassroots social governance. However, with the change of the risk situation of grassroots social contradictions, the "Fengqiao model" in the new era also needs to keep pace with The Times and develop innovatively. Based on the analysis of the "1 + 6 + N" grassroots social governance work system in Guangzhou City, it is found that innovative measures such as the fine division of comprehensive grids, the "three" construction of town (street) comprehensive governance centers, and the creation of a "Yue Ping An" social governance cloud platform can realize the timely investigation, effective disposal and efficient resolution of conflicts and disputes. Its construction experience shows that the innovative development of the "Fengqiao model" in the new era must focus on improving the ability and level of the grassroots to resolve conflicts and disputes, and give the grassroots the necessary governance resources and governance capabilities. First, it is necessary to build a strong village comprehensive grid refinement management unit, improve the ability of risk investigation and timely resolution, and consolidate the prerequisite basis for resolving contradictions and disputes; Second, we should strengthen the town (street) resource integration and joint adjustment ability by deepening the construction of comprehensive treatment center, and consolidate the guarantee of resolving contradictions; Third, we should improve the information system of social governance, improve the efficiency of incident handling and process optimization, and provide strong scientific and technological support for timely response to conflicts and disputes and closed-loop management. Looking forward to the future, we should continue to optimize the innovative development path of "Fengqiao model" in the new era from the aspects of building a strong team of full-time grid personnel, strengthening the institutionalized guarantee of town (street) comprehensive treatment center, and integrating information platform resources.

Keywords: "Fengqiao Model" in The New Era; Grassroots Social Governance; Governance Unit Reconstruction; Technology Empowerment

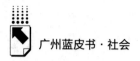

B.8 The New Urbanization Route of Guangzhou's
Specialized Town
—*Take Shiling Town as an Example*

Wang You / 140

Abstract: Shiling town is a typical Specialized Town of Guangzhou, whose main industry has been the leather and luggage Industry. The development of the leather and luggage Industry has promoted the process of Shiling's urbanization, and vice versa. However, the accumulation of factors like manpower, fund and land, and the town construction process, have not synchronized with Shiling's rapid urbanization. There has been many problems in Shiling's social governance. The further development of the leather and luggage Industry has been been affected. Relied on the study on the relationship between the generational differences and job stability, to promote a people-centered new urbanization, Shiling should scientifically draw up the overall land use planning, rationally promote the urban constructions, build industrial parks and through worker-training programme to form a stable employment.

Keywords: Leather and Luggage Industry; New Urbanization; People Oriented; Urban-rural Integration

B.9 Study on the Current Situation and Problems of Volunteer
Service Participation in Urban Governance
—*Taking Yuexiu District of Guangzhou City as an Example*

Zheng Xinxin, Li Shaohuan / 158

Abstract: Taking Yuexiu District of Guangzhou City as an example, this article explores the problems and prospects of volunteer services in the multidimensional enhancement of urban governance. The results of the study show that there are insufficiencies in the economic, cultural, social and environmental construction of volunteerism in Yuexiu District, mainly due to insufficient funding, insufficient management power, inadequate volunteer training and protection mechanisms, lack of effective monitoring and evaluation mechanisms, and insufficient use of intelligent technology. To address these problems, the report puts forward recommendations to improve the management system, enhance the management of funds for activities, train professional volunteers and strengthen coordination and cooperation with stakeholders.

Keywords: Volunteer Service; Mega City; Urban Governance; Yuexiu District

B.10   Social Governance Value and Deepening Construction of Joint Settlement Mechanism of Social Insurance Disputes

Research Group on Joint Disposal Mechanism of

Social Insurance Premium Disputes / 179

Abstract: In recent years, the number of social insurance disputes in Guangzhou has continued to rise rapidly, and relevant departments adhere to and develop the "Fengqiao experience" in the new era, by building a new disposal system, exploring a new disposal model, promoting a new disposal method and constructing a new disposal pattern, and creating a joint settlement mechanism for social insurance disputes. Relevant practices have improved the social governance system by optimizing the links of leading, connecting, uniting and participating. In terms of convenience, efficiency and stability, we have improved our capacity for social governance. The main problems in the settlement of social insurance disputes in Guangzhou are as follows: due to the imperfect top-level design of relevant reforms, the disposal is more difficult, the disposal process is complicated due to the dispersion of collection and management responsibilities, and the information construction of technical means to respond to the improvement of collection and management requirements is lagging behind. The above problems are

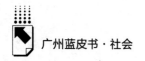

relatively prominent in Guangzhou, and Guangzhou's response requirements are also relatively urgent. At present, Guangzhou should base on the practice of "unified collection of social insurance premiums by tax departments", promote the rule of law, synergy and information construction of the joint settlement mechanism of social insurance premiums, and deepen the construction of the joint settlement mechanism of social insurance premiums in the aspects of preventing major risks, solving prominent problems, improving technical capabilities, optimizing the working mechanism, exploring innovative breakthroughs, and refining advanced experience.

Keywords: Social Insurance Premium Dispute; The Fengqiao Model; Joint Disposal

B.11   Study on Countermeasures to Improve the Population

Attraction and Agglomeration Power of Guangzhou

—*A Case Study of Nansha District*   *Lian Qingfeng* / 195

Abstract: Population size and growth rate are important factors affecting urban development. Especially in the early stage of new town development, higher population growth rate is required to promote the expansion of population base to support the construction of infrastructure, industrial layout, public services and other aspects. By means of questionnaires and in-depth interviews with key groups and enterprises, this paper examines the overall population situation in Nansha, Guangzhou, analyzes the factors restricting the population growth in Nansha, and compares the innovative practices of Tianjin Binhai New Area, Hangzhou, Hefei and other regions in improving the population attraction and cohesion, so as to put forward countermeasures and suggestions for improving the population attraction and cohesion in Nansha, Guangzhou.

Keywords: Urban Attraction; Urban Agglomeration; Urban Development Momentum

Ⅳ   Social Survey

Abstract: At the end of 2022, the state adjusted the epidemic prevention and control policy, and the economic situation in 2023 also changed to some extent, which will be reflected in the residents' social mentality. Accurately grasping the social mentality can provide reference for the formulation and adjustment of relevant social policies and the determination of work priorities. The survey results show that the current social mentality in Guangzhou is generally positive and optimistic, the sense of gain in income and quality of life has significantly rebounded, the sense of personal and property security is high, and the expectation for the future is generally optimistic. The survey results also reflect some problems in social psychology, mainly including: First, the sense of food safety and personal information security are relatively low, especially the sense of personal information security has dropped; Second, the students' scores of well-being and ranking have decreased significantly, and their confidence in future expectations is relatively low; Third, the sense of access to smooth traffic has declined; Fourth, the unemployment group has higher anxiety related to employment and income problems.

Keywords: Happiness; Sense of Acquisition; Sense of Security; Social Mentality

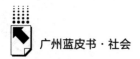
B . 13 Report of Guangzhou Municipal Bureau of Statistics on the
Employment Situation of Citizens and Suggestions for
Stabilizing Employment   *Zheng Hui* / 233

Abstract: Employment has a vital bearing on the people's livelihood. It is the
most concerned, direct, and practical benefit issue and the basic way for people to
obtain income and improve their living standards. In order to gain a deeper
understanding of the employment situation of Guangzhou citizens and listen to their
opinions and suggestions on promoting stable employment, the Guangzhou
Municipal Bureau of Statistics recently conducted an online survey of 5919 citizens
in the city, with the 10000 Household Survey Network as the main body. The
survey results show that Guangzhou has many employment opportunities and its
transportation advantages attract citizens to come to Guangzhou for employment
and entrepreneurship, resulting in a significant increase in job satisfaction among
working citizens; Citizens are more cautious in judging the employment situation,
and more and more citizens are adopting a wait-and-see attitude towards the future
employment situation; Citizens have a more rational attitude towards
employment, a higher level of acceptance of new professions, and a stronger
willingness to try; Currently, there is significant pressure to stabilize and expand
employment in Guangzhou, and citizens are looking forward to solving
employment problems through developing new professions, improving
employment service levels, and strengthening the protection of worker rights and
interests.

Keywords: Employment Situation; Employment Issues; Emerging Profe-
ssions

B. 14   Investigation Report on Work and Living Conditions of

Industrial Workers in Guangzhou in 2023

Xu Yunze, Sun Zhongwei, Wu Lei and Wu Zhong / 247

Abstract: Industrial workers serve as both creators of social wealth and catalysts for technological innovation, while also embodying the core of strategies aimed at fortifying a nation's manufacturing capabilities. This report delves into the dynamics of the work and living environments of 3200 industrial workers in Guangzhou. Analysis reveals a notable shift in demographics, with the average age of industrial workers rising to 38. 79 years in 2023 compared to the previous year, accompanied by a decline in the proportion of younger workers. Encouragingly, there's a discernible improvement in educational attainment and technical proficiency, with 59. 93% possessing at least an associate degree and 48. 29% having undergone professional skill assessments. However, the persistent shortfall of highly skilled workers remains concerning, constituting a mere 15. 92% of the workforce. Furthermore, while industrial workers enjoy relatively stable incomes averaging 5578. 77 yuan per month, along with robust participation in social insurance and solid protections for labor rights, challenges persist. These challenges include widespread occurrences of strenuous overtime, inadequate avenues for career advancement, and the imperative to enhance salary structures. Moreover, while the financial status of industrial workers' families has seen improvement, alongside generally positive indicators of physical and mental well-being, there's a noticeable reluctance among migrant workers to settle permanently, necessitating urgent attention to issues such as the upbringing and education of their children. In light of these findings, this paper advocates for a series of strategic interventions: optimizing income distribution mechanisms to bolster wage levels, implementing rational scheduling practices to mitigate excessive overtime, enhancing social security measures to uphold workers' rights, fostering occupational health initiatives to elevate job satisfaction, fortifying social support networks to provide comprehensive assistance to migrant families, and fostering greater social cohesion to foster a deeper sense of community belonging.

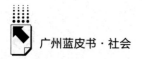

Keywords: Industrial Workers; Labor Rights and Benefits; Guang Zhou City

B.15   Survey Report on Public Service Needs of Residents in

Urban Villages of Guangzhou in 2023

Huang Yu, Zhu Minjing and Guo Murong / 270

Abstract: It is one of the important issues to effectively match the public service needs of residents in urban villages and realize the transformation of urban villages and the resonance of residents' expectations in the same frequency to implement the Municipal Party Committee's "1312" idea measures, actively and steadily promote the transformation of urban villages, and take the lead in transforming the development mode of megacities. This report adopts the questionnaire survey method to investigate the subjective evaluation of the public service of the villagers and the people who come to the city. The results show that, among all kinds of public services, villagers and residents have the highest satisfaction on social security and village appearance improvement, while the satisfaction on cultural and sports activities facilities and services is low, and the new demand for parking lots and electric bicycle charging piles is the most urgent. Among them, most of them are young and middle-aged employment groups, and about half of them live in family mode. They have obvious needs for early childhood education, community medical care and employment services. Urban villages have multiple economic, cultural, social and other values for villagers. Compared with local residents, villagers have higher satisfaction with all dimensions of living in urban villages, but at the same time, they have stronger demands for high-quality public services. To this end, this report puts forward short-term "small incision" micro-improvement, medium-term policy support to mobilize the enthusiasm of village collective participation in public service construction, long-term emphasis on the rule of law thinking, clear responsibility and empowerment of countermeasures and suggestions.

Keywords: Urban Village; Public Service; Guang Zhou

V Hong Kong and Macao Youth Innovation and Entrepreneurship

B.16 A Study on the Impact Model of Identity on Cultural Industry Entrepreneurship of Hong Kong People in Mainland Cities of the Greater Bay Area

Tang Jiayi, Wu Dongmei and Li Chunfeng / 293

Abstract: This article commissioned a professional survey agency in the Greater Bay Area (GBA) to conduct a questionnaire survey for Hong Kong people currently engaged in cultural industry entrepreneurship in mainland cities of the GBA. A total of 232 valid questionnaires were obtained. The article focuses on the cultural industry entrepreneurship behavior of Hong Kong people in mainland cities of the GBA, and examines the factors that influence Hong Kong people's cultural industry entrepreneurship behavior. The article found that during the process of Hong Kong people's cultural industry entrepreneurship in mainland cities of the GBA, their cultural industry entrepreneurship behavior patterns are influenced by factors such as personal traits, cultural identity, social identity, and national identity. At the same time, in the impact of innovation environment, personal traits, and social support on Hong Kong people's cultural industry entrepreneurship behavior in mainland cities of the GBA, cultural identity, social identity and national identity plays a mediating role to varying degrees, with innovation environment, personal traits, and social support indirectly influencing the cultural industry entrepreneurship behavior of Hong Kong people in mainland cities of the GBA through three types of identity. In order to further enhance the attractiveness of mainland cities in the GBA to Hong Kong people, the survey

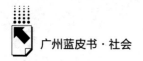

proposes two countermeasures and suggestions to more effectively promote Hong Kong people to carry out cultural industry entrepreneurship in mainland cities in the GBA.

Keywords: The Greater Bay Area (GBA); Cultural Industry Entrepreneurship; Identification

B. 17   Exploration of the Integrated Development Path of
the Innovation Chain and Talent Chain of Hong Kong
and Macao
—*Take Tianhe District as an Example*

Guangzhou Municipal Committee of the Zhigong Party,

Primary-level Party Committee of Tianhe District / 310

Abstract: Innovation is the first driving force, and talent is the first resource. This report examines how Tianhe District can vigorously stimulate the existing advantages of innovation resources and human resources, strengthen the deep integration of the innovation chain with the high-level talent chain of Hong Kong, Macao and returnees (hereinafter referred to as the " two-chain integration"), and explore the realization path of efficient linkage of innovation subjects and efficient allocation of innovation resources. This report shows 3 common challenges policy makers are now facing. First, although a large number of preferential policies have been set up to support the entrepreneurship and development of Hong Kong and Macao youths, the implementation of the policies is insufficient, resulting in the failure to benefit many eligible Hong Kong and Macao youths. Second, the activities of grassroots groups are out of touch with Hong Kong and Macao youths, and fail to play their due role in helping Hong Kong and Macao youths and attracting them to integrate. Third, there are social and cultural barriers and institutional barriers for young entrepreneurs from Hong Kong and Macao to start a business in the Pearl River Delta region. Given the challenges above, the report comes out 3 advises. The first is to make suggestions to the province through multiple channels, advocating the establishment of an innovative mechanism for sharing the most preferential policies, and effectively achieving win-win cooperation in the city; The second is to unite local scientific and technological innovation and industrial resources to create an " embedded community of integrated development of scientific and technological innovation and industry" to achieve innovative development of the whole chain; The third is to set up a diversified communication and consultation mechanism to fully listen to the demands of young talents, cultivate a sense of belonging of all kinds of talents, and achieve sustainable and stable development.

Keywords: Innovation Chain; Talent Chain; Two-chain Integration; Integration of Guangdong-Hong Kong-Macao

B. 18　A Study on the Implementation of Policies of Guangzhou

　　　　Supporting Innovation and Entrepreneurship for Hong Kong

　　　　and Macao Youth

Research Group of United Front Department of Tianhe

District Committee of the Communist Party of China / 326

Abstract: Under the Outline of the Development Plan for the Guangdong Hong Kong Macao Greater Bay Area, the governments of 9 inland cities of Pearl River Delta in Guangdong Hong Kong Macao Greater Bay Area and districts in Guangzhou have introduced a series of measures successively to support young people's innovation and entrepreneurship from Hong Kong and Macao and achieved good effects. At the point of mid-term evaluation stage of the Outline of the Development Plan for the Guangdong Hong Kong Macao Greater Bay Area, the research group has carefully sorted out the innovation and entrepreneurship situation of young people from Hong Kong and Macao in various inland cities of the Guangdong Hong Kong Macao Greater Bay Area, and found that there are

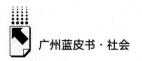

still some "last kilometer" problems to reach the final effects. In order to provide useful assistance for young people from Hong Kong and Macao, in-depth research has been conducted and four suggestions have been raised.

Keywords: Guangdong-Hong Kong-Macao Greater Bay Area; Hong Kong and Macao Youth; Innovation and Entrepreneurship

社会科学文献出版社

皮书

智库成果出版与传播平台

❖ 皮书定义 ❖

皮书是对中国与世界发展状况和热点问题进行年度监测，以专业的角度、专家的视野和实证研究方法，针对某一领域或区域现状与发展态势展开分析和预测，具备前沿性、原创性、实证性、连续性、时效性等特点的公开出版物，由一系列权威研究报告组成。

❖ 皮书作者 ❖

皮书系列报告作者以国内外一流研究机构、知名高校等重点智库的研究人员为主，多为相关领域一流专家学者，他们的观点代表了当下学界对中国与世界的现实和未来最高水平的解读与分析。

❖ 皮书荣誉 ❖

皮书作为中国社会科学院基础理论研究与应用对策研究融合发展的代表性成果，不仅是哲学社会科学工作者服务中国特色社会主义现代化建设的重要成果，更是助力中国特色新型智库建设、构建中国特色哲学社会科学"三大体系"的重要平台。皮书系列先后被列入"十二五""十三五""十四五"时期国家重点出版物出版专项规划项目；自2013年起，重点皮书被列入中国社会科学院国家哲学社会科学创新工程项目。

权威报告·连续出版·独家资源

皮书数据库
ANNUAL REPORT(YEARBOOK)
DATABASE

分析解读当下中国发展变迁的高端智库平台

所获荣誉

- 2022年，入选技术赋能"新闻+"推荐案例
- 2020年，入选全国新闻出版深度融合发展创新案例
- 2019年，入选国家新闻出版署数字出版精品遴选推荐计划
- 2016年，入选"十三五"国家重点电子出版物出版规划骨干工程
- 2013年，荣获"中国出版政府奖·网络出版物奖"提名奖

皮书数据库　　　"社科数托邦"
　　　　　　　　微信公众号

成为用户

　　登录网址www.pishu.com.cn访问皮书数据库网站或下载皮书数据库APP，通过手机号码验证或邮箱验证即可成为皮书数据库用户。

用户福利

- 已注册用户购书后可免费获赠100元皮书数据库充值卡。刮开充值卡涂层获取充值密码，登录并进入"会员中心"—"在线充值"—"充值卡充值"，充值成功即可购买和查看数据库内容。
- 用户福利最终解释权归社会科学文献出版社所有。

社会科学文献出版社 皮书系列
SOCIAL SCIENCES ACADEMIC PRESS (CHINA)

卡号：124115499387
密码：

数据库服务热线：010-59367265
数据库服务QQ：2475522410
数据库服务邮箱：database@ssap.cn
图书销售热线：010-59367070/7028
图书服务QQ：1265056568
图书服务邮箱：duzhe@ssap.cn

法律声明

"皮书系列"（含蓝皮书、绿皮书、黄皮书）之品牌由社会科学文献出版社最早使用并持续至今，现已被中国图书行业所熟知。"皮书系列"的相关商标已在国家商标管理部门商标局注册，包括但不限于LOGO（▉）、皮书、Pishu、经济蓝皮书、社会蓝皮书等。"皮书系列"图书的注册商标专用权及封面设计、版式设计的著作权均为社会科学文献出版社所有。未经社会科学文献出版社书面授权许可，任何使用与"皮书系列"图书注册商标、封面设计、版式设计相同或者近似的文字、图形或其组合的行为均系侵权行为。

经作者授权，本书的专有出版权及信息网络传播权等为社会科学文献出版社享有。未经社会科学文献出版社书面授权许可，任何就本书内容的复制、发行或以数字形式进行网络传播的行为均系侵权行为。

社会科学文献出版社将通过法律途径追究上述侵权行为的法律责任，维护自身合法权益。

欢迎社会各界人士对侵犯社会科学文献出版社上述权利的侵权行为进行举报。电话：010-59367121，电子邮箱：fawubu@ssap.cn。

社会科学文献出版社